介護職員初任者研修テキスト

# 第4分冊
# 技術と実践

第9章　こころとからだのしくみと生活支援技術
第10章　振り返り

公益財団法人 介護労働安定センター

# このテキストで学習する方のために

## 1. はじめに

　わが国は、世界のどこの国も経験したことのない高齢社会に向かっています。このような社会的背景から介護サービスを必要とする人の増加が見込まれ、また介護サービスへのニーズも認知症ケア、医療的ケア、介護予防の推進など多様化・専門化してきています。このため、介護に関する高度な専門性を有する人材育成が急務となっています。

　本テキストは、２０１３年度からスタートした初任者研修のために編集したもので、指導要領に即した構成となっております。介護の専門家を目指す皆様が、初任者研修で介護の基本的な知識を学び、将来は、より高度な知識・技術を習得し、質の高い介護サービスを提供できる専門家として福祉の担い手となられることを願ってやみません。

公益財団法人　介護労働安定センター

## 2. 作成の基本理念

(1)　在宅、施設の双方に共有できるような知識や介護技術を学べる内容としました。

(2)　介護分野に携わる人が初めて学ぶテキストとして、わかりやすく理解しやすくなるように、イラスト・図表・写真を配置しました。

(3)　「事例から考える」という観点で展開例を取り入れ、介護技術を実践的に学べるような内容としました。

(4)　学んだことを自己学習を通して整理できるように、各章の末尾に○×解答形式の「理解度確認テスト」を設けました。（「第１章」「第１０章」には設けておりません。）

(5)　継続的に学習する上で重要な事項を整理できるように、単元の末尾に「今後の学習のためのキーワード」を設けました。

(6)　厚生労働省の「介護員養成研修の取扱細則(介護職員初任者研修関係)」に則した内容・構成としました。（平成２４年３月２８日 厚生労働省老健局振興課通知）

(7)　「障害」を表現する用語として、「障がい・障碍」を用いる場合がありますが、本書では、法令との整合性を図る観点から「障害」を用語として用いることとしました。

## 3. その他

　今後、介護保険法の改正等の内容を含む補てん・追記があれば、（公財）介護労働安定センター　ホームページ（http://www.kaigo-center.or.jp）に随時掲載いたします。

## 4. 介護職員初任者研修テキスト編集委員会委員（５０音順）

　　　　委員・・・・是枝祥子（大妻女子大学名誉教授）

　　　　委員・・・・鈴木眞理子（社会福祉法人奉優会理事）

　　　　委員・・・・髙橋龍太郎（元東京都健康長寿医療センター研究所副所長）

　　　　事務局・・・（公財）介護労働安定センター　能力開発課

# 目次

## 第10章　振り返り

# 第9章
# こころとからだのしくみと生活支援技術

# 1 介護の基本的な考え方

介護職は、利用者の状態・状況を把握し、状態・状況に応じた介護を提供するとともに、要介護状態の軽減や予防を考えながら、他職種との連携を考慮して介護を行います。
ここでは、
① 理論に基づいた介護
② 法的根拠に基づく介護
について理解してください。

## Ⅰ 理論に基づいた介護

### 1 介護とは

　介護とは、高齢や障害があり、自分らしい生活に不都合が生じた人に対し、社会で自立したその人らしい生活が継続できるように支援することです。意図的に行う行為なのです。その人らしいということは、それぞれの個別性や価値観に応じた介護を提供することで、どのような健康状態であっても、かつての生活を維持継続できることをいいます。

### 2 見えにくい部分が多い介護

　介護は、利用者に介護を行う理由があって手を貸しているのですが、第三者からみると、そのときの状況に応じて行っているとは思えても、誰もが日々自然に行っている生活を支援しているため、容易なものと思われています。

| 事例　　日中独居の高齢者の支援 |
| --- |
| 　Aさん（女性・85歳・要介護2）は、長女と同居しています。加齢とともに身体機能が低下してきました。最近、食事の際、むせることが多くなってきました。歩行も足元がふらつき、転びそうになることがしばしばです。長女は仕事があり、日中は独居となるので、昼食の一部介助、口腔ケア、トイレ誘導を訪問介護サービスで利用しています。 |

　Aさんは、食事を一人で食べ、手すりにつかまり歩行で洗面所に行き義歯を洗い、その後トイレに行きます。こうした行動は自立しているように見えますが、介護職はAさんのことを、後期高齢者で加齢による嚥下機能の低下により食事時にむせる可能性があると考えます。むせた状態が続くと誤嚥性肺炎の原因や食事摂取量が減少して健康への影響があるため、安全に食べられるように、食事前に視覚や嗅覚を刺激し、食事の姿勢を確認するなどで「むせ」

を防止します。

　また、高齢者は唾液の分泌が減少し、食物残渣により、汚れや細菌が肺に入りやすくなり誤嚥性肺炎の危険性があるので、食後の口腔ケアは、自分でできる環境を整えながら、義歯の洗浄や口腔内の洗浄をしてもらい確認をします。歩行は足元のふらつき等を確認しながら声をかけ、安全に歩けるように見守りをします。

　介護はさりげなく行う行為でもあるので、一見スムーズに流れているように見えますが、介護者は利用者の動作や反応を一つひとつ観察しながら関わっています。見える部分はほんの一部分で、実は見えない部分のほうが多いのです。

## 3　根拠に基づいた介護

　事例からもわかるように、介護は理由があって行われています。つまり、根拠に基づいて行う行為なのです。一つひとつの介護行為は、知識や技術、理論が統合化されており、根拠に基づいて行われます。経験的な勘やコツだけではなく、理論に基づいて行うものですから、介護職であれば、誰が行っても同様に介護することができます。利用者の状況や状態が違っても、介護の基本となる知識や技術、理論は同じです。

　基本は総論ですが、実際の介護は各論となり、基本を土台にして、それぞれの状況に応じて、基本を応用しているのです。応用しながら、利用者の反応や状況を観察し、基本に照らし合わせ、個別の状況に合わせて行っているのです。介護の基本となる、知識や技術、理論を習得し、利用者の個別の状況に応じて応用できるようにしておくことは、介護を職業とする職業人として当然のことなのです。時代とともに進化していく知識や技術を常に習得していく姿勢が、介護の質の向上や利用者のQOLの向上につながっていきます。

## 4　ICFの視点に基づく生活支援

　介護は根拠に基づいて行うことは当然であり、ケアマネジャーやサービス提供責任者はアセスメントを行い、計画を作成し、実施、評価します。そして、施設の介護職員や訪問介護員は計画に基づき、利用者の個別性を尊重しながら生活全般を支援します。また、利用者の潜在的生活機能を引き出し、それを活用して発展させていきます。利用者の有する能力を活用して日々の生活を通して自立の方向性を探りつつ、その人らしい生活の継続を考えていきます。そのためにも、計画書の内容をよく理解して、実際のサービスを行いながらアセスメントを行い、その情報を適切に伝えていく役割があります。このことをよく理解しておきましょう。

　アセスメントでは、情報収集に必要な観察のポイントとしてICF（第2章―1「2　ICF（国際生活機能分類）」を参照）の視点を活用します。たとえば、健康状態では、体調や病気の有無や状態。心身機能・身体構造では、行動制限や不安や落ち込み、認知機能や意欲。活動では、基本動作の程度や家事行為の程度や外部との連絡など。参加では、日々決めて行っていることや趣味、交通機関の利用など。環境因子では、動線の動きやすさや段差、家族関係、経済面など。個人因子では生活のこだわりや困っていることなどがあります。

**Ⅱ 法的根拠に基づく介護**

## 1　法令遵守

　介護保険法第2条第2項では、「保険給付は、要介護状態又は要支援状態の軽減又は悪化の防止に資するよう行われるとともに、医療との連携に十分配慮して行われなければならない。」と示されています。例えば、事例に記載した訪問介護サービスは、介護保険法に基づいたサービスですから、法令遵守することは当たり前のことです。

## 2　状態の軽減、悪化の防止

　利用者に介護サービスを提供する目的は、利用者の状態を把握し、潜在的な能力を引き出しながら、自立に向けていくことにあります。Aさんは足元のふらつきから転倒する危険性があります。しかし、介護職が状態に応じて声をかけ、日々の生活の中で安全に歩けるようにすることで、筋力低下の防止につながり行動範囲が広がっていきます。

## 3　医療職との連携

　高齢者や障害のある人は、病気や障害で医療的な面での観察や留意事項が必要な場合が少なくありません。介護職は、利用者の状態の把握や変化を身近で観察できますので、変化に気がついた場合には、医療職と連携を図ることで悪化防止と2次障害の予防をすることができます。何をどのように観察するのか、観察・視点を明確にしましょう。そして、医療職との連携を密にして情報の共有を図り、適切な介護を提供しましょう。

今後の学習のためのキーワード

◎自立支援　　◎根拠に基づいた介護　　◎介護予防
◎介護保険法第2条第2項

（執筆：是枝祥子）

# 1　学習と記憶に関する基礎知識

介護に関するこころのしくみを理解するためには、人が生活に必要な知識や技術をどのように学習し、記憶しているのかという、基礎的な知識が必要です。
ここでは
① 学習の諸理論
② 記憶のメカニズム
③ 海馬と扁桃体
について理解してください。

## I　学習の諸理論

　学習とは、経験を繰り返すことによって生じる、行動や心身機能の持続的な変化のことをいいます。学習を説明するものとして、次のような諸理論があります。

### 1　古典的条件づけ（レスポンデント条件づけ）

　犬にエサを与える際にベルの音を聞かせ、これを繰り返し行っていると、犬はエサを与えなくてもベルの音だけで唾液を流すようになります。ロシアの生理学者パブロフは、実験によりこれを確認しました。
　このように、訓練や経験によって後天的に反射行動が獲得されることを、古典的条件づけ（レスポンデント条件づけ）といいます。

### 2　道具的条件づけ（オペラント条件づけ）

　アメリカの心理学者スキナーは、ねずみがレバーを押すとエサが出てくる仕掛けになっているスキナー箱と呼ばれる実験装置を作りました。ねずみが偶然にレバーを押し、そのたびにエサが出てくることが繰り返されると、次第にねずみが自発的にレバーを押すようになります。
　このように、ある行動により環境が変化することを経験することによって、環境に適応する行動を学習することを、道具的条件づけ（オペラント条件づけ）といいます。

### 3　観察学習（モデリング）

　カナダの心理学者バンデューラは、大人が人形を攻撃している場面を幼児に見せると、それを見ていた幼児が人形に対して攻撃的になることを、実験によって明らかにしました。

　このように、他者の行動やその結果をモデルとして観察することによって、観察者の行動に変化が生じることを、観察学習（モデリング）といいます。

## II　記憶のメカニズム

### 1　記憶の段階

　記憶とは、自分の行動や思考などの経験を保持し、後にそれを想い起こすという一連の過程のことです。記憶には、「記銘（符号化）」・「保持（貯蔵）」・「想起（再生）」の3つの段階があります（図表2−1）。記銘は覚えること、保持は記憶を維持すること、想起は思い出すことです。

　記憶のメカニズムは、音楽をCD−Rなどの媒体に録音し、後にその音楽を再生することに例えることができます。音楽をCD−Rに録音することが「記銘」、CD−Rに保存して保管することが「保持」、CD−Rを再生することが「想起」です。

　なお、記憶がないこと、思い出せないこと、物忘れ等が過度な場合を記憶障害といいますが、記憶障害には、記銘できない障害、保持できない障害、想起できない障害の3つがあります。

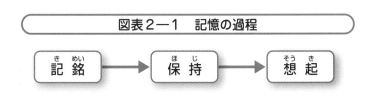

図表2−1　記憶の過程

記銘 → 保持 → 想起

### 2　記憶の分類

　記憶は、次のように保持時間の長さによって、「感覚記憶」・「短期記憶」・「長期記憶」に区分することができます（図表2−2）。

#### (1)　感覚記憶

　感覚記憶とは、視覚や聴覚などの感覚刺激を感覚情報のまま保持する記憶です。

　外界からの刺激情報は、まず目や耳などの感覚器に入ります。感覚器は、瞬間的にほとんどすべての情報を保持できますが、保持時間は視覚情報では1秒弱、聴覚情報の場合は数秒程度です。

#### (2)　短期記憶

　短期記憶とは、本を見て文章をノートに書き写す場合や、他者から電話番号を聞いて覚える場合などの一時的な記憶で、そのときは覚えていたとしてもすぐに忘れてしまうような記憶のことをいいます。

　感覚器に入った情報のうち、注意を向けられた情報は、言語・数字・図形などに符号化され短期記憶に転送されます。短期記憶で情報が保持される時間は15〜30秒程度であり、

保持容量にも限界があります。

　短期記憶において一度に保持できる最大の容量は、成人が文字や数字を覚える場合では 7±2 程度の範囲です。これを「マジカルナンバー 7±（プラスマイナス）2」といいます。例えば、電話番号であれば、最大でも 9 桁程度が記憶できる範囲ということです。短期記憶で保持された情報をさらに保持するためには、何度も反復して記憶することが必要となります。

　ところで、本や書類の文章を読む際は、書かれている内容の情報を一定時間保持して、その情報についての知識や経験を長期記憶から引き出し、処理するという機能が必要です。このように、情報を保持するだけでなく、情報を処理する機能を含んだ概念を「作業記憶（ワーキングメモリ）」といいます。

### (3)　長期記憶

　短期記憶のうち、一部の必要な部分の内容が長期記憶に転送されます。長期記憶に入った情報は、その人が持つ知識や体験と結合して保持されます。長期記憶の保持時間は、数分から数年であり、生涯にわたり保持されるものもあります。

　なお、長期記憶は、言語によって伝達できるかどうかで、2 つに分けることができます。

#### ①　陳述記憶

　言葉で伝えられる記憶を、陳述記憶といいます。これには「意味記憶」と「エピソード記憶」があります。

　意味記憶は、単語や記号の意味に関する知識としての記憶です。以前に覚えた何かの記号を見て、その意味を想起できることは、その一例です。

　また、エピソード記憶とは、これまでの経験や出来事に関する記憶のことをいいます。例えば、幼い頃に動物園に連れて行ってもらった思い出などを、エピソードとして記憶していることがそれにあたります。

#### ②　非陳述記憶

　言葉で伝えられない記憶を、非陳述記憶または手続き記憶といいます。これは身体で覚えた技量などの記憶のことです。例えば、自転車の乗り方や水中での泳ぎ方は、身体が覚えていても、なかなか言葉で説明することができません。茶道のお点前などのように、身体が覚えている手順等も手続き記憶に含まれます。

図表 2 − 2　記憶の分類

| 記　憶 | 感覚記憶 | | |
|---|---|---|---|
| | 短期記憶　作業記憶（ワーキングメモリ） | | |
| | 長期記憶 | 陳述記憶 | 意味記憶 |
| | | | エピソード記憶 |
| | | 非陳述記憶（手続き記憶） | |

## Ⅲ　海馬と扁桃体

海馬は、大脳辺縁系の一部で、左右の側頭葉の内側にそれぞれあります（図表2—3）。「海馬」と呼ばれる由来には、ギリシャ神話の海神ポセイドンがまたがっている海馬の尾の形に似ていることによるという説と、タツノオトシゴ（海馬）の形に似ていることによるという説の2つがあります。

海馬は、学習や記憶で重要な役割を果たしていることがわかっています。短期記憶のなかから必要なものを長期記憶へ転送する神経機構に関わっているため、受傷や疾患により損傷や萎縮が生ずると、新たに記憶することが困難となります。

扁桃体も大脳辺縁系の一部で、左右の側頭葉の内側に対になっており、海馬と隣接した位置にあります。「扁桃」とはアーモンドのことです。扁桃体という名称は、その形がアーモンドの種子に似ていることに由来します。

扁桃体は、主に情動（感情の動き）を司っている器官です。特に恐怖感や嫌悪感に関わる情動に関連しています。

このように、大きく分けると、大脳辺縁系のうち海馬は主に記憶に関与し、扁桃体は情動に関与しています。記憶のうちでも情動と強く関連した記憶には、扁桃体が重要な役割を果たしています。扁桃体が損傷や変性した場合、短期記憶や認知機能には影響がないにもかかわらず、情動的な事象に関連した記憶は障害されます。

例えば、恐怖を感じるような場面でも、過去の恐怖の記憶を呼び起こすことができないため、危機を回避できないことがあります。また、他者の顔から恐怖や嫌悪の表情を読み取ることができなくなり、対人関係に問題が生じる場合もあります。つまり、扁桃体は、社会性にも大きく関連していると考えられます。

※脳の構造と機能については、第9章—3「3　中枢神経系と体性神経に関する基礎知識」を参照してください。

### 図表2—3　海馬と扁桃体

帯状回　頭頂葉　前頭葉　脳梁　後頭葉　側頭葉　扁桃体　海馬

帯状回、海馬、扁桃体などを含む領域が大脳辺縁系と呼ばれています。

---

今後の学習のための　🔑キーワード

◎古典的条件づけ（レスポンデント条件づけ）

◎道具的条件づけ（オペラント条件づけ）　◎感覚記憶

◎観察学習（モデリング）　◎短期記憶　◎長期記憶

◎意味記憶　◎エピソード記憶　◎作業記憶

◎記憶の想起　◎海馬　◎扁桃体

（執筆：永嶋昌樹）

# 2 感情と意欲に関する基礎知識

対人援助を行うためには、相手の感情を理解し、意欲を引き出すような対応を心掛ける必要があります。ここでは
① 感情とそれに類似する概念
② 思考と認知の概念
③ 体力と意欲（やる気）の関係
について理解してください。

## Ⅰ 感情とそれに類似する概念

### 1 感情とは

**(1) 感情**

　感情とは、快・不快や、好き・嫌い、喜び、悲しみ、怒り、憎しみ、驚き、恐れ、愛おしみ、楽しみ、切なさ、というような意識の状態を指す、一般的、包括的な概念のことです。それぞれの感情には、それに見合った特異な反応が見られます。例えば、顔の表情、声の調子、身体の動きなどは、どのような感情を抱くかによって異なります。

　顔の表情は、感情と密接につながっており、無意識的に表出されます。アメリカの心理学者エクマンは、怒り、嫌悪、恐れ、喜び、悲しみ、驚き等の表情は人類共通であること、文化間の違いを超えて普遍的であることを明らかにしました。

　なお、感情とそれに伴う反応は相互的な関係にあるので、逆の方向でも作用します。例えば、声を荒げるとますます怒りが増し、反対に、悲しいときに敢えて笑顔を作ることで、悲しみが緩和される場合があります。このように、意識して表情を作ったり、声を落ち着かせたりすると、それに関連した感情が誘発されることがあるのです。

**(2) 情動**

　情動とは、人間が何らかの行動を起こす動機としての感情のことです。情動という場合は、動機としての意味や、動的な側面が強調されています。例えば、とても苦手な人と偶然に道で出会ってしまい、心臓がドキドキして、早くその場から逃げ出したくなったとします。このときの、その場から逃げるという行動の動機となるような、相手に対する嫌悪の感情を、情動といいます。

　また、情動は、感情の状態を指すと同時に、瞬時に起こる一時的な強い生理反応として捉えることができます。鼓動が早くなる、顔が赤くなる、冷や汗をかく等の、情動に伴う生理反応を情動反応といいます。情動反応は、行動や外見的な変化の観察により捉えることができるだけではなく、血圧や呼吸数等、身体状況の生理的変化の測定により客観的に捉えることが可能です。

### (3) 気　分

　気分とは、感情に近い概念ですが、ある程度の期間にわたり持続するという点で、感情と区別されます。一般的には、健康状態に関わらず「気分が良い・悪い」などと使うことがありますが、病気が原因で気分が悪いときには、意欲が低下して活動が消極的になります。このように、気分は、体調・身体状況とも密接に関係しているのです。

## II　思考と認知の概念

### 1　思考とは

　思考とは、何らかの答えを得るために、これまで積み重ねてきた諸々のあらゆる知識、記憶、経験を総合的に活用し、心の中でそれらを整理したり統合したりすることによって分析を行い、解決の糸口や適切な対処方法を導き出す過程のことです。直面している事象を判断し、それに即した対応をしていくためには、その時点までに蓄積された過去の経験が必要となります。思考は、新たな事象を解釈するために、過去の経験を基盤とする自己の心的な取り組みあるいは活動です。

　なお、思考は、経験を基に事象の共通点を抽出し、それらより概念を構築する「概念化」、それぞれの事象の関係性を全体の中で捉える「判断」、これまでの経験や判断から仮説を立て、そこから結論を導き出す「推理」、の3つに分けることができます。

### 2　認知とは

　認知とは、感覚器系を通じて知覚された外界の事物や事象を、これまでの経験・記憶・知識などに基づいて把握・解釈・理解し、思考・判断する脳内の情報処理の過程のことです。どのように認知されるかは、過去の経験や脳機能の状態によって異なります。そのため、感覚器から入る同じ刺激情報でも、必ずしも同じように認知されるわけではありません。

## III　体力と意欲（やる気）の関係

　意欲とは、何かの行動を引き起こす原動力のことで、自分はこうしたいという意思と、動機づけとなる欲求を含んだ概念のことです。

　意欲は体力と密接な関係にあり、体力の衰えは意欲の低下を引き起こします。

　例えば、これまで日常的に行っていたことが、病気や障害によって突然できなくなったとしたらどうでしょうか。このような身体状況の変化は、意欲喪失の原因となります。このように、身体の状態は心理面に影響を与えています。また、反対に意欲のない状態では、人間の活動自体が消極的で不活発になり、とくに高齢者は体力の衰えの原因になります。

今後の学習のための

🔑 キーワード

◎感情　　◎情動　　◎気分　　◎思考　　◎概念化
◎判断　　◎推理　　◎認知　　◎体力　　◎意欲

（執筆：永嶋昌樹）

# 3　自己概念と生きがい

　　　人間は、誰もが他者のために役立っている存在であることを望んでいますが、高齢期になると、定年退職や子どもの独立など、職場や家庭で担っていた役割が喪失する時期を迎えます。新たな生きがいを見つけることは、生きる意欲に大きく関係します。
　　　ここでは、
　　① 基本的欲求と自己有用感
　　② 障害を持った人が今できていることを認める
　　③ 精神的な拠りどころの必要性
　　④ 生きがいと意欲
　について理解してください。

## Ⅰ　基本的欲求と自己有用感

### 1　自己概念

　「私はこのような人間である」というような、自分で自分を客観視した場合に思い浮かぶ、性格・気質・行動特性・外見上の特徴・身体能力・才能などのイメージを、自己概念といいます。自己概念は、その人を取り巻く人・地域・文化等、社会環境との相互作用や、経験によって形成されます。自己概念は、その人が置かれている現状を考える起点であり、その人の自己実現欲求や自己有用感とも密接に関係しています。

### 2　基本的欲求

　基本的欲求とは、人間が生きていくために必要な基本的な欲求（動機）のことです。
　アメリカの心理学者マズローは、基本的欲求が5つの階層から成り立っていると考え、「欲求階層説」を提唱しました（図表2—4）。その5つとは、次のとおりです。

#### (1)　生理的欲求

　生物がその個体の生命と種を維持するために必要な欲求です。食べること・呼吸をすること・排泄をすること・眠ること・生殖すること等がこれに該当します。生物としてはもっとも基本的で、あらゆる欲求の根底をなすものです。

#### (2)　安全と安心の欲求

　身体の安全、健康状態の維持、雇用の確保、財産資産の安定、社会道徳・秩序の安定等の欲求です。病気やケガ、外部からの攻撃等による危険を回避し、安全で安定した環境を望む欲求をいいます。

(3)　所属と愛の欲求

　他者から受け入れられ、社会のなかの集団や組織等に所属したいという欲求です。これは、社会から孤立することや無縁であること、孤独であることを不安に感じるためです。生理的欲求と安全と安心の欲求が満たされると出現します。

(4)　承認欲求（しょうにんよっきゅう）

　集団や組織から自分の存在や価値が認められ、尊重されたいという欲求のことです。他者からの尊敬等によって満たすことができるレベルの欲求と、他者からの評価よりも、自分自身の評価が重視される、より高いレベルのものがあります。

(5)　自己実現欲求（じこじつげんよっきゅう）

　自分が持っている才能・能力、これまでの経験、秘めている可能性等のすべてを最大限に発揮し、高次元の自己を実現したいという欲求のことです。

　なお、生理的欲求から承認欲求までの下位の４つは、何かが欠けており満たされないことにより生じることから「欠乏欲求（けつぼう）」、その上に位置する自己実現欲求は、高い次元の自己を求めることから「成長欲求」といいます。

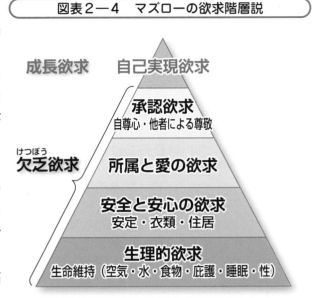

図表２−４　マズローの欲求階層説

成長欲求　自己実現欲求

承認欲求
自尊心・他者による尊敬

欠乏欲求（けつぼう）　所属と愛の欲求

安全と安心の欲求
安定・衣類・住居

生理的欲求
生命維持（空気・水・食物・庇護・睡眠・性）

## ３　他者との関係における自己有用感（じこゆうようかん）

　自分が社会や誰かの役に立っている、自分の存在が何かの役に立っていると感じることを「自己有用感（ゆうよう）」といいます。人間は常に社会のなかで他者と関わって生きています。他人がいなければ、けっして一人では生きていくことができないといっても過言（かごん）ではありません。

　人は他者によって生かされていると考える反面、自分も他者のため有用な存在であることを望みます。自己有用感は、生きがいにもつながり、生きる意欲を高めます。

## Ⅱ　障害を持った人が今できていることを認める

　私たちは障害を持った人と接するとき、「できないこと」に目を奪（うば）われがちです。しかし、本当に大切なのは、過去にできていたことや、今できないことではなく、「今できていること」なのです。「できないこと」を責めたり「できなくなったこと」を嘆（なげ）くのではなく、「今できていること」を冷静に見極め、肯定的（こうていてき）な自己概念（がいねん）が持てるように支援することが大切です。

## Ⅲ　精神的な拠りどころの必要性

## １　心の支えとなる人

　厚生労働省「2022（令和4）年度国民生活基礎調査の概況」によれば、65歳以上の者のいる世帯のうち、単独世帯と夫婦のみの世帯の合計が全体の63.9％を占めています。高齢者の

6割が高齢者だけで生活しており、加齢に伴い心身が変化していくなか、多くの高齢者が日常的に交流する相手のいない寂しさや、病気や災害時の不安を抱えていると推測されます。

　そのような状況では、精神的な拠りどころが必要となります。それは、過去の成功体験や宗教・信仰であったり、身近な人の存在であったりします。精神的な拠りどころが何であっても、援助者にはそれを尊重する態度が求められます。内閣府の「平成22年度　第7回高齢者の生活と意識に関する国際比較調査結果」によると、「心の支えとなる人」として大きな比率を占めているのは「配偶者あるいはパートナー」と「子ども」でした。これは、配偶者、あるいは子どもがいないという人も含めた単純集計の結果です。そのため、配偶者がすでに亡くなったという人も含めた数値ですが、「配偶者あるいはパートナー」をあげた人は65.3%、「子ども」をあげた人は57.4%という結果でした。

### 2　男女別の比較

　前述の「平成22年度　第7回高齢者の生活と意識に関する国際比較調査結果」の男女別の比較では、「心の支えとなる人」として「配偶者あるいはパートナー」をあげた人が男性では78.8%、女性は54.0%でした。また「子ども」をあげた人は、男性48.3%、女性65.0%でした。ただし、女性のほうが平均寿命が長いため、有配偶率の男女差も考慮する必要があると思われます。

　なお、肉親以外の「親しい友人・知人」をあげた人は15.5%、「誰もいない」と回答した人は2.7%で、いずれも多くありませんでした。

## Ⅳ　生きがいと意欲

　生きがいとは、自分なりの人生観や価値観に照らしたときに、人生の目標や指針となる事物をいいます。高齢期は、定年退職や子どもの独立等を経て、職場や家庭などで担っていたこれまでの社会的な役割が喪失していく時期です。仕事や子育てが生きがいであったのにそれがなくなり、生きる意欲も失いかねない状況が生じやすくなります。

　そのため、高齢期には職場や家庭での役割とは異なる、新たな役割を創出することが重要となります。例えば、定年を機に自分が暮らしている地域のボランティア活動や自治会・町内会の活動を始め、これまでとは異なる役割を担うこと等は、生きがいを見つけるための一つの方法といえます。人生に生きがいを感じることは、生きる意欲に大きく関係します。

今後の学習のための　🔑キーワード

◎基本的欲求　　◎欲求階層説　　◎自己有用感

◎障害を持った人が今できていること

◎精神的な拠りどころ　　◎生きがい　　◎意欲

（執筆：永嶋昌樹）

# 4 老化や障害を受け入れる適応行動と阻害要因

　長い人生のなかで、私たちは、自分という存在がほかの誰でもなく、まぎれもない自分自身であり、それが変わることはないと考えています。そのため、自己イメージが変わる事態が起こったとき、すぐにはそれを受け入れることができません。老化や障害を受け入れるためには、価値の転換が必要です。
　ここでは、
① 人間としての存在価値の喪失感
② 障害受容のプロセス
③ 自我の再生支援
④ 行動変容支援と動機づけ
について理解してください。

## Ⅰ　人間としての存在価値の喪失感

　私たち人間は、老化や障害等により外見が変化したり、これまでにできていたことができなくなったりしたときに、人間としての存在価値がなくなったと悲観することがあります。このような喪失感は、生きる意欲の減退につながり、老化や障害の受容を阻害する要因となります。

　人間としての存在価値は、外見的な価値だけではありません。内面的な価値がより重要であると認識することが、老化や障害を受容するうえで大切です。

## Ⅱ　障害受容のプロセス

　老化や病気、事故などによる受傷（じゅしょう）等で何らかの障害が生じた場合、人はそれをどのように受容するのでしょうか。私たちは誰でも、自分の体格や所作（しょさ）についての自己イメージを持っています。ところが、病気や事故によって心身に障害が生じると日常生活動作（にちじょうせいかつどうさ）が変化し、これまでの自己イメージとは異なる現実に向き合わざるを得なくなります。

　変化したもの・失ったものにとらわれるのではなく、変わらないもの・残されているものに目を向け、価値観の転換を図っていくことが、これからの人生を積極的に生きていくうえでとても重要になってきます。

### 1　ショック期

　病気・事故等により障害が生じた直後の段階です。急性期の集中的な医療を受けている状

況では、身体に痛みがあったとしても、障害が生じる可能性はまだ認識していないため、不安もそれほど強くありません。精神・心理的には平穏な状態にあります。

## 2　否認期

　病気・事故等の治療がとりあえず一段落し、身体的状態が安定する段階です。自分の身体状況に気がつき、障害が生じていること、それが簡単には治らないかもしれないことを認識し始めますが、認めようとはしません。

　このような障害の否認には、本人が明らかに認識している顕在性のものと、本人も気がついていない潜在性のものがあります。潜在性の否認の場合には、いつの間にか障害が消えるという奇跡を期待していることがあります。また、他者から障害があるとみられることに強く反発したり、その反対に依存的になったりするため、リハビリテーションへの取り組み等に大きく影響することがあります。

　これは、現実への直面に対処する防衛機制（第6章—1「1　老年期の発達と心身の変化の特徴」を参照）であると考えられます。受け入れられない現実を無意識下に置いているため、介護者が説得したり、現実に立ち向かうように勧めるのは有効ではありません。共感的・支持的に関わりながらも、現実のリハビリテーションを進めていくことが大切です。

## 3　混乱期

　否定することのできない現実を目の前に突きつけられて、精神心理的に混乱する段階です。障害がなくならない原因を他者に求めたり、反対に自分を責めて落ち込む等の抑うつ的な状態になります。自殺を考える場合もあるため、注意して行動をよく観察するようにします。言動を裁いたり批判したりせず、共感的・支持的な態度で接することが必要です。

## 4　努力期

　他者への依存から脱却し、自分で何とかしなければならないと考えて努力する段階です。前向きに考えて努力することにより、明るい展望が開けることを期待します。

## 5　受容期

　障害を受容し、変わらないもの・残されたものを活用しながら肯定的に自己を捉え、徐々に価値の転換が図られていく段階です。現実の状況を受け入れ、家族や地域をはじめ社会のなかで新たな役割を獲得し、人生に生きがいを感じるようになります。

## Ⅲ 自我の再生支援

　心理学者エリクソンは、青年期の発達課題を「アイデンティティ（自我同一性）の獲得」としました。アイデンティティとは「自分はこういう人間である」という自己意識のことです。就職して特定の職業意識を持つこと、結婚して夫や妻、子どもの親としての役割意識を持つことにより、さらにアイデンティティは確立していきます。

　ところが、病気や障害により健康を損ねたり、定年を迎える等により職を失ったり、また、配偶者との死別や子どもの独立等によって、これまでのアイデンティティが崩壊してしまうことがあります。このような場合には、人生経験のなかから獲得してきたアイデンティティを再び取り戻せるよう、心理的な支援が必要です。

## Ⅳ 行動変容支援と動機づけ

　老化や障害をなかなか受容できない人に対しては、同じ悩みを持ちながらもポジティブに生活している人との関わりや、高齢者や障害者であってもできるスポーツや趣味活動などを動機づけとして、徐々に行動の変容が図れるように支援することが必要です。

今後の学習のためのキーワード

◎人間としての存在価値の喪失感　　◎障害受容のプロセス

◎自我の再生支援　　◎行動変容支援　　◎動機づけ

（執筆：永嶋昌樹）

# 1　健康チェックとバイタルサイン

学習の　手引き

健康チェックとバイタルサインは、要介護者の健康を判断する重要な項目です。
ここでは、
① 基本的な健康チェックのしかた
② バイタルサインのとり方
③ 正常値とその評価
について理解してください。

解◇説

## Ⅰ　バイタルサイン

　バイタルサインは、生きていることを表すしるしで生命徴候ともいい、一般に体温および呼吸・脈拍・血圧を指しますが、広義には意識レベルや精神状態・皮膚の温度と発汗の状態・排尿・排便・食欲・体重・睡眠・神経反射なども含んでいます。

## Ⅱ　体温と脈拍の測定

### 1　体　温

　体温には、腋窩体温（腋の下）、口腔内体温（口の中）、直腸体温（肛門の中）などがあります。測定部位による温度差は、直腸体温＞口腔内体温＞腋窩体温です。
　その測定には、以前は水銀体温計が使用されていましたが、最近では電子体温計が多く使われるようになってきています。水銀体温計では10分、電子体温計では1分あるいは3分の測定となります。
　体温変動の因子として、朝は低く、夕には1℃程度高くなる日内リズムがあります。真の体温（体の深部の体温）にもっとも近いのは直腸体温ですが、口腔内体温と腋窩体温は要介護者に苦痛を与えずに測定でき、広く一般的に行われています。
　通常、成人健常者の腋窩体温は36.0～37.0℃ですが、高齢になると低下する傾向があります。
　※世界保健機関（WHO）では、水銀を使った体温計と血圧計の使用を2020年までにやめるとする方向性を示しています。

### 2　呼　吸

呼吸は、肺に酸素を取り入れて二酸化炭素を排出する運動です。その頻度や深さ、リズム

などは種々の病的状態で変化します。

　呼吸数の成人正常値は、1分間に16〜20回です。胸郭、鎖骨、腹部、鼻翼の動きで観察することができます。

　観察しにくいときは、鼻孔の近くに薄い紙片やガーゼのぬき糸をかざして動きを見るか、手鏡を置いて曇りを見る方法があります。呼吸筋不完全マヒの要介護者ではとくに利用される方法です。

## 3　脈　拍

　心臓の拍動に応じて、心臓から全身の動脈に送り出される血液の波動が動脈壁へ伝わってきた状態を脈と呼びます。脈は主に橈骨動脈・総頸動脈などで触知します。脈拍のリズムに異常があるときには、不整脈（脈が正常なリズムで流れないこと）を疑います。

　脈拍は呼吸と同様に種々の条件によって影響を受けやすいので、脈拍の異常に気づいた際には必ず医師に相談する必要があります。なお、脈拍の成人正常値は1分間に60〜80回程度で、一般に毎分100回以上を頻脈、60回以下を徐脈といいます。脈は女性のほうが男性よりもやや速い傾向があります。

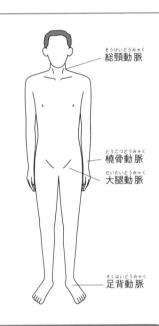

総頸動脈

橈骨動脈

大腿動脈

足背動脈

## Ⅲ　血圧の測定

　血圧とは、心臓の左心室がポンプのように血液を全身に送り出すときの圧力が、全身の動脈壁に及ぼす力のことをいいます。動脈は大動脈から分岐し、だんだんと細くなって細動脈になるため、大動脈を出たところで測定された血圧と、末梢の細動脈で測定された血圧は異なります。

　血圧測定は、近年、電子血圧計が普及しており、在宅でも活用されています。血圧の測定に上腕動脈を選ぶのは、心臓にいちばん近く測定しやすいためです。

　通常、血圧は自律神経により一定に調整されていますが、年齢や性別によっても差があり、また、同じ人でも夜間の就眠中と比べ昼間の活動時のほうが高い傾向にあります。

## Ⅳ　顔色・皮膚などの全身観察

　全身状態の観察では、症状や状態変化を把握し、早期の処置・対応につなげることが重要です。

**訴えと健康チェック**

　高齢者のなかには、自分の症状をうまく訴えることができない人もいます。介護者は、まず利用者や家族から訴えをていねいに聞くことが大切ですが、日頃から観察してきた健康状態の変化について十分な注意が必要です（図表3－1）。

　もし、健康状態になんらかの変調を認めたら、バイタルサインを測り、身体状況の確認を行って記録し、必要があれば医師の診察を受けるよう手配します。このことは、疾患の早期発見に重要な意味を持ちます（図表3－2）。

図表3－1　主な観察のポイント

| | |
|---|---|
| 眼 | 眼の輝き・充血・涙・目やに・眼瞼（がんけん）のむくみ・羞明（しゅうめい）（まぶしがる）の有無 |
| 耳 | 聴力・耳だれ・耳なり・耳垢（じこう）・痛みの有無 |
| 口 | 唇の乾燥・口臭・舌苔（ぜったい）（こうしゅう）（舌表面の苔）・口内炎（こうないえん）・チアノーゼ（唇の色が紫色になる） |
| 鼻 | 嗅覚（きゅうかく）の状態・鼻づまり・乾燥（かんそう）・くしゃみの有無 |
| 表情 | 苦痛・不快・不安表情の有無および顔色の観察 |
| 食欲 | 量・嗜好（しこう）の変化の有無 |
| 喉（のど） | 痛み・発赤（ほっせき）・白い斑点（はんてん）・扁桃腺（へんとうせん）の腫脹（しゅちょう）・咳（せき）・痰（たん）・声のかすれ・嚥下（えんげ）困難の有無 |
| 皮膚 | 発赤・蒼白（そうはく）・黄疸（おうだん）・腫れ・発疹（はっしん）・痒（かゆ）み・傷・むくみ・乾燥の有無および色・つや・弾力（だんりょく）の観察 |
| 排泄（はいせつ） | 便と尿の回数・量・性状、排泄（はいせつ）の様子 |

図表3－2　バイタルサインの正常値（目安）

| | | | |
|---|---|---|---|
| 正常体温 | | 成　人 | 36.0～37.0℃（平熱） |
| | | 高齢者 | 36.0℃前後 |
| 正常呼吸数 | | 成　人 | 16～20/分 |
| 正常脈拍 | | 成　人 | 60～80/分 |
| 血 | 正常血圧 | 成　人 | 130/85mmHg未満 |
| 圧 | 正常高値血圧 | 成　人 | 140/90mmHg未満 |

※バイタルサインの値には、男女差・個人差・年齢差があります。高齢者の普段の様子（体調が良好のときの数値など）を把握し、変化を読み取ることが大切です。

## Ⅵ　利用者の様子の普段との違いに気づく視点

利用者の様子の普段との違いに気づく視点については、2　制度の理解　第4章—第2節「3　健康チェック」を参照して下さい。

## Ⅶ　生命の維持

人間が生きていくうえで、必要不可欠のものには、栄養素、酸素、外気圧、水、体温があります。栄養素は通常食物から摂るものですが、その主なものとして、炭水化物（糖質）、脂質、たんぱく質があります。糖質は、体の細胞が活動するうえでの主要なエネルギー源で、たんぱく質と脂肪は、細胞の構造をつくるのに不可欠な要素です。また、脂肪はエネルギーの貯蔵庫として機能します。その他、細胞の機能維持に必要な有機化合物としてビタミンがあり、無機質としてはナトリウム、カリウム、カルシウムなどがあります。

食物からエネルギーを産生するには、酸素が不可欠です。肺では、呼吸により酸素が摂取され、二酸化炭素が放出されますが、酸素は赤血球により心臓から各器官に運ばれ、細胞に供給されます。特に脳神経細胞は酸素供給が重要で、数分間の酸素不足でも意識障害や手足のマヒなどの原因となります。この、肺からの酸素摂取は、適切な外気圧が必要です。大気が希薄で気圧の低い高地では、身体がその環境に順応しないと高山病になってしまいます。

人の体重の約60％は水で構成され、循環し分泌物や排泄物となります。水分の不足した脱水状態ではさまざまな臓器に障害を招きます。また、恒温動物である人間は、体温がおよそ37℃に保たれていますが、それより高すぎても、低すぎても、細胞の代謝がうまくいかず、その機能を維持することができません。これら全てがうまく機能しないと、生体を維持することができないのです。

今後の学習のための🔑キーワード

| | | | | |
|---|---|---|---|---|
| ◎体温 | ◎呼吸 | ◎脈拍 | ◎血圧 | ◎精神状態 |
| ◎皮膚 | ◎食欲 | ◎排泄 | ◎体重 | ◎睡眠 |
| ◎全身状態 | ◎正常値 | ◎異常値 | ◎発熱 | |
| ◎頻脈 | ◎徐脈 | ◎不整脈 | ◎収縮期血圧／拡張期血圧 | |
| ◎高血圧 | ◎低血圧 | ◎早期発見 | ◎記録 | |

（執筆：山中健次郎）

## ●人体の各部の名称と動き

　介護に関する知識や介護技術を学ぶに当たって、このテキストでは、例えば「腋窩での検温は〜」「利用者の臀部を手前に引き寄せ〜」「介護者は利用者の肩甲骨部に手を回して〜」などの記述が出てきます。これら「腋窩（わきの下）」や「臀部（おしり）」といった人体各部の名称を理解することは、技術や知識を習得する前提となります。

　また、介護は利用者の身体に直接ふれて、ベッドからの起き上がりや車いすへの移乗などを行いますので、関節の動きや筋肉の役割、働きを理解しておくことも必要です。

　頸部（首の部分）や膝窩（膝の裏側）など普段は聞きなれない用語もありますが、介護は、医師や看護師、理学療法士、作業療法士などの医療従事者との連携も求められていますので、これらの用語は、いわば介護を進めるにあたっての共通語になります。正しく理解しておくことが求められます。

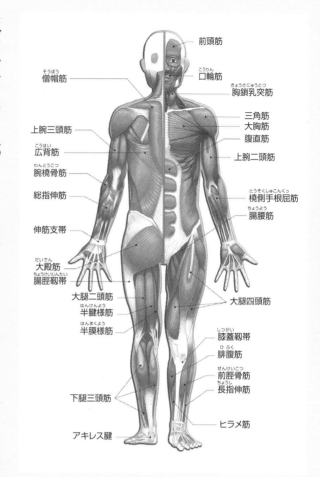

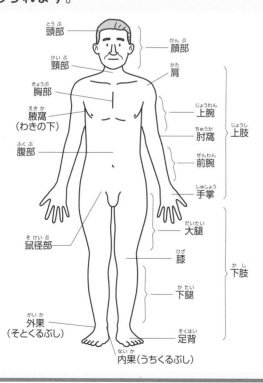

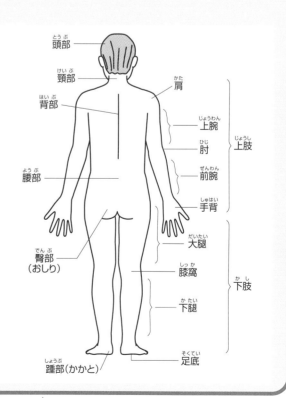

# 2　骨・関節・筋肉に関する基礎知識

わたしたちの身体は、「骨格」によって支えられており、これが運動の基礎になっています。骨は、「靭帯」、「腱」、「軟骨」、「関節」によって骨格を形成し、支持機能、保護機能のある、活発に代謝する組織です。骨と骨との間を靭帯、軟骨、関節がつなぎ、骨格筋と骨を腱がつないでいます。

筋肉には、骨格に付着している「骨格筋」、心臓の「心筋」、内臓にある「平滑筋」の3種類があり、骨格筋は、随意に収縮できますが、心筋、平滑筋は、意思によって収縮させることはできません。これらの骨・関節・筋肉といった組織は、まとめて「運動器」と総称されることもあります。

ここでは、

① 骨
② 関節
③ 筋肉

の構造と機能について理解してください。

## Ⅰ　骨

### 1　骨格の役割

骨格は、骨、靭帯、腱、軟骨、関節から作られています。骨格に付着している筋肉を骨格筋といい、その働きに助けられて身体が支えられています。骨格筋は、歩行や姿勢の維持、手を使った動作など、運動全般に用いられています。また、骨格は身体を支持しているだけでなく、内臓器官の保護の役割も担っています。

### 2　骨の構造

骨は、外側を包む「骨膜」と、それに続く「緻密質」、「海綿質」から作られていて、中心部には「骨髄」があります（図表3−3）。骨膜は、骨を保護し、骨の成長を担っています。硬い緻密質と網目構造の海綿質を合わせて骨質と呼び、骨の主要な構成部分となっています。中心部の骨髄は、赤血球、白血球、血小板といった血球を産生する造血組織といいます。

骨の主成分は、にかわ質（コラーゲン）の膠原線維とカルシウムの化合物でできています。膠原線維は骨に弾力を与え、カルシウムの化合物は、骨の硬さの基となるとともにカルシウムの貯蔵庫の役割も果たしています。

## 3　骨の機能

　骨の機能としては、第一に身体を支える支持機能があります。下肢は身体の中心部である体幹の重さを支え、脊柱は、頭蓋骨を含む頭部の重さを支えます。

　第二に、重要な器官・臓器を保護する働きがあります。頭蓋骨は、大脳や小脳を包み込むように守り、一連の脊椎骨でできている脊柱は、その中心を走る脊髄を保護し、肋骨や胸骨でできている胸郭は、心臓・肺などの臓器を外部の危険から守っています。

　第三に、腱によって骨に付着している骨格筋の働きと協働して運動・活動を担っています。

　また、骨には大量のカルシウムなどの無機物が含まれていて、それらの貯蔵場所としての役割もあります。とくにカルシウムは細胞内でのさまざまな物質の代謝において重要な調節因子となっており、骨に貯蔵されたカルシウムは、その血中濃度や組織内濃度の調節の基となっています（図表3―4）。

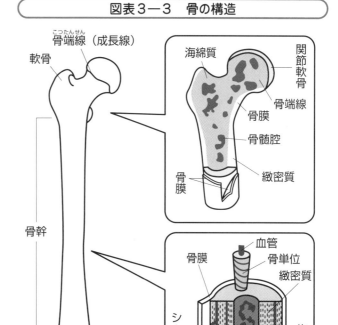

図表3―3　骨の構造

図表3―4　骨の機能

| 1 | 身体を支える支持機能 |
| 2 | 器官・臓器を保護する機能 |
| 3 | 骨格筋と協働して運動・活動の機能 |
| 4 | カルシウムなどの無機物の貯蔵機能 |

## 4　骨の形成と維持

　細胞成分として、骨は骨芽細胞（骨を作る細胞）と破骨細胞（骨を壊す細胞）という2種類の細胞があり、これらの細胞がそれぞれ作用して吸収と形成を繰り返し、新しい骨を絶えず作りながらバランスを取って骨の構造を維持しています。このような活発な骨組織の働きをリモデリングと呼んでいます（図表3―5）。骨の吸収と形成のバランスが崩れて骨量が減ってくると骨質がもろくなって骨折しやすく、骨粗鬆症と呼ばれる状態になってしまいます。

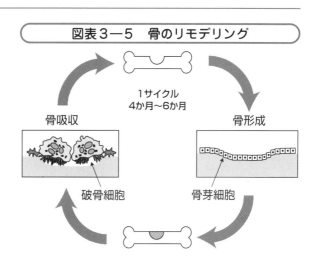

図表3―5　骨のリモデリング

骨吸収　　骨形成
1サイクル
4か月〜6か月
破骨細胞　　骨芽細胞

## 5　骨　格

　骨格は、頭を含む体幹部分と手足（四肢）の部分とに大別されます。体幹部分には頭蓋（23個の骨）、脊柱（26個の骨）、胸郭（25個の骨）があり、四肢には上肢（64個の骨）と下肢（62個の骨）の骨が含まれ、人の骨の総計は約200個にもなります（図表3－6）。この数は、年齢や個人差によって一定ではありません。大腿骨や下腿の脛骨のような細長い骨は長管骨と呼ばれ、頭蓋骨のように平らな形の骨は扁平骨と呼ばれています。

　脊柱は体幹の中心として身体を支える支柱となっています。上下縦に走る脊柱を脊柱管といい、その中には脊髄が保護されています。脊柱を構成する脊椎骨は、上から7つの頸椎、12の胸椎、5つの腰椎、そして仙骨と尾骨に区別されます（図表3－7）。一つひとつの脊椎骨は、その間にある軟骨の椎間板によって連結され、椎間板が柔軟性を持つので前屈や後屈などの動作が可能となるのです。脊柱は生まれながらにしてS字状に彎曲しています。骨粗鬆症によって脊椎骨が圧迫骨折を起こした場合にも後彎症（猫背）と類似した彎曲が出現します。

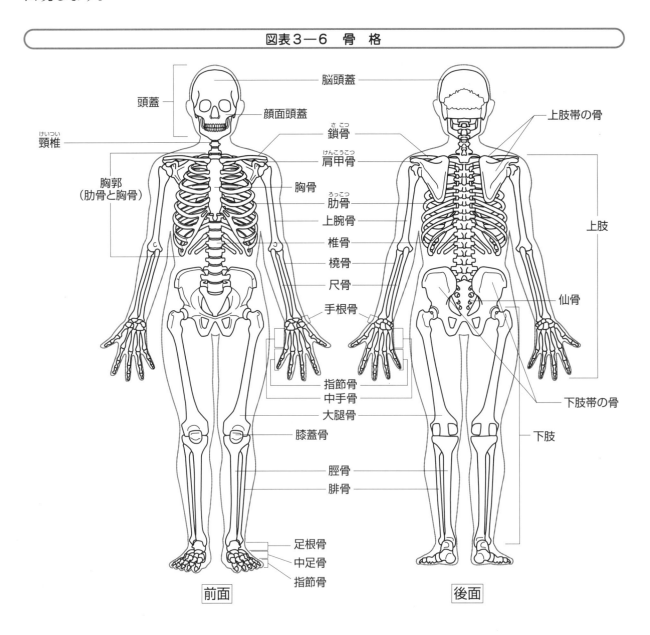

図表3－6　骨　格

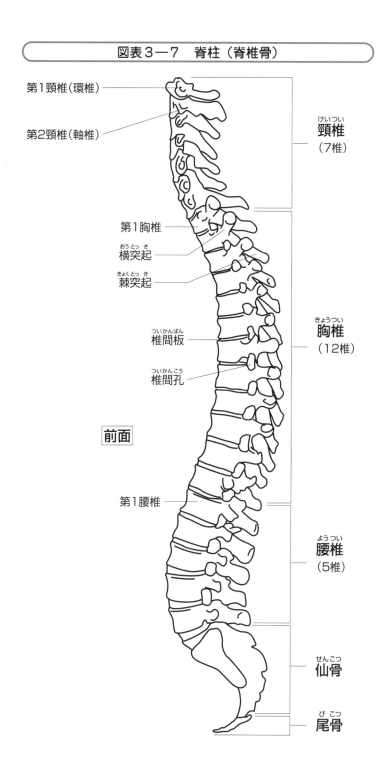

**図表3－7　脊柱（脊椎骨）**

第1頸椎（環椎）

第2頸椎（軸椎）

**頸椎**
（7椎）

第1胸椎

横突起（おうとっき）

棘突起（きょくとっき）

椎間板（ついかんばん）

椎間孔（ついかんこう）

**胸椎**
（12椎）

前面

第1腰椎

**腰椎**
（5椎）

仙骨（せんこつ）

尾骨（びこつ）

## 6　靱帯（じんたい）・腱（けん）・軟骨（なんこつ）

　身体の部分と部分をつなぐ組織を結合組織（けつごう）と呼び、血管がよく走り血液の供給が豊富である骨に対して、血管が乏しい靱帯、腱、軟骨とがあります。

　ロープのように強い力にも耐えて関節において骨と骨をつないでいるのが靱帯で、骨格筋（こっかくきん）を骨に接着させているのが腱です。靱帯（じんたい）については、例えば膝（ひざ）は、大腿（だいたい）と下腿（かたい）の骨が上下に重なっている不安定な構造をしているので、外側と内側にある靱帯と前後の揺れを防止する靱帯とが組み合わされた仕組みとなっています。

　腱の代表格といえるアキレス腱は、ふくらはぎの腓腹筋（ひふくきん）・ヒラメ筋（合わせて下腿三頭筋（かたいさんとうきん）という）を踵の踵骨（かかと・しょうこつ）に付着させています。身体のなかでもっとも強く大きな腱であって、歩行など下肢の運動に必要です。

　軟骨（なんこつ）は、骨に比べて柔らかく、しなやかで身体のなかで限られた場所にあります（肋骨（ろっこつ）と胸骨をつなぐ部分、脊椎骨の間にある椎間板（ついかんばん）、喉頭（こうとう）や声帯を構成しているものなど）。

## Ⅱ　関　節

### 1　関節の構造と機能

　全身のすべての骨は、隣り合う骨と少なくとも一つの関節を作っています。関節とは、骨と骨を連結し、身体の動きに合わせて可動（かどう）する構造のことです。関節は、骨と骨のすき間部分となっている関節腔（かんせつくう）、関節腔を包み込んでいる袋状の関節包（かんせつほう）、そして骨の関節表面を覆っている関節軟骨（かんせつなんこつ）という3つの要素からできています（図表3－8）。関節包の内側にある滑

膜は、ヒアルロン酸を豊富に含む滑液を産生して関節腔を満たしています。2つの骨の間にある関節の働きによって骨の摩耗を防ぐことができるとともに、関節軟骨は栄養を得ることができ、柔軟な動きが可能になるのです。

　なかでも膝関節は、常に曲げたり伸ばしたりしていて、とても負担のかかる関節で、加齢とともに関節軟骨の摩耗が進み滑膜に炎症が起こります。その結果、膝が腫れて関節痛が出現します（変形性関節症）。

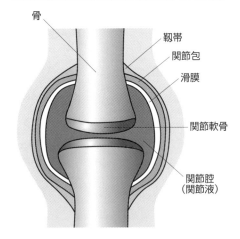

図表3—8　関節の構造

骨
靭帯
関節包
滑膜
関節軟骨
関節腔
（関節液）

## 2　関節可動域

　個々の関節には、それぞれ固有の動く範囲があり、関節可動域（ROM：Range of Motion）と呼ばれます。

　関節炎のため関節痛が続いたり、関節の損傷や四肢のマヒのため長時間動かさずにいると関節の動きが制限されて関節可動域は狭くなります。関節がスムーズに動くことはあらゆる運動の基本となるため、関節可動域の制限は生活に大きな影響を及ぼすことになります。関節可動域の測定はリハビリテーションの基本的な手技の一つとなっています（図表3—9）。

図表3—9　関節可動域の測定

# Ⅲ　筋　肉

## 1　筋肉の構造と機能

　筋肉は、収縮して運動を担う組織です。筋線維によって収縮を効率的に行っています。運動には曲げ伸ばしがあるので、互いに反対の運動をする拮抗筋として対になって存在します。

　関節を動かしたり脊柱を支えたりする骨格筋は、きれいな縞模様を持っているので横紋筋と呼ばれ、両端は腱によって骨に付着しています。骨格筋は自分の意思で動かすことができる随意筋ですが、汗や血管を調節する不随意神経の交感神経も分布していて、寒いときには骨格筋が収縮して身体が震え、熱産生を促して体温を保持する働きもあります。

　筋肉には、心臓にだけある心筋や、胃腸など内臓にある平滑筋があり、これらは自分の意思で動かすことのできない自律神経（交感神経・副交感神経）によって制御されています（図表3—10）。

## 2　筋力低下

　筋力低下とは、通常、骨格筋の筋力低下を指し、自分で力を入れても正常な筋力が出ない

状態をいいます。筋力低下の原因には、筋肉そのものが収縮できない場合、筋肉に刺激を伝える神経に異常がある場合、筋肉が付着している骨の関節に炎症があって、筋肉も適切に動かすことができない場合があります。

　筋肉そのものに原因がある疾患として筋ジストロフィーや自己免疫疾患の多発性筋炎（たはつせいきんえん）、筋肉を動かす神経に原因のあるものとして脳血管疾患や脊椎損傷後によるマヒ、関節に原因のある筋力低下の例として関節リウマチや関節炎などがあります（図表3－11）。

### 図表3－10　筋肉の種類と特徴

| 特　　徴 | 骨格筋（こっかくきん） | 心　筋（しんきん） | 平滑筋（へいかつきん） |
|---|---|---|---|
| 体内の所在 | 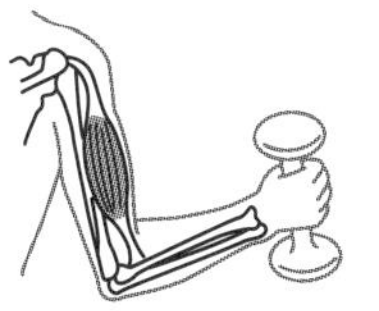 骨格、顔面筋 | 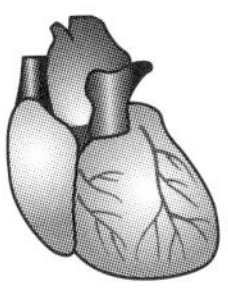 心臓の壁 | 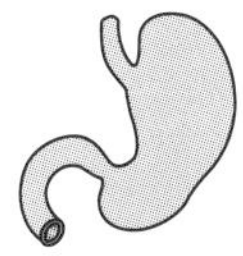 内臓器官の壁（心臓を除く） |
| 細胞の形態 | 細長く円柱状、多核、横紋 | 網目状、単核 | 紡錘形、単核 |
| 収縮の調節 | 随意、神経系を介して制御 | 不随意、神経系の制御、ホルモン | 不随意、神経系の制御、ホルモン |
| 収縮の速度 | 緩から速までさまざま | 遅い | 非常に遅い |

### 図表3－11　筋力低下の分類

**筋肉の疾患**
・筋ジストロフィー：さまざまな筋力低下をきたす遺伝性筋疾患
・多発性筋炎：筋力低下や筋肉の圧痛、疼痛（とうつう）を示す自己免疫性疾患

**中枢神経や脊髄など神経の疾患**
・筋萎縮性側索硬化症（きんいしゅくせいそくさくこうかしょう）：脊髄の神経細胞の変性による進行性の筋萎縮と筋力低下
・脳血管疾患：脳出血や脳梗塞による筋肉の運動を支配する中枢の障害
・末梢神経の障害：糖尿病や腎不全に伴う末梢神経の障害で筋力低下や感覚低下

**関節の疾患**
・関節リウマチ：関節の疼痛（とうつう）による運動制限、関節可動域の制限に伴う筋萎縮
・廃用症候群（はいようしょうこうぐん）（生活不活発病）：関節可動域（かんせつかどういき）制限に伴う筋萎縮（きんいしゅく）、筋力低下

### 3　ボディメカニクスの活用

　ボディメカニクスの活用については、第9章－7「1　移動・移乗に関する基礎知識」を参照して下さい。

**今後の学習のための ♪ キーワード**

◎骨代謝　　◎細胞内カルシウム　　◎筋萎縮
◎交感神経と副交感神経　　◎日常生活動作（ADL）

（執筆：髙橋龍太郎）

# 3　中枢神経系と体性神経に関する基礎知識

　　　全身に配置されていて、さまざまな機能を発揮する臓器や器官の働きは、神経を通してその機能が調節されています。神経系は大別すると、脳と脊髄で「中枢神経系」を、体性神経と自律神経で「末梢神経」を構成しています。このうち、末梢神経の体性神経には、知覚を感じ取る「感覚神経」と、動きを指令する「運動神経」があります。自律神経は、別名を植物神経といい、呼吸や消化、排泄など生命活動の基本を調節しています。
　　　ここでは、
　　　神経系の分類と機能
　　　について理解してください。

## I　神経系の分類

　全身に配置されていて、さまざまな機能を発揮する臓器や器官の働きは、神経を通してその機能が調節されています。末梢組織でその役割を担っているのが「末梢神経」、末梢神経から伝わってきた刺激の情報を受け取って、反応したり対応したりと刺激伝導を統合し対処しているのが「中枢神経」です（図表3—12）。

図表3—12　神経系の分類

| 神経系 | 中枢神経 | 脳<br>脊髄 | |
|---|---|---|---|
| | 末梢神経 | 体性神経 | 運動神経<br>感覚神経 |
| | | 自律神経 | 交感神経（緊張時）<br>副交感神経（リラックス時） |

　末梢神経は「体性神経」と「自律神経」の2種類に区別されます。知覚を感じ取る「感覚神経」と、動きを指令する「運動神経」は、合わせて「体性神経」と呼ばれます。運動神経は、自分の意思で行うことができるので随意神経ともいいます。また、意思では制御できない不随意神経で、自発的に内臓の各器官の働きを調節しているのが「自律神経」です。内臓器官は必要に応じて機能が高まったり弱まったりしているので、自律神経は互いに拮抗しながら働く神経が対になっており、刺激を促進したり抑制したりバランスを取っています。これらを「交感神経」と「副交感神経」といいます。
　中枢神経は、頭蓋骨で保護されている脳と、脊柱管で保護されている脊髄から構成されています。中枢神経は、文字通り全身器官の調節の司令塔となっているところで、その重要性のため骨組織によって守られています。体性神経の損傷に比べて統合的な役割を担ってい

る中枢神経の損傷は、より広範囲の臓器器官に影響を及ぼします。

## 1　中枢神経系

### (1)　脳の構造と機能

　中枢神経といえば脳、とくに大脳はもっとも重要なものです。脳はいくつかの部分に区別されます。もっとも大きなものが大脳（左右に分かれているので大脳半球とも呼ばれます）、大脳の深部にある間脳、後頭部にある小脳、そして、頭蓋骨から脊柱にかけて中脳と延髄がつながって脳を形成しています。中脳、橋、延髄は、意識状態や呼吸など生命活動の維持、調節に関わり、これらを総称した「脳幹」という言葉もよく使われます（図表3―13）。また、間脳の各部位は異なる機能を持っているため、間脳よりも、視床と視床下部という言葉のほうが馴染みのあるものとなっています。

　大脳は、位置関係から前頭葉、頭頂葉、側頭葉、後頭葉に区別されます。その機能は、大脳皮質（外観が灰色なので灰白質とも呼ばれます）と、それより深い部分の大脳髄質（外観が白色なので白質とも呼ばれます）とでは異なり、前者は言語、記憶、思考、感情など高次の脳機能を担い、後者は連絡する神経線維が走っています。この大脳皮質が脳血管疾患や事故によって損傷を受け、機能低下に陥った状態を高次脳機能障害といいます。

　視覚や聴覚情報の伝達を担う中脳、心臓の拍動や呼吸の中枢である橋、延髄、運動の協調性を調節する小脳、感覚神経の中継をする視床、自律神経の中枢である視床下部など、それぞれの部位は独自の機能を担って心身の活動を支えています。

図表3―13　脳の主な部位

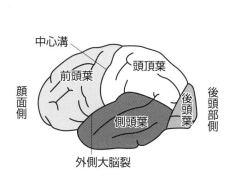
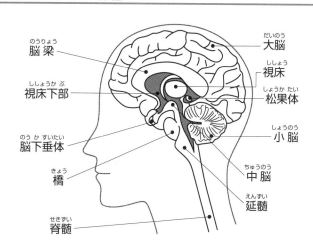

**(2)　脊髄の構造と機能**

　　脊柱（脊椎骨）に覆われた脊髄と呼ばれる神経の束が脳幹に続いて腰椎まで伸びています。主な役割は、末梢での刺激を中枢神経に伝えること、そして中枢からの指令を末梢に伝えること、さらに、刺激に対する瞬時の反射を担っています。

　　末梢組織からの刺激情報の多くは中枢神経に伝えられることなく知覚－運動の近道で処理されており、これを反射といいます。脊髄には大脳と同じように灰白質と白質があり、運動神経、感覚神経が通っています（図表3—14）。

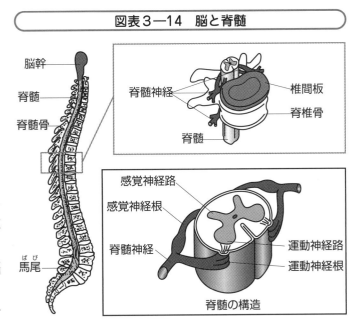

図表3—14　脳と脊髄

脳幹
脊髄
脊髄骨
馬尾

脊髄神経
椎間板
脊椎骨
脊髄

感覚神経路
感覚神経根
脊髄神経
運動神経路
運動神経根

脊髄の構造

**2　末梢神経系**

**(1)　体性神経の機能**

　　末梢神経は、全身にあるさまざまな臓器・器官からの刺激を中枢神経に伝え（知覚神経）、中枢神経からの指示を末梢組織に伝える（運動神経）連絡網の役割をしています。随意神経として働く体性神経と、不随意神経である自律神経に分けられます。

　　また、解剖学的な区別として、脳から直接分かれている脳神経と脊髄から出ている脊髄神経とがあります。

　　脳神経は左右に12対あって、頭頸部や顔面の機能を担っています。例えば目を動かしたり顔や舌を動かしたり、においや音を中枢神経に伝えたりしています。

　　脊髄神経は脊髄から出て、首より下の四肢、体幹部の知覚と運動を担っています。

**(2)　自律神経の機能**

　　体性神経系は、運動や知覚をコントロールする神経で動物的な機能を持つのに対し、自律神経は植物も含め生命体が持っている呼吸や消化・排泄の働きを支えている神経系です。そのため、植物神経と呼ばれることもあります。ホルモンの働きと協調して、血圧、脈拍、排泄、発汗など内臓や血管の活動を自動的に調節する機能を持っています。

　　自律神経には、交感神経と副交感神経の2種類があり、緊張したときに血圧や脈拍数を増やす交感神経（緊張や興奮に関わる）と、リラックスしてそれらを下げる副交感神経（休憩や食事に関わる）というように相反する働きがあり、必要に応じてどちらかの働きが強くなって臓器や器官の機能を調節します（図表3—15）。

| 図表3—15　自律神経の分類と主な機能 | | | | | | | |
|---|---|---|---|---|---|---|---|
| 自 律 神 経 系 | 瞳孔 | 呼吸 | 心臓の拍動 | 血管 | 立毛筋 | 消化活動 | 血糖値 |
| 交 感 神 経 系 | 拡大 | 促進 | 促進 | 収縮 | 収縮 | 抑制 | 上昇 |
| 副 交 感 神 経 系 | 縮小 | 抑制 | 抑制 | 拡張 | 分布せず | 促進 | 低下 |

今後の学習のための　キーワード

◎高次脳機能障害　　◎ニューロン　　◎シナプス
◎血液脳関門　　◎髄液　　◎大脳辺縁系

（執筆：髙橋龍太郎）

# 4　自律神経と内部器官に関する基礎知識

学習の　手引き

　　介護サービスの提供には、利用者の身体に直接的に触れることが前提となりますが、介護職員は、介護の技術だけでなく、医師や看護師などの医療職との連携が必要となっています。
　　利用者の「普段との違いに気づく視点」を養うためにも、身体の仕組みについての基礎的な理解が求められます。
　　ここでは、
　①　血液と免疫系
　②　心血管系
　③　呼吸器系
　④　消化器系
　⑤　腎・泌尿器系
　⑥　内分泌系
　⑦　生殖器
　⑧　皮膚
　の基礎的な構造と仕組み、役割について理解してください。

解◇説

## Ⅰ　血液と免疫系

### 1　血液の構成成分と機能

　血液は、主要な細胞外液で、全身の細胞に栄養分や酸素を運搬したり、炭酸ガスや老廃物を運び出す役割を担っています。全身の血液量は、体重によって異なりますが、およそ4〜6リットルです。血液の中には、赤血球、白血球、血小板という「血球成分」と液体の「血漿成分」が含まれており、それぞれ独自の機能を担っています（図表3—16）。

　また、免疫とは、細菌など外界からの攻撃に対して身を守ってくれる仕組みで、生まれながらの「自然免疫」と感染症など病気に罹患して生まれる「獲得免疫」があります。

　赤血球は、血液量全体の4割前後を占めています。赤血球には赤色の血色素のヘモグロビンがあり、全身の器官・組織に酸素を運び、組織で産生された炭酸ガスを肺に運びます。

　白血球の数は、赤血球の千分の一程度と少ないのですが、感染症に対する防御機能として重要です。白血球のなかでもっとも多い「好中球」は、細菌を殺して異物を取り込む作用を持っています。リンパ球には、Tリンパ球（T細胞）、Bリンパ球（B細胞）があり、その他、「単球」、「好酸球」、「好塩基球」もあり、いずれも免疫機能を担っています。したがって白血球の数が少なくなり過ぎると感染症を起こしやすくなります。

　血小板は、赤血球や白血球より小さな細胞で、血液の凝固作用に関与していて、出血したときには出血部位に集まって血液のかたまりを作って凝固を促します。血小板の数が少な

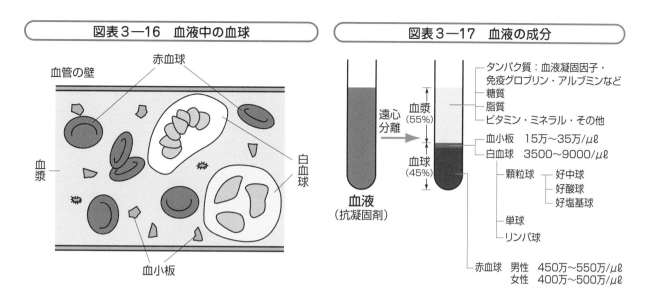

図表3—16　血液中の血球

血管の壁
赤血球
血漿
白血球
血小板

図表3—17　血液の成分

血液
（抗凝固剤）

遠心
分離

血漿
（55%）

血球
（45%）

タンパク質：血液凝固因子・
免疫グロブリン・アルブミンなど
糖質
脂質
ビタミン・ミネラル・その他

血小板　15万〜35万/μℓ
白血球　3500〜9000/μℓ

顆粒球 ┬ 好中球
　　　 ├ 好酸球
　　　 └ 好塩基球
単球
リンパ球

赤血球　男性　450万〜550万/μℓ
　　　　女性　400万〜500万/μℓ

いと軽度の打撲などであざ（紫斑）を作りやすくなります。

　凝固していない血液を遠心分離によって血球部分とそれ以外に分けたとき、上澄みの淡い液体部分を「血漿」と呼びます。血漿は、血液の半分以上を占め、ほとんどが水分です。中には電解質や、アルブミンなどのタンパク質が溶けています（図表3—17）。アルブミンは膠質浸透圧の主要な成分で、血管から液体が組織に漏れ出るのを防ぐとともに、ホルモンや薬物に結合して局所器官に運搬する働きをしています。

　血漿は、水分の供給源として、体内組織に水分が足りなくなると、血漿から水分が供給されます。また、出血した場合、体内の血液量を保ち、生命を維持するため血小板とともに止血の役割を担います。血漿中の免疫グロブリンは白血球、リンパ球とともに細菌などの病原体の除去、ウイルスに対する抵抗力など免疫の担い手でもあります。

## 2　免疫系の仕組み

### (1)　自然免疫と獲得免疫

　細菌など外界からの攻撃から身を守ってくれる免疫系の仕組みは複雑です。感染症を例とした一つの分類として、「自然免疫」と「獲得免疫」の区別が参考になります。自然免疫とは、生まれた時から私たちが身につけている生体防御機構です。もう一つは、細菌による感染症などの病気に罹患したとき、身体が反応して体内に物質的な記憶が残り、同じ病気に再び罹らないようにする後天性の獲得免疫です。

### (2)　骨髄系細胞とリンパ系細胞

　また、免疫を担当する「細胞成分」と「液性成分」の区別からも分類が可能です。骨髄の造血幹細胞から、さまざまな血球が作られますが、一つは血液を流れる赤血球や好中球などの骨髄系細胞で、もう一つはリンパ液に多く含まれているリンパ系細胞です。リンパ球にはさらに2種類があり、胸腺を介して細胞免疫を担っているTリンパ球（T細胞）と液性免疫を担っているBリンパ球（B細胞）です（図表3—18）。

　細菌（抗原）が侵入したとき、外界から来た抗原であることをT細胞に示す抗原提示細胞の働きによって、T細胞は活性化します。T細胞の一種であるヘルパーT細胞は、B細胞

やキラーT細胞に指令を出して、がん細胞やウイルスに感染した細胞を破壊します。

B細胞は、感染に対する特異的な抗体を産生して病気の記憶を残します。これを免疫獲得といっています。ナチュラルキラー細胞（NK細胞）は、がん細胞やウイルスに感染した細胞に付着して酵素によって破壊します。また、白血球から産生されるサイトカイン（インターフェロンやインターロイキンなどさまざまな種類があります）は、これらの免疫担当細胞の相互作用を高めます。

図表3—18　免疫のしくみ

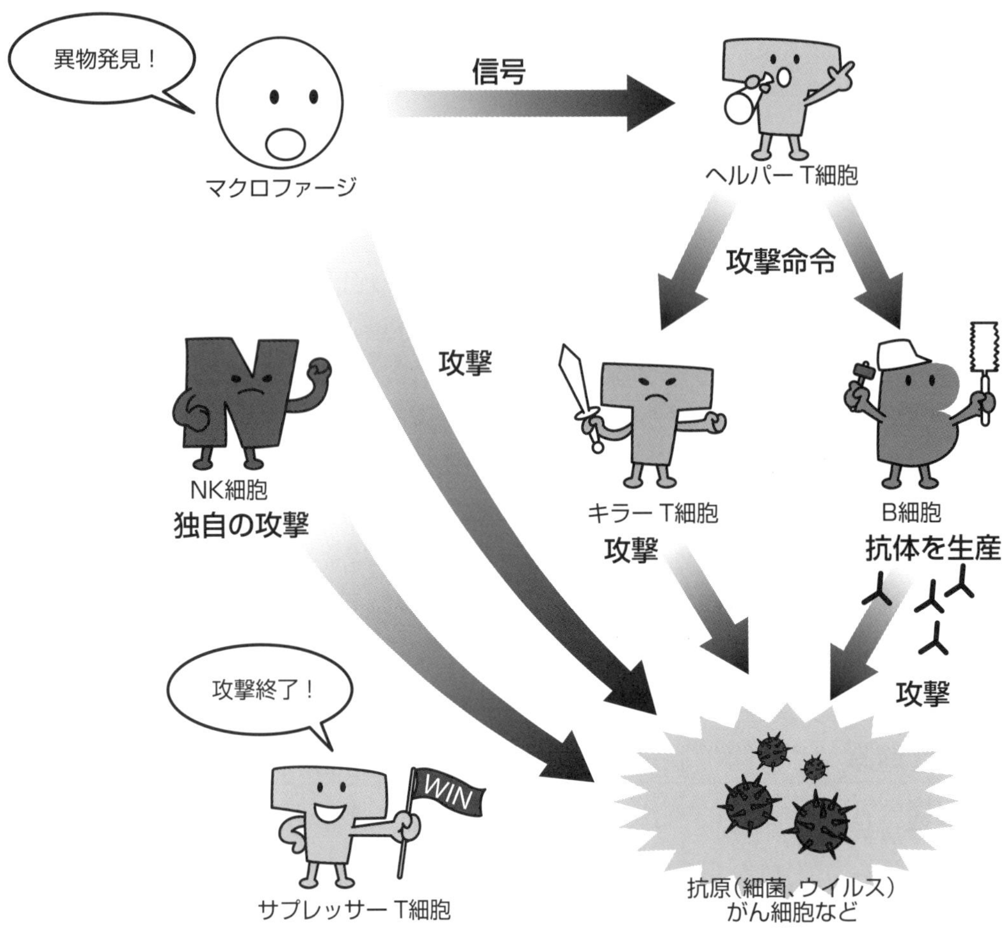

異物発見！　マクロファージ　→　信号　→　ヘルパーT細胞

攻撃命令

NK細胞　独自の攻撃

攻撃

キラーT細胞　攻撃

B細胞　抗体を生産

攻撃

攻撃終了！　サプレッサーT細胞

抗原（細菌、ウイルス）がん細胞など

## (3)　加齢に伴う免疫系の変化

加齢に伴う変化が顕著に現れるのはT細胞です。T細胞は、骨髄で作られた前駆T細胞のごく一部が胸腺で作用を受けて生まれますが、胸腺の萎縮が早いため、高齢になるとT細胞の生成は不足してきます。そのためT細胞の役割が重要である感染に対する抵抗力が弱くなってしまいます。その他、NK細胞の活性化の低下など免疫系の機能が弱まっていきます。

# Ⅱ　心血管系

心血管系は、心臓、動脈、毛細血管、静脈によって構成されます。そこで行われる「体

循環」は、全身の組織・細胞に、酸素と栄養素を送り、炭酸ガスと老廃物を回収しています。そして、心臓に戻った炭酸ガスの多い静脈血は、肺において炭酸ガスと酸素をガス交換します（肺循環）。また、心臓にある栄養血管を「冠動脈」といい、3本の動脈からなっています。

## 1　血管系のしくみ

　血管系は、血液循環の原動力で、ポンプ作用を担う「心臓」、心臓の収縮によって動脈血が送り出される通路となる「動脈」、全身の組織・細胞レベルで血液の供給と回収を担う「毛細血管」、および組織から心臓へ還流される「静脈」に区別されます。

　心臓から送り出される酸素を豊富に含んだ動脈血は、全身の組織、器官に酸素と栄養素を運び、そこで使われた後の炭酸ガスや老廃物は再び静脈血として心臓へと還流します。この循環を「体循環」、または大循環といいます。

　ルートとしては、心臓の左心室から大動脈へ、そして器官・臓器の動脈に枝分かれし、組織・細胞レベルで毛細血管に流れ、栄養素と酸素を供給します。細胞で代謝に使われる過程で生まれた炭酸ガスや老廃物は、静脈へと流れ、大静脈から心臓の右心房、右心室に戻ってきます（図表3―19）。

　右心室に戻った炭酸ガスの多い静脈血は、今度は肺に送られて酸素とのガス交換が行われます。この炭酸ガスと酸素のガス交換の循環を「肺循環」、または小循環と呼びます。ルートとしては、右心室から肺動脈（この肺動脈は炭酸ガスの多い静脈血ですが、心臓から出て行くため肺動脈という名前になります）を経て肺に流れ、そこでガス交換されたのち肺静脈から左心房に戻ってきて、再び左心室から体循環へと送られます。

## 2　心臓のしくみ

　心臓は、にぎりこぶしほどの大きさで、左心房と左心室、右心房と右心室の4つの部屋に分かれています（図表3―20）。心室の入り口と出口には開閉する弁があり、左心室の入り口に僧帽弁、出口に大動脈弁、右心室の入り口に三尖弁、出口に肺動脈弁があります。

　1秒たりとも休まず動き続ける心臓自身に栄養と酸素を送っているのが「冠動脈」です。冠動脈は3本あり、全身に動脈血を送り出す左心房や左心室には、左前下行枝と左回旋枝の2本が、右には右冠動脈の1本があります（図表3―20）。

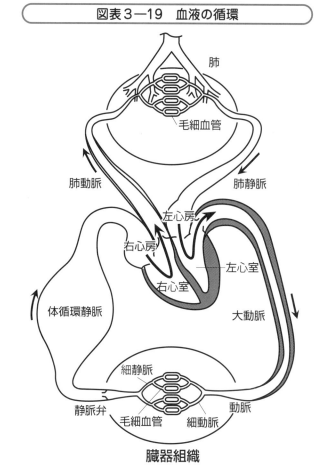

図表3―19　血液の循環

肺
毛細血管
肺動脈
肺静脈
左心房
右心房
左心室
右心室
体循環静脈
大動脈
細静脈
静脈弁
毛細血管
細動脈
動脈
臓器組織

図表3—20　心臓の構造と冠動脈

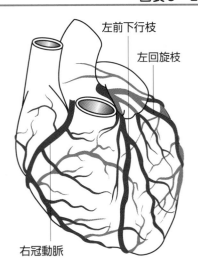
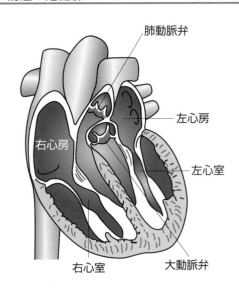

左前下行枝

左回旋枝

右冠動脈

肺動脈弁

左心房

右心房

左心室

右心室

大動脈弁

第9章—3

4

自律神経と内部器官に関する基礎知識

## III　呼吸器系

　呼吸器系は、鼻腔、咽頭、喉頭、気管、気管支、そして肺から構成されています。このうち、気管、気管支は、粘液細胞、杯細胞によって覆われ、異物が入らないようにしています。肺（肺胞）に達した空気中の酸素は、拡散現象によって毛細血管の炭酸ガスと交換されます。なお、高齢になると残気量が増加して、肺活量は減少します。

### 1　呼吸器系の構造

(1)　**呼吸器系の役割と鼻腔から気管支まで**

　生命活動を営むうえで、空気中から規則的に酸素（$O_2$）を取り込むことが必須です。取り込んだ酸素は、細胞の中にあるミトコンドリアにおいて、栄養素から高エネルギー物質であるATPを合成するために使われます。その結果生まれた炭酸ガス（二酸化炭素：$CO_2$）は体外に排出し、再び酸素を取り込まなくてはなりません。この酸素と炭酸ガスのガス交換を呼吸といい、呼吸は、呼吸器系において行われています。

　呼吸器系は、鼻腔、咽頭、喉頭、気管、気管支、そして肺からなります（図表3—21）。左右の鼻腔から吸気として吸い込まれた空気は、通過する際に大きな異物は除かれ、加湿されます。続いて食物

図表3—21　呼吸器系の構造

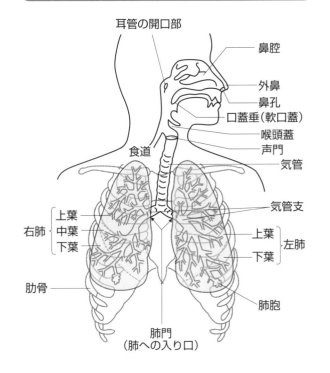

耳管の開口部

鼻腔

外鼻

鼻孔

口蓋垂（軟口蓋）

喉頭蓋

声門

気管

食道

気管支

上葉

中葉　右肺

下葉

上葉

下葉　左肺

肋骨

肺胞

肺門
（肺への入り口）

の通路でもある咽頭を通り、空気の専用通路である喉頭へと進みます。ここには声帯があり、空気を吐き出す呼気とともに声を出すことができます。一方、食事をするときには喉頭蓋というフタが閉まって誤嚥を防ぎます。

　喉頭からは、食道の前を通って気管が下降し、気管分岐部で左右の気管支に分かれます。右気管支は右肺の上葉、中葉、下葉の3つに、左気管支は心臓が左側に寄っていることもあって、左肺の上葉と下葉の2つの気管支に分岐します。右気管支の方が太くて短く垂直に近いので、誤って気管に入った異物や痰のかたまりは、右気管支に入りやすくなります。

## (2)　気管支から肺胞まで

　気管から分岐した気管支の終末細気管支までの内側は、線毛細胞と粘液を分泌する杯細胞が覆っています。線毛細胞の多数の線毛は、塵や異物などを外に押し出す運動を繰り返しており、長期間の喫煙などによって線毛細胞が破壊されると浮遊物質などが気道の奥まで入り込むので押し出そうとして咳や痰が多くなります。杯細胞は、粘液を分泌して気管や気管支を保護し、気道に湿気を与えます。

　気管支は、さらに分岐して細気管支となり、その先にはブドウの房のような肺胞が多数つながって、酸素と炭酸ガスのガス交換の場となっています。肺胞の周りには毛細血管がよく発達していて、この血管内を通る赤血球との間で酸素と炭酸ガスの交換が行われます（図表3—22）。

---

**図表3—22　気管支・肺胞の構造**

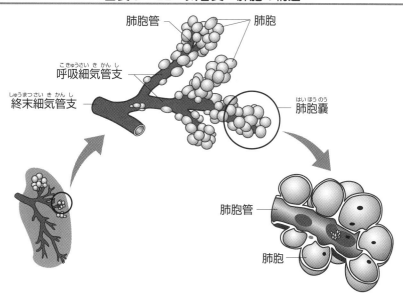

肺胞管　肺胞
呼吸細気管支
終末細気管支
肺胞嚢
肺胞管
肺胞

---

## 2　酸素と炭酸ガスのガス交換のしくみ

　肺胞では、肺胞の膜と毛細血管の壁を通してガス交換が行われます。酸素は肺胞から毛細血管に、炭酸ガスは毛細血管から肺胞に移動します（図表3—23）。この交換は、拡散という形で行われます。拡散とは、濃度の高い方から低い方に物質が移動することで、酸素は、酸素濃度の高い肺胞から濃度の低い毛細血管内を流れる赤血球のヘモグロビンに移動し、炭酸ガスは、濃度の高い毛細血管内の赤血球のヘモグロビンを離れて、濃度の低い肺胞へと移動して交換が行われます。

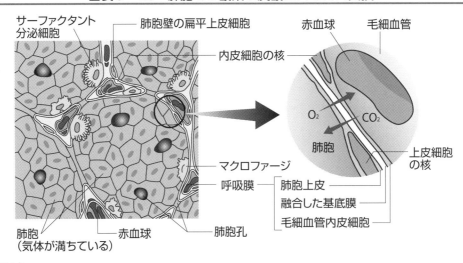

図表3−23　肺胞での酸素と炭酸ガスのガス交換

サーファクタント分泌細胞
肺胞壁の扁平上皮細胞
内皮細胞の核
赤血球
毛細血管
$O_2$
$CO_2$
肺胞
上皮細胞の核
マクロファージ
呼吸膜
肺胞上皮
融合した基底膜
毛細血管内皮細胞
肺胞（気体が満ちている）
赤血球
肺胞孔

## 3　肺気量

　肺という臓器の役割は、体内に新しい酸素を取り込み、炭酸ガスを排出することにあります。この肺の換気で交換される気体の容量を肺気量といいます（図表3−24）。実際にはスパイロメーターという機器で測定します。ごく普通の呼吸をしているとき呼吸1回で肺に出入りする空気の量を「1回換気量」、1回の呼気で吐き出せる最大の空気量を「肺活量」、肺活量の呼気を出した後も肺内に残っている空気量を「残気量」、肺活量と残気量の合計を「全肺気量」と呼んでいます。高齢になると、残気量が増加して、肺活量は減少していきます。

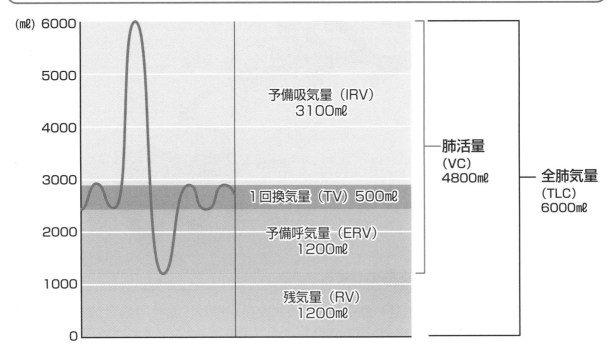

図表3−24　健康な成人男性の肺気量分画

(mℓ)

予備吸気量（IRV）3100mℓ

1回換気量（TV）500mℓ

予備呼気量（ERV）1200mℓ

残気量（RV）1200mℓ

肺活量（VC）4800mℓ

全肺気量（TLC）6000mℓ

## Ⅳ 消化器系

消化器系は、口から肛門までの管状の消化管と、肝臓、胆嚢、膵臓という実質臓器から構成されています。食物は、蠕動運動と消化酵素によって徐々に細かい食塊（食物の塊）にされながら最終的には便として体外に排出されます。食物の消化吸収には、胆汁と消化酵素が必須です。

### 1 消化器系の構造と機能

消化器系とは、口から肛門までの一つながりの管状の器官と、それに連動して働く肝臓、胆嚢、膵臓の臓器をいいます（図表3―25）。食道までは胸部にありますが、それ以降の消化器官は腹腔内にあり、食物が徐々に消化されていく過程で互いに連携し合って働いています。消化器系の機能は、日々の活動に必要な糖質、蛋白質、脂肪、ビタミン、塩分などの栄養の摂取と水分の吸収にあります。口から肛門まで水分や食物が移動する間に、消化、吸収が行われ、排泄されます。

肝臓や胆嚢、膵臓は、食道、胃、腸とともに消化に関わっている臓器ですが、食物の物理的な移動には関わらず、胆汁や消化液の分泌、栄養素の代謝などを担っています。消化器系は自律神経、とくに副交感神経によって、その機能は制御されています。ストレスなどによって自律神経の働きが不調をきたすと消化器の働きに悪影響を及ぼします。

口腔では、食物を歯で細かく噛み砕き、舌によって食塊として咽頭に送ります。続いて食物は食道の蠕動運動によって胃に送られますが、そのとき食物が気管に入らないように喉頭蓋が閉鎖します。この一連の運動を嚥下といいます。

唾液には消化の働きのほかに食物に適度の水分を加えて飲み込みやすくする作用があります。食塊が胃に入ると胃液と混ぜ合わせられて消化が進みます。胃の出口にある幽門部に届いた食塊は、十二指腸に送られます。消化液によって消化はさらに進み、栄養の吸収が行われます。十二指腸から空腸、回腸へ液状の食物が移動し、栄養の吸収はピークを迎えます。吸収された栄養は門脈を通って肝臓に入ります。残りの残渣物は大腸に送られます。大腸では水分が吸収されて便を形成し、直腸に移動すると便意をもよおします。

肝臓は、腹腔のなかでもっとも大きな臓器で多様な機能を持っています。腸から吸収された栄養は肝臓においてさらに利用されやすい形に変換されます。

図表3―25 消化器系の構造

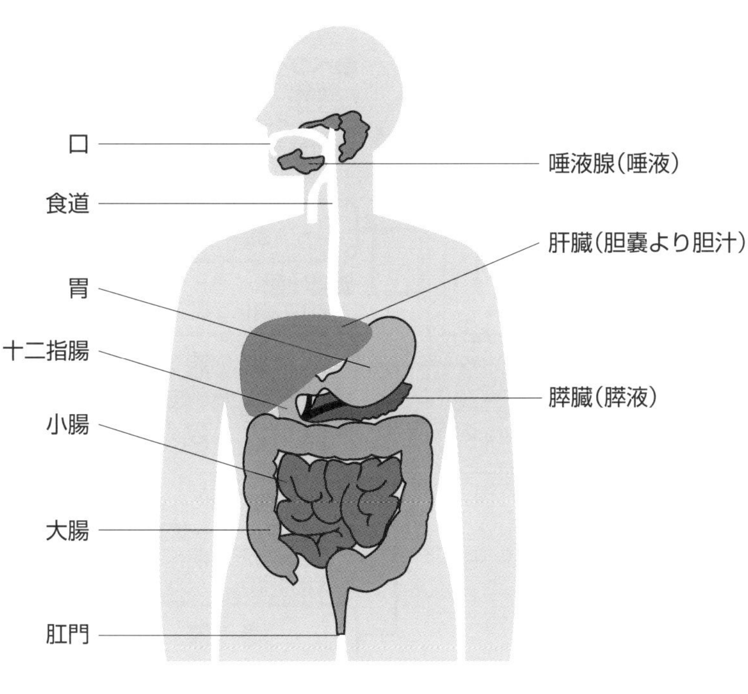

口
食道
胃
十二指腸
小腸
大腸
肛門

唾液腺（唾液）
肝臓（胆嚢より胆汁）
膵臓（膵液）

　また、脂肪の消化に関わる胆汁の産生、炭水化物、脂質、蛋白質の代謝が行われます。
　膵臓は、消化酵素を外分泌する機能とインスリンなどのホルモンを内分泌する機能を併せもっています。食塊が十二指腸に入ると胆嚢が収縮して胆汁が十二指腸に分泌されます。
　胆汁は、脂質の消化・吸収を助ける働き、血色素（ヘモグロビン）やコレステロールを体外へ排泄する機能があります。

## ▌2　消化器の働きを助ける消化液など

　消化器の働きを助ける消化液には、唾液や胃液、胆汁などがあります（図表3—26）。唾液腺には、耳下腺、顎下腺、舌下腺があり、ここから唾液が分泌されます。唾液アミラーゼ（プチアリン）は、炭水化物の消化を促す消化酵素です。
　胃から分泌される胃液には、消化酵素ペプシンが含まれ、蛋白質をペプトンに分解します。胆嚢から分泌される胆汁そのものに消化酵素はありませんが、胆汁は消化酵素がより効率的に働けるようにする性質を持っていて脂肪分の消化吸収を助けます。
　膵臓の膵液は十二指腸に分泌されて、炭水化物、脂質、蛋白質を分解する多くの消化酵素を含んでいます。炭水化物の分解をするアミラーゼ、脂質を分解するリパーゼ、蛋白質を分解するトリプシノーゲンが含まれています。
　小腸からは、炭水化物と蛋白質を分解するマルターゼ、サッカラーゼ、ラクターゼ、エレプシンなどの消化酵素が分泌されます。

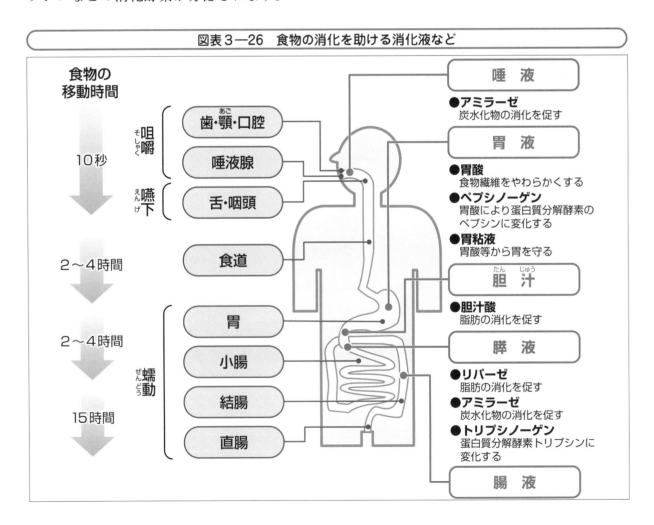

**図表3—26　食物の消化を助ける消化液など**

##  腎・泌尿器系

　腎臓は、体内でできた老廃物を尿として排出する働きをしています。腎臓で生成された尿は尿管、膀胱、尿道を通って体外へ排出されます。膀胱にたまった尿は、排尿筋と外尿道括約筋との相互作用によって蓄尿、排尿が行われています。

### 1　腎・泌尿器系の構造

　腎・泌尿器系の主な働きは、活動などで使われた後の老廃物を尿の中に濾し出し、不要な物質を体内にためすぎないように維持することにあります。

　腰部の背中側に左右一対あるソラマメ形の腎臓が主に尿の生成を行っている臓器で、作られた尿は1本ずつある尿管から膀胱へと導かれ、膀胱に一定量までたまった尿は、尿道から排泄されます（図表3―27）。

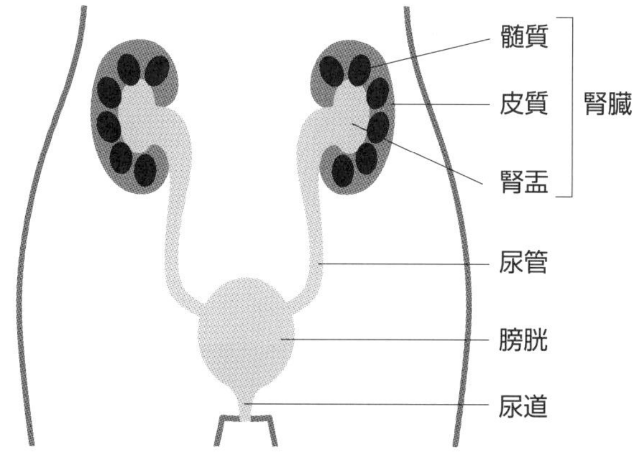

　腎臓は、尿を生成する皮質と髄質、作

#### 図表3―27　泌尿器系の構造

髄質
皮質 ｝腎臓
腎盂
尿管
膀胱
尿道

られた尿を尿管に導く腎盂からできています。膀胱における細菌感染は、尿管から上行して腎盂炎を起こすことがあります。一方、皮質と髄質を巻き込む腎炎は血液由来の原因で起こると考えられています。

### 2　腎臓での尿の生成

　身体にとって不要になった老廃物や水分、塩分を含んだ液体が尿で、この尿を生成する器官が腎臓です（図表3―28）。

　腎臓の糸球体と呼ばれるところでは、そこを流れる細動脈から尿のもとが濾し出されます。濾し出された尿のもとは尿細管を通りながら、さまざまな成分がさらに濾し出されたりして腎盂、尿管へと運ばれます。

　このように、腎臓は血液をきれいにするフィルターの役割を果たして、身体に悪影響を及ぼす物質の除去作用を担っています。また、尿を作り出す過程で、水分や塩分の調節をしています。

　これ以外に、血圧を上げるホルモンや赤血球を作るエリスロポエチンを分泌するとともに、骨を作ったり維持したりするビタミンDを活性型の形に変換する作用も担っています。

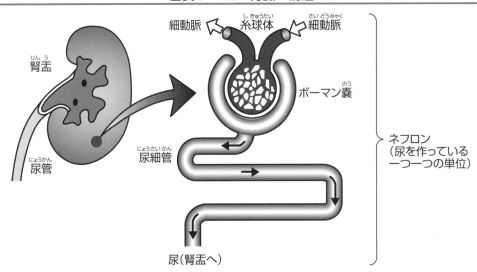

図表3—28　腎臓の構造

- 細動脈
- 糸球体
- 細動脈
- 腎盂
- ボーマン嚢
- ネフロン（尿を作っている一つ一つの単位）
- 尿管
- 尿細管
- 尿（腎盂へ）

## Ⅵ　内分泌系

　体内からの分泌物は、内分泌と外分泌に区別されます。このうち、内分泌されるホルモンは、標的細胞の受容体に結合して作用を発揮します。また、体内でのホルモンバランスを監視して調整しているのが下垂体や視床下部です。

　主な内分泌器官には、甲状腺、副甲状腺、副腎皮質と副腎髄質、膵臓、卵巣、精巣があります。

### 1　内分泌と外分泌

　体内のある器官や組織から物質が分泌される場合、内分泌と外分泌に区別されています。この内と外とは、血管やリンパ管に向けて分泌されることを"内"、身体の外に向かって分泌されることを"外"といい、"外"には文字通り身体表面に向かって分泌されることばかりでなく、消化管内に向けて分泌されることも含まれます。消化管の中は身体の外なのです。

　物質を放出する腺を内分泌腺といい、内分泌腺から血液やリンパ管に分泌される物質をホルモンと呼びます。

### 2　内分泌のしくみ

　一つひとつのホルモンはごく微量でも、それぞれ特異的な器官や臓器に対して異なる働きを持っています。日々の活動に必要ないろいろな機能を刻々と調節しているマネジャー役を担っています。私たちの身体には、内部機能のバランスが崩れないようにホメオスターシスと呼ばれる恒常性の維持機構が備わっています。体温を保ったり、適度な水分量を維持したりするには、自律神経系の働きと協力しながら内分泌腺からホルモンが出ているのです。

　ホルモンは、分泌された場所から血流に乗って目的とする器官、組織の細胞に到達して作

用します。この目的とする細胞を標的細胞、標的細胞でホルモンを受け取る部位を受容体と呼びます。特定のホルモンに対応する受容体がある標的細胞にだけ、そのホルモンは作用します。

## 3　内分泌腺の種類

　内分泌を行っている主な内分泌器官には、全身のホルモンの供給状況を監視し、過不足のないように調整するホルモンを出している下垂体があります。脳の中央部分に位置する小さなホルモン器官ですが、各種ホルモンを出して全身の内分泌器官の機能を調節しています。

　さらにその下垂体の働きを調節している視床下部からも、いくつかのホルモンが出て、二重に体内の恒常性（ホメオスターシス）を維持しています（図表3－29）。

　甲状腺は、全身の代謝を調節します。その甲状腺の左右、上下の端に小さな副甲状腺（上皮小体）があり、カルシウム代謝を担っています。腹腔内の左右の腎臓からは造血を促すエリスロポエチンが放出されます。

　腎臓の横には副腎があり、表面部分の皮質からはステロイドホルモンが、奥の髄質からはアドレナリンなどが分泌されます。

　膵臓には、消化管に向けて消化液を出す外分泌とホルモンを分泌する内分泌腺が同居しており、内分泌細胞が集まったランゲルハンス島からは、糖代謝の主役であるインスリンとグルカゴン、その他ソマトスタチンといったホルモンが出ています。胃腸からはたくさんの消化管ホルモンが作られ、消化・吸収や消化管の運動調節をしています。

　女性生殖器の卵巣からは、女性ホルモンが月経周期に合わせて分泌され、男性生殖器の精巣からは男性ホルモンが分泌されます。その他、従来ホルモン分泌がないと思われていた心臓や脂肪組織からもさまざまな作用を持つホルモンが見つかっています。

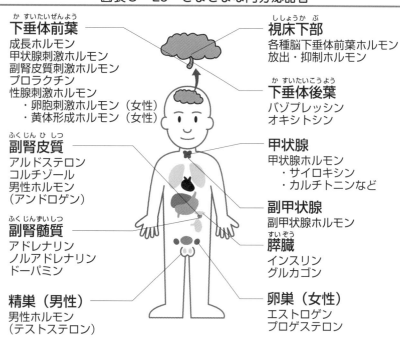

図表3－29　さまざまな内分泌器官

**下垂体前葉**
成長ホルモン
甲状腺刺激ホルモン
副腎皮質刺激ホルモン
プロラクチン
性腺刺激ホルモン
・卵胞刺激ホルモン（女性）
・黄体形成ホルモン（女性）

**視床下部**
各種脳下垂体前葉ホルモン
放出・抑制ホルモン

**下垂体後葉**
バゾプレッシン
オキシトシン

**副腎皮質**
アルドステロン
コルチゾール
男性ホルモン
（アンドロゲン）

**甲状腺**
甲状腺ホルモン
・サイロキシン
・カルチトニンなど

**副甲状腺**
副甲状腺ホルモン

**副腎髄質**
アドレナリン
ノルアドレナリン
ドーパミン

**膵臓**
インスリン
グルカゴン

**精巣（男性）**
男性ホルモン
（テストステロン）

**卵巣（女性）**
エストロゲン
プロゲステロン

## Ⅶ　生殖器

　男性生殖器は、精巣、精巣上体、精管、精囊、前立腺、陰茎、陰囊などで、女性生殖器は、卵巣、卵管、子宮、腟、外陰部などから構成されます。

### 1　男性生殖器の構造

　男性生殖器は、精巣（睾丸ともいいます）、精巣上体（副睾丸）、精管、精囊、前立腺、陰茎、陰囊などからなっています（図表3—30）。

　精巣は、陰囊に包まれて左右一対あり、中にある多数の小葉で精子が作られます。また、男性ホルモンであるテストステロンを作る機能もあります。

　精巣上体（副睾丸）は、コイル状の管で左右の精巣につながっています。精巣上体炎を起こしやすく、男性の不妊症の原因となります。

　精管は精巣上体から精子を送る管で尿道につながっています。精囊は、精子の運動を促す分泌物を出し、射精の際、前立腺の分泌物とともに精液となります。

　前立腺は、膀胱の下に位置して、その中を尿道が通っているので、前立腺が肥大すると尿道を通る尿の流れを妨げます。

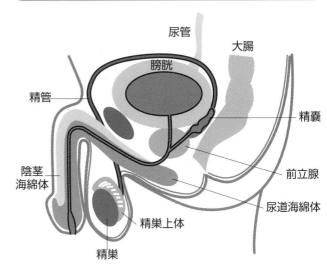

図表3—30　男性生殖器の構造

尿管
大腸
膀胱
精管
精囊
陰茎
海綿体
前立腺
尿道海綿体
精巣上体
精巣

### 2　女性生殖器の構造

　女性生殖器は、卵巣、卵管、子宮、腟、外陰部などからなっています（図表3—31）。

　卵巣は、子宮の両側に左右一対あって、卵子を作り、女性ホルモンを分泌する器官です。

　卵巣では、月経とともに卵胞期（卵胞の発育・成熟）、排卵、黄体期（黄体の形成・萎縮）という一連の変化を繰り返します。

　卵管は、排卵時に卵巣から卵子を子宮に運ぶ左右一対の管で、先端は卵管采と呼ばれ腹腔に開き、一部は卵巣に付着しています。卵管炎を起こすと不

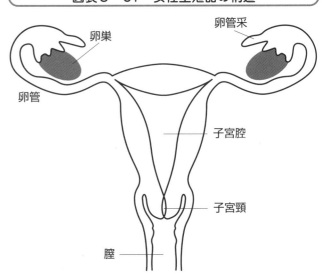

図表3—31　女性生殖器の構造

卵巣
卵管采
卵管
子宮腔
子宮頸
腟

妊になることがあります。

　子宮は膀胱と直腸の間にあり、下向きの二等辺三角形をしています。子宮腔といわれる空間で胎児は育っていきます。

## Ⅷ　皮　膚

　皮膚は、表皮、真皮、皮下組織という3層からできています。皮膚には、感染からの防御作用、体温調節作用、身体の保護作用、知覚作用などの働きがあります。

### 1　皮膚の構造と機能

　皮膚は、単に身体を覆っているだけの組織ではなく、細菌や有害な外界からの刺激を防御する重要な役割を担っています。皮膚は、表皮、真皮、皮下組織という3つの層に分かれています（図表3―32）。

　表皮の外側は、上皮細胞という細胞が重なった皮脂を含む膜からできていて、一部は角化しており、およそ1か月ほどで垢となって脱落します。表皮は、表面が皮脂でできた膜で覆われ、乾燥を防ぐとともに弱酸性の性質から細菌・カビの繁殖を防御しています（感染症からの防御作用）。

　また、汗を汗腺から汗孔を通して出すことによって、体温の上昇を防ぎます（体温調節・維持作用）。汗腺には、エクリン腺とアポクリン腺があり、ほとんどの汗は前者から出ており、後者は、腋下など限られたところにあります。

　真皮は、膠原線維、神経や血管などを豊富に含む層で、肌の硬さ、張り、弾力を保つ働きをしています。皮下組織は、皮膚の最深層にある多量の脂肪を含んだ組織で、この部分を皮下脂肪と呼ぶことがあります。この脂肪組織がクッションの役割をして外力による骨折や内臓の損傷を防いでいます（身体の保護作用）。

　その他、皮膚では、紫外線によってビタミンDが合成されています。紫外線は日焼けや皮膚がんに関係するだけではありません。また、肺で行われる呼吸機能の一部を担ったり、ものに触れたときの触覚や刺激に対する、冷たい、熱い、痛いといった知覚作用を持っています（知覚作用）。

図表3―32　皮膚の構造

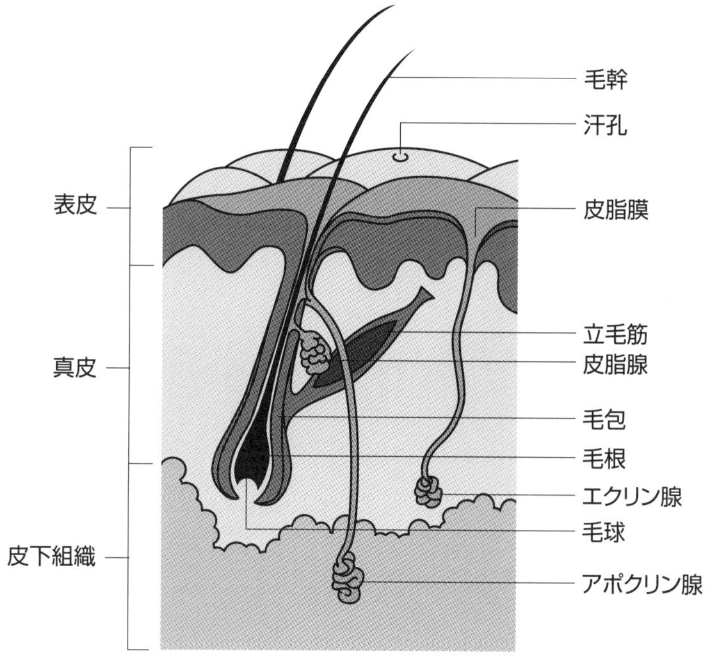

表皮

真皮

皮下組織

毛幹
汗孔
皮脂膜
立毛筋
皮脂腺
毛包
毛根
エクリン腺
毛球
アポクリン腺

## IX　こころとからだを一体的に捉える

　こころとからだは深くつながっています。「気持ちが沈んでいる時、食欲がわかない」などはその典型です。反対に、からだが思うように動かなかったり、息切れが強かったりすると、楽しさや喜びを感じにくくなるでしょう。

　高齢者では、ちょっとした心身の変化をきっかけに、相互に悪影響を及ぼし合って、体調をくずしていくことが多いのです。

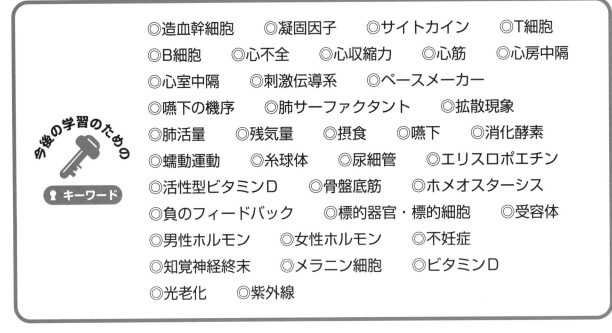

今後の学習のための 🔑 キーワード

◎造血幹細胞　◎凝固因子　◎サイトカイン　◎T細胞

◎B細胞　◎心不全　◎心収縮力　◎心筋　◎心房中隔

◎心室中隔　◎刺激伝導系　◎ペースメーカー

◎嚥下の機序　◎肺サーファクタント　◎拡散現象

◎肺活量　◎残気量　◎摂食　◎嚥下　◎消化酵素

◎蠕動運動　◎糸球体　◎尿細管　◎エリスロポエチン

◎活性型ビタミンD　◎骨盤底筋　◎ホメオスターシス

◎負のフィードバック　◎標的器官・標的細胞　◎受容体

◎男性ホルモン　◎女性ホルモン　◎不妊症

◎知覚神経終末　◎メラニン細胞　◎ビタミンD

◎光老化　◎紫外線

（執筆：髙橋龍太郎）

# 1　生活と家事

　　現代社会では都市化や情報技術の発達により、人々の生活手段や習慣などは大きく変化しました。しかし、人間として睡眠、食事に関わる家族生活や、地域の祭り、行事など変わらない部分も多くあります。介護をする場合、人の暮らしや習慣など生活の基本的領域の理解と配慮はとても大切です。また、家事援助はなぜ必要なのか、どのような支援のスタンスがよいのかなど、生活と家事について学びます。
　　ここでは、
　　①　人の暮らし（生活の捉え方）
　　②　衣食住の環境整備
　　について理解してください。

## Ⅰ　人の暮らし

### 1　生活の捉え方

　生活習慣、生活時間、生活様式（ライフスタイル）、生活圏、生活水準、生活感覚など、生活関連の言葉は無数で、どれもが私たちの暮らしに深く関係しています。
　家族構成や家庭生活は、時代や社会の変化に応じて大きく変わります。また、家族形態の変化（三世代同居の減少、一人暮らしの増加、少子化の進行）により、高齢者や障害者の介護とともに家事援助が必要になりました。福祉サービスは、人が生涯で遭遇するさまざまな生活問題を解決するために発展しました。

### 2　暮らし方の多様性

　家族構成の多様化、個人の選択の拡大により、多様なライフスタイルが広がってきました。
　住居はその人の城であり、在宅生活は個人の自分らしい暮らしを最後まで持続できます。そして、個人の趣味や嗜好にそった文化的な在宅生活が家事援助によって可能になります。その人らしさは、自己決定の集大成である具体的な生活ぶりの細部に表れます。

### 3　介護の社会化

#### (1)　家族介護から社会的介護へ

　昔の日本では、介護は家族の嫁や妻が中心の仕事でした。長期にわたって育児・家事と介護を両立させながら働き続ける女性の大変さの上に家族介護の重要性が語られていたの

です。介護される側にとっても、「家族の負担になりたくない」と思う人もいて、家族への遠慮や気兼ねが大きかったのです。これでは介護する側もされる側も「個人の尊厳」とは程遠いものとなっていました。

### ⑵　介護は社会サービスに

　時代が進むと女性の就労が一般化し、介護休業制度も普及しました。現代では、介護はもはや家庭内で女性が中心として担うシャドウワークではなくなったのです。介護保険の導入により、介護負担は社会サービスとして制度化されました。社会サービスとして社会全体で支えていくことで、高齢者虐待などを生む家庭内の介護ストレスや介護問題に端を発する家族崩壊の改善が期待されます。

## Ⅱ　衣食住の環境整備

### ┃ 1　家事援助の目的と機能

　家事援助とは、生命体としての人間の生理的欲求（栄養補給、睡眠など）と安全の欲求（保温と換気、衛生管理など）を援助することです。具体的には、日常生活の援助、住居の維持・管理の援助（食材の調達・保存、掃除や洗濯）などがあげられます。また、社会的関係への援助としては、手紙や電話による連絡、地域社会や家族への連絡・手続き、調整などがあります。

　このように家事援助とは、老化や障害で日常生活に支障が生じた場合、衣食住の生活維持と向上を目指して援助をすることで、社会的交流や活動、自己実現を可能とすることを目的としています。

### ┃ 2　身体介護と家事援助（生活援助）の相違

　家事援助として、介護保険の制度上のサービスは、訪問介護のなかの生活援助として位置づけられています。また介護保険のサービスでは、調理や洗濯、清掃など、利用者本人の日常生活の援助に限られています。

　その人らしい生活の質を保つためには、衣食住の環境整備である家事援助が不可欠です。しかし、認知症や一人暮らしの高齢者には家事援助だけでなく、広く生活支援の視点が大切です。

今後の学習のためのキーワード

◎生活習慣　　◎暮らし方の多様性

◎介護の社会化　　◎家事援助（生活援助）

（執筆：鈴木眞理子）

# 2　家事援助の基礎知識と生活支援

学習の手引き

　　　介護職の行う生活支援には、自立を促し介護予防に貢献するという社会的意義があります。生活支援に必要な基礎的知識を学びます。
ここでは、
① 個別性の尊重、個人の価値観・生活歴
② 信頼関係の形成
③ 自立支援
について理解してください。

解◇説

## Ⅰ　個別性の尊重、個人の価値観・生活歴

### 1　個別性の尊重

　個別性の尊重とは、その人の生き方、自己実現の足跡である生活歴、人生経験に敬意を払うことです。利用者の生い立ち、職業経験、過去の家庭生活を生活歴といい、利用者の生活歴は多彩です。同じ年代や同じような環境で育っても、生き方や体験はそれぞれ違うと認識することが、個別性の尊重、利用者の価値観の受容につながります。

　高齢者や障害者が懸命に生きる姿や命の営みである生活を尊重する姿勢は、介護の原点です。同じ人として、人生を精一杯生きている利用者を支援することは、人間の存在への敬意、ヒューマニスティック（人道的）な共感でもあります。

### 2　生活習慣の尊重

　日常生活での満足や精神的安定は、生活習慣の充足から生まれます。そのため、老化や障害の進行で習慣行為が継続困難になっても、できるだけ従来の生活習慣を変えず、可能な限り継続できるよう介護者が援助することが生活支援です。

　趣味や娯楽は文化的領域ですので、食事の嗜好と同様に尊重することが、その人らしい生活の保障になります。ただし、飲酒や喫煙、刺激の強い調味料や味つけなど健康面にマイナスのある習慣には自覚を促し、可能ならば改善に導きましょう。

### 3　意欲を引き出す生活支援

　人は自立して充実した生活を送っている時、一番いきいきとしていられます。人生において自ら選択し、決定した生き方こそ、「個人の尊厳」にふさわしい生活です。介護における「自

己決定の原則」や「主体性の尊重」とは、過去の自立していた生活にできるだけ近い状況を生活支援によって実現することです。それが生きる喜びや意欲、明日への希望を引き出すのです（図表４－１）。

#### 図表４－１　利用者の判断を仰ぎ意欲を引き出すポイント

| | |
|---|---|
| 食事・調理 | 食材（好物、旬のもの、いただきもの）、作る量、食事時間、味つけ（調味料の種類）、賞味期限、調理方法（煮る、蒸す、焼く、炒める、揚げる、和える、漬ける）、献立や盛りつけ、使い慣れた食器、デザート、茶菓、飲物（アルコール、嗜好品） |
| 買い物 | 頻度、量、価格、贔屓の店、メーカー、産地、保存場所や方法、レシート保存、精算方法 |
| 洗濯と衣服の手入れ | 洗剤、すすぎの程度、干し方、たたみ方、アイロンのかけ方、たんすへの収納、シーツやタオルの整理、下着や衣服の素材やデザイン、着脱の介助方法、着替えの頻度、重ね着の調節、綻びの繕い、ボタン付け、おしゃれやコーディネート |
| 入浴 | 時間と頻度、洗い方（シャワーか湯船か、スポンジかタオルか）、お湯の温度、拭き方、洗髪の頻度、ドライヤーの温度 |
| 排泄 | 時間と頻度、オムツ（種類、替え方）、排泄の場所（トイレ、しびん、ポータブルトイレ）、排泄の姿勢、介助の程度、プライバシーへの配慮、下着交換の程度 |
| 住居（居室）（清掃） | ベッドメイキング（シーツ、布団、毛布）、居室・風呂場・トイレ・キッチンなどの清掃の頻度と程度、拭き掃除の場所や程度、掃除機のかけ方 |
| その他 | ゴミ出し（生ゴミ、不燃物、ビン・カン、新聞紙）、冷暖房、ガス・電気の安全確認など |

## Ⅱ　信頼関係の形成

### 1　信頼関係の形成

　利用者とその家族の信頼を得るには、利用者のありのままの姿と生活全体を受容することが必要です（コミュニケーション技法による受容）。住居は個人の城であり、一番居心地のよいホームベースで、利用者も体裁を気にせずにくつろげて、自分らしく暮らせる場所です。
　信頼関係の形成のために、利用者の生活習慣などを理解することは重要なことで、介護職としての適切な関わりが求められます。利用者の中で依存的な傾向が強い人の場合は、介護者の側が適度な距離感を常に意識しましょう。「親しき中にも礼儀あり」の一定のけじめも大切です。また、複数の介護者間でのチームワークや情報共有を心がけましょう。

### 2　守秘義務

　生活支援は、家族関係、家庭状況など個人のプライバシーに深く関わる領域です。個人のプライバシーは、誰でも人に知られたくないもので、「職業上知り得た利用者のプライバシーはみだりに口外してはならない」という守秘義務があります。ただし、利用者の家庭状況や個人情報を訪問介護事業所に報告することは、守秘義務に反しません。警察や医療関係者など利用者の安全や命のために情報を提供できる場合があり、その範囲には一定のルールが

あります。

## Ⅲ 自立支援

### 1　生活意欲の向上

　家事援助により生活を充実させ、利用者の日常での主体性と能動性を引き出すことが自立支援です。例えば、散歩に誘ったり季節の話題を取り入れたりして、日常生活に変化と張りを作り出します。また、利用者の好みや関心に働きかけ、新たな目標を設定し自己実現を支援します。

　日常の家事のなかで利用者にできることはしてもらい、褒めたり励ましたりして意欲を引き出すことも自立支援です。家事援助はまさに自立支援ですが、依存促進にならないよう程度と節度を保ち、利用者に自立を促す支援を心がけましょう。

### 2　介護予防としての生活支援

　2006（平成18）年の介護保険法改正により、「要支援1」「要支援2」が創設されました。要支援者に対する訪問介護は「介護予防訪問介護」として、本人が自力で家事等を行うことが困難な場合であって、家族等の支え合いや他の福祉施策等の代替サービスが利用できない場合について、適切なマネジメントに基づきサービスを提供することとなりました。

　介護予防の生活支援により栄養豊かな食事や快適な居室が確保され、住み慣れた居宅での在宅生活が維持され、介護度の進行が抑制されることが期待されます。例えば、要支援の認定を受けた夫婦の在宅生活を支える家事援助は、単なる家事代行ではなく介護予防の生活支援そのものです。

　介護保険法改正（2015（平成27）年4月施行）により、「介護予防訪問介護」が見直され、地域支援事業に移行されることになりました。この事業での生活支援サービスでは、多様なニーズに対するサービスの広がりを踏まえ、地域の高齢者も生活支援の担い手（例・ボランティア）として社会参加し、社会的役割を持つことで生きがいや介護予防につなげるとされています。

### 3　介護保険対象外の行為

　具体的な介護保険対象外の行為は、2000（平成12）年に出された厚生省老人保健福祉局振興課長通知「指定訪問介護事業所の事業運営の取扱等について」（老振第76号平成12年11月16日）に、「一般的に介護保険の生活援助の範囲に含まれないと考えられる事例」として掲げられています。

　直接本人の援助にはならない家事や、しなくても日常生活に支障のない行為、また日常の家事を超えている行為です。具体的には来客へのお茶の手配、庭木の水やり、犬の散歩、草取り、家具の修繕、車の洗車、大掃除、部屋の模様替えなどです。

## 4　介護保険の保険給付の対象外サービスの要求への対応

　利用者から介護保険の保険給付対象外と思われるサービスを求められた場合、サービス提供責任者や保険者（市町村）に確認を求めます。そのサービスが対象外の場合は、対応できないことを説明して、介護保険外のサービス利用を助言します。介護保険以外の社会資源としては、以下のものがあります。

　フォーマルなサービスとしては、行政、社会福祉法人、株式会社、有限会社、NPOなどの提供するサービスがあります。インフォーマルなサービスとしては、地域のボランティアサービス、町内会・自治会、婦人会や老人会、家族の会からのサービスがあります。

　説明は、担当のケアマネジャーや訪問介護事業所から行ってもらい、保険外サービスとして自己負担が必要になることを説明します。

今後の学習のための　キーワード

◎生活歴　　◎個人の価値観　　◎個人の尊厳

◎自己決定の原則　　◎主体性の尊重　　◎自立支援

（執筆：鈴木眞理子）

# 3　家事援助の技法（調理・洗濯・掃除等）

　　　家事とは生活を維持・継続させるために必要な行為で、高齢になり家事をすることが難しくなると、生活環境の低下・健康状態の悪化を引き起こすことがあります。
　　　家事援助を提供することで、自立した生活の維持・向上を目指していきます。
　　　ここでは、
　　　① 調理の支援
　　　② 洗濯・衣服管理の支援
　　　③ 掃除・ゴミ捨ての支援
　　　④ 買い物の支援
　　　⑤ 裁縫
　　について理解してください。

## Ⅰ　調理の支援

### 1　調理とは

　調理とは、食材・食品などをおいしく食べるために行う操作や順序等をいいます。私たちが生きていくためには、食物からの栄養素摂取が不可欠であり、調理とは、必要な栄養素を効果的に摂取できるよう行われるものです。高齢者の低栄養や食欲不振など、近年の栄養課題については、高齢者への適切な調理支援を理解することがとても大切です。

　調理には、様々な過程があります。
① 献立（食材・味・調理法を考慮する）の決定をする
② 食材の準備
③ 下ごしらえをする（食材を洗う・切る・下味を付ける）
④ 加熱を行う（味付けも含む）
⑤ 盛り付け
⑥ 配膳（食事をする）
⑦ 後片付け
※加熱せずに生の状態で食事を提供する場合には、④の過程が省かれます。

## 2　調理の目的

① 栄養素の消化吸収を助ける

　　たとえば、たんぱく質性の食品は加熱調理することにより、たんぱく質の変性が起こり、消化吸収能力がアップします。

② 安全・安心な食事の提供が可能になる

　　食材に付着した微生物や汚れ、農薬などの有害物質を調理の過程で取り除きます。また、安全に食べられる硬さに加熱調理するなど、調理することで安心できる食事の提供が可能になります。

③ おいしさの創出

　　多くは調理の過程において調味料が加えられ、おいしさが作り出されていきます。それが各家庭、地方、国の味となり、食文化として私たちが大切にしているおいしさにつながるのです。

## 3　調理の技法

① 献立（食材・味・調理法を考慮する）の決定

　　献立の決定は、自立支援のためにも本人の希望を大切にします。食材選びは、栄養バランスに関わってきます。食品中の栄養素については、（図表4―2）を参考に、できるだけ1食で五大栄養素が揃う献立にしましょう。同様に、食材、味付け、調理法は、1食あるいは1日の中で何回も同じにならないことが大切です。利用者にこれらのことを理解してもらうことは、自立支援の第一歩になります。

② 下ごしらえをする（洗う・切る・下味を付ける）

　　食材そのものに付着している微生物や汚れ、農薬などの有害物質を取り除くため、洗浄を行います。農薬が気になる場合には、塩を軽く揉み込んだあと水洗いをするとある程度除去できます。

　　切る操作は、食材を食べやすく、加熱しやすく、見栄えの良い形にするために行います。切る大きさは火が通りにくい食材は小さめに、火が通りやすい食材は少し大きめに切るとよいでしょう（図表4―3）。

　　下味は食材に風味を付けたり、食材の臭みなどを取るために行います。例えば、豚の生姜焼きは、豚肉をおろし生姜で下味を付けることで肉の臭みを取り、柔らかく仕上げます。魚の臭みは塩と酒につけることにより、和らげることができます。

図表4−2　五大栄養素・食物繊維・水と主な働き

| 栄養素等 | 種類 | 体内での働き | 食品 |
|---|---|---|---|
| 炭水化物（糖質） | でんぷん、グリコーゲン、乳糖、ぶどう糖、果糖など | | ご飯、パン、麺類、芋類、砂糖など |
| 脂質 | 植物性脂肪、動物性脂肪、コレステロールなど | エネルギー源になる | サラダ油、オリーブ油、ラードなど |
| たんぱく質 | 植物性たんぱく質、動物性たんぱく質 | | 大豆・大豆製品、肉類、卵、魚介類など |
| 無機質（ミネラル） | カルシウム、カリウム、ナトリウム、マグネシウム、鉄、ヨウ素、マンガン、亜鉛など | 身体を作る | 牛乳、果物、野菜類、海藻類など |
| ビタミン | 脂溶性：ビタミンA、ビタミンD、ビタミンE、ビタミンK　水溶性：ビタミン$B_1$、ビタミン$B_2$、ナイアシン、ビタミンC、葉酸など | 身体の調子を整える | レバー、緑黄色野菜、サラダ油、納豆、豚肉、乳製品、野菜類など |
| 食物繊維 | 不溶性：セルロース、ヘミセルロース、キチンなど　水溶性：ペクチン、グルコマンナン、アルギン酸など | | 野菜類、芋類、豆類、きのこ類、海藻類など |
| 水 | | 体の中で様々な物質を溶かして、運搬する | 水 |

（左欄「炭水化物（糖質）」〜「ビタミン」までを五大栄養素としてまとめる）

図表4−3　いろいろな切り方

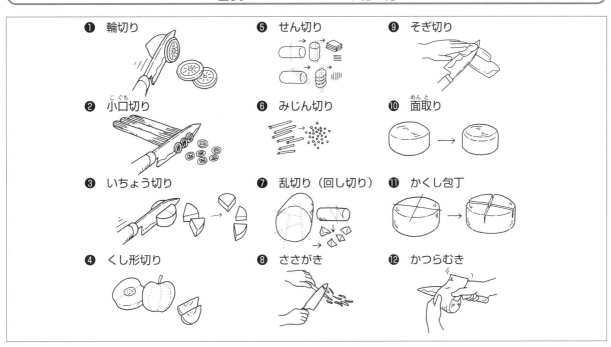

❶ 輪切り
❷ 小口切り
❸ いちょう切り
❹ くし形切り
❺ せん切り
❻ みじん切り
❼ 乱切り（回し切り）
❽ ささがき
❾ そぎ切り
❿ 面取り
⓫ かくし包丁
⓬ かつらむき

③　加熱調理する

　加熱操作には水を介して行う湿式加熱と、水を使わない乾式加熱があります。湿式加熱は「煮る」、「茹でる」、「蒸す」など、乾式加熱には「焼く」、「炒める」、「揚げる」などの加熱操作です。この他、電子レンジによる加熱操作はマイクロ波を利用した加熱にあたります（図表4－4）。

図表4－4　調理における加熱操作

| 加熱法 | 乾式加熱 | | | 湿式加熱 | | | 電子レンジ加熱 |
|---|---|---|---|---|---|---|---|
| | 焼く | 炒める | 揚げる | 煮る | 茹でる | 蒸す | |
| | 直火焼き・間接焼き | 少量の油 | 多量の油 | 煮汁中 | ゆで水 | 水蒸気 | マイクロ波 |
| 食品の水分 | 表面が脱水され焦げ風味が付く | 水分は少なくなる | 油が吸収される | たんぱく質性の食品は熱変性により収縮脱水するが、ゆで水、調味液と交換することにより軟化する。でんぷん質の食品は水分変化が少ない。 | | | 水分の損失が大きい |

　加熱調理をすることにより、食材が柔らかくなり高齢者にとってより食べやすくなります。高齢者によっては、ガスなどの直火を使用する調理法は事故につながることもあります。できれば電子レンジやIH調理器（電磁調理器）など、直火を使わない調理法を普段から調理の援助で実践していると、事故予防の自立支援につながります。

④　高齢者の調理形態

　乳幼児期から学童期、思春期、成人期、高齢期と人にはそれぞれのライフステージにあった栄養素の摂り方や食事の形態があります。高齢者には、生まれてから高齢期に至るまでの食事の歴史（食歴）があります。高齢になると、一般的には味を感じにくくなるため、しっかりした味付けを好むようになります。また、咀嚼や嚥下の機能も衰え、食事を摂取すること自体が困難になってきます。そこで、何よりも高齢者本人が楽においしく食べられることを第一の目的として、食品や調理法の工夫が大切です。（図表4－5・6・7）。

図表4－5　嚥下・咀嚼を助ける食品や調理法の工夫

| 飲み込みを助ける工夫 | 食品 |
|---|---|
| 油で喉の通りをよくする | 油、マヨネーズ、練りゴマ※、ピーナッツバター※、ピーナッツソフト※など |
| 食材をツルッとすべらせ、喉の通りを良くする | とろろ芋、ゼリー、片栗粉、とろみ剤など |
| 口腔内で散らばらない工夫 | 半熟卵、温泉卵、おかゆなど |

※粒がないものを選ぶ

図表4－6　嚥下を助ける食形態と食品

| 好ましい食形態 | 食品 |
|---|---|
| プリン状 | プリン、茶碗蒸し、卵豆腐、絹豆腐など |
| ゼリー状 | フルーツゼリーなど、ゼラチンで固めたもの |
| ポタージュ状 | ポタージュスープ、シチューなど |
| 乳化状 | マヨネーズ、ヨーグルトなど |
| 粥状 | おかゆ、雑炊など |
| マッシュ状※ | マッシュポテトなど |
| とろろ状 | とろろ芋など |
| ネクター状 | フルーツのネクターなど |
| はんぺん状 | はんぺん、しんじょう、テリーヌなど |

※例えばマッシュ状の食品として、マッシュポテトが挙げられますが、中に入れる牛乳やクリームなどの量によりマッシュの状態が変わってきます。利用者の嚥下の状態によって、ちょうど良いマッシュの状態を見極めることも大切です。

図表4－7　嚥下・咀嚼に関し、注意が必要な食品

| 注意項目 | 食品 |
|---|---|
| 口腔内に付着する食品 | もち、団子、マシュマロ、のりなど |
| 口腔内で散らばる食品 | ゆで卵※、かまぼこなど |
| 酸味が強い食品 | 酢、柑橘類、酸味の強い果物など |
| 辛いもの | 唐辛子、（辛い料理など） |
| 水分が少なく喉につまりやすい食品 | パン、カステラ、スポンジケーキなど |
| 熱すぎるもの | 汁物、（料理の温度に注意） |

※例えば卵は半熟卵や温泉卵は食べやすく、固ゆで卵は注意が必要な食品になります。同じ食品であっても調理法により食べやすさが異なります。これらの嚥下・咀嚼を助ける食品や食形態、注意が必要な食品は食事の準備をする段階の買い物にも役立つものです。嚥下や咀嚼の状態、好みなど総合的に判断して食材選びができるよう、能動的な支援につなげましょう。

## 4　おいしさを増す工夫

　私たちは食事をするときは、味覚だけで食べているわけではないのです。匂いや見た目、音、食感など総合的に判断して、料理はおいしいと感じます（図表4－8）。食事は脳にたくさんの刺激を与えることになるので、おいしい食事は老化防止にもつながります。また、食事の環境や心理的な側面もおいしさに影響します。

| 図表4－8　五感を使って食事を楽しむ | |
|---|---|
| **五感** | **食事を楽しむ** |
| 視覚 | 料理の色彩、家族の笑顔、お気に入りの食器と料理の調和など |
| 聴覚 | 調理中の音、食事の時の会話、音楽など |
| 臭覚（嗅覚） | 料理の香り、食材の匂いなど |
| 触覚 | 料理の温度、硬さなど |
| 味覚 | 料理の味など |

① 視覚

　人の食欲は視覚によると言っても過言ではありません。おいしそうな色彩、盛りつけは食欲に直結します。色彩は1献立やひと皿に白、黄色、赤、緑、黒（茶）の色が揃うとおいしく感じられ、栄養的にもバランスが取れるとも言われています。

② 聴覚

　調理する過程の音を聞いて、私たちは食べる準備を始めます。例えば天ぷらを揚げる音を聞いておいしそうな天ぷらを想像します。このように、おいしさと音は深い関係にあるのです。

③ 臭覚（嗅覚）

　私たちは料理や食材特有の香りやにおいを嗅ぐことにより、その料理や食材の味まで想像できます。

④ 触覚

　食べ物を口の中に入れてかむ時、期待した食感でない場合、おいしいとは感じません。おいしいと感じる要素として、食感は大事な要素です。しかし、触覚は決して舌だけで感じているわけではありません。私たちは食事を食べる時に、箸やスプーンなどを使って食べます。箸やスプーンで食べ物に触れたときの感覚で食べ物の硬さなどを判断しています。口の中に食べ物を入れる前段階として、箸やスプーンなどを使っての硬さの確認はとても重要なことです。この過程がうまくできない（硬さが分からない）ことで、しばしば食べることに恐怖感を感じている方もいるということを理解しましょう。

⑤ 味覚

　味の五味は塩味、甘味、酸味、苦味、旨味があります。これらの味が複合的に調味され、おいしい味の料理が出来上がるのです。

## 5　栄養摂取の考え方

　私たちは食品の中にある栄養素を摂取し、摂取した栄養素を身体の中で利用しています。体の中で摂取した栄養素を利用することを栄養とよんでいます。食品の中の栄養素を上手に摂取するために、私たちは1日3回の食事を取っています。体に良い食事とは、食事の量（カロリー）と質（栄養バランス）、規則正しい食生活で決まります。食事の量や質に関して農林水産省と厚生労働省が共同で2005（平成17）年に策定した「食事バランスガイド」を活用にすると、「何をどれだけ食べたら良いのか」の参考になります。

## 6　食品の衛生管理

　調理を衛生的に行うため、食中毒や食品の管理について十分理解しておく必要があります。食中毒には大腸菌やサルモネラ菌などが原因の細菌性食中毒、ノロウイルスによるウイルス性食中毒だけでなく、毒きのこやふぐなどが原因の自然毒による食中毒、有毒な残留農薬や保存料などが原因の化学性物質による食中毒などもあります。どれも、特徴を把握した上で予防策を講じることが必要です。

　また、高齢者の中には食品の賞味期限や消費期限を確認しない人が見受けられます。賞味期限はハムや乾物、缶詰、袋菓子など冷蔵や常温で比較的保存が効く食品に表示されています。賞味期限とは、定められた方法で保存した場合、品質が十分保たれると認められる期限です。これに対し、消費期限とは弁当や洋生菓子、豆腐など保存の効かない食品に表示されています。定められた方法で保存した場合、食品劣化にともなう衛生上の危害を発生するおそれがないと認められる期限であり、必ず期限内に消費するようにしましょう（図表4―9①②）。

**図表4―9①　食中毒の分類**

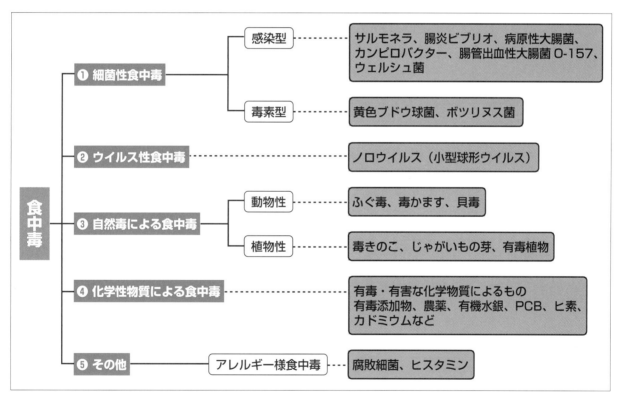

### 図表4―9②　食中毒菌と予防法

| 食中毒菌 | 原因になりやすい食品 | 予防法 |
|---|---|---|
| サルモネラ | 食肉、卵、魚介類およびその加工品など | 加熱※を十分に行う |
| 腸炎ビブリオ | 魚介類（さしみ・寿司・魚介加工品） | 水で洗浄する、加熱※を十分に行う |
| カンピロバクター | 食肉（鶏肉・牛レバーなど）およびその加工品 | 加熱※を十分に行う |
| 腸管出血性<br>大腸菌<br>O―157 | 食肉<br>生野菜、汚染された水など | 加熱※を十分に行う |
| ノロウイルス | カキ、アサリ、シジミなどの二枚貝 | 加熱※※を十分に行う、十分な手洗い |

食中毒予防の3原則
① 菌をつけない　（食材や手指や調理器具をよく洗う）
② 菌を増やさない　（冷蔵庫で保存、早めに食べるようにする）
③ 菌を殺す　（加熱を十分におこなう）

加熱の目安　　※75℃で1分間以上の加熱　　※※85℃～90℃で90秒以上の加熱

## Ⅱ　洗濯・衣服管理の支援

### 1　洗濯・衣服管理とは

　洗濯とは、衣類などの汚れを取り除く行為です。現在ほとんどの家庭では、洗濯機を使用した洗濯が行われていますが、汚れの程度や汚れの種類、繊維の性質によっては手洗いも必要になってきます。また、季節ごとの衣替えなど一連の衣服管理の支援も必要になってきます。家事援助の中で、洗濯・衣服管理は、利用者が参加しやすい作業が多くあります。自立支援の観点からも、利用者に参加してもらうように支援していきましょう。

### 2　洗濯の方法

　洗濯には水を使用する湿式洗濯と、水を介さずに行う乾式洗濯があります。
（1）**湿式洗濯**
　・水と洗剤を使用して汚れを取る洗濯方法。手洗いや洗濯機を用いた洗濯方法。
（2）**乾式洗濯（ドライクリーニング）**
　・主にクリーニング店で行っており、羊毛製品などに適しています。
　・水を使用せず揮発性有機溶剤（石油系溶剤など）を利用し、汚れを取り除く洗濯方法。

　衣類の特性に合わせた洗濯方法を選ぶことは重要なことです。衣服の役割を考えたときに、単に体温調節のためだけではなく、装飾や自己表現の手段、または個人の財産や歴史とい

った役割も果たしています。つまり、利用者の衣服は、生活の歴史の一部に値するものであることを理解しましょう。

## 3　洗濯の手順

### (1)　手順

① 洗濯物の仕分け・・・取り扱い絵表示を参考に分類します。分類は白物と色物、繊維の種類（木綿・ポリエステルなど）、汚れの程度や原因（排泄物・血液・泥・シミなど）によって分類します。

② 水またはぬるま湯を洗濯機に入れる・・・温度は一般的に30～40℃、洗濯物の25倍～30倍の水量が適当です。

③ 洗剤を入れる（よく溶かす）・・・繊維にあった洗剤を使用します。注意事項として、適正濃度を守ること。汚れの種類により漂白剤（図表4―10）を使用します。

④ 仕分けした衣類を入れ、洗濯する・・・繊維を傷めないよう、洗濯コースを選びます。

⑤ すすぎは十分にする・・・洗剤の残留は皮膚障害の原因になります。柔軟剤はタオルやバスタオルなど、吸湿性が必要な衣類には使用をできるだけ避けましょう。

⑥ 脱水・・・化学繊維はしわ予防のため、短い時間にしましょう。

⑦ 乾燥・・・つり干し。色物は裏返して干し、ニットは平干しにします。乾燥機の利用は収縮しやすいものは注意しましょう。（乾かし方は利用者により、やり方がありますので確認しましょう。）

⑧ 取り込む・たたむ・・・洗濯物が乾いたら取り込み、たたみます。利用者に確認しながら行いましょう。アイロンがけは適宜行います。

⑨ 収納する・・・所定の場所に収納します。高い位置に収納すると取り出すときに危険が伴いますので、利用者の視点に立った収納をしましょう。

## 4　衣類の衛生管理・管理方法

日本は四季の移り変わりがはっきりした国です。近年の温暖化の影響で衣替えの時期も少し変わってきていますが、衣替えは衣類管理の中では欠かせない作業です。

衣替えは次の時期まで衣類を保管することになるので、念入りに洗濯・乾燥をする必要があります。その際、ほころびやボタンの点検をし、必要に応じて繕います。しわをのばし丁寧にたたんでから、所定の衣装ケースやタンスにしまいます。数ヶ月使用しないので、収納場所はあまり変えず、利用者と相談してわかるように表示などすると良いでしょう。

| | 図表4―10　漂白剤の種類 | | | |

| 種類 | 液性 | 主成分 | 用途 |
|---|---|---|---|
| 塩素系（液体） | アルカリ性 | 次亜塩素酸ナトリウム | 綿、麻、ポリエステル、レーヨンの白物（色柄は不可） |
| 酸素系<br>（粉末・液体） | 弱アルカリ性 | 過炭酸ナトリウム | 毛、絹、金属製品以外のすべての繊維 |
| | 弱酸性 | 過酸化水素 | 金属製品以外のすべての繊維 |

第9章—4

3　家事援助の技法（調理・洗濯・掃除等）

図表4—11　繊維の種類と性質

| 繊維名 | | | 耐漂白剤 | | アイロンの温度 | 性質 | 適した洗剤 |
|---|---|---|---|---|---|---|---|
| | | | 塩素 | 酸素 | | | |
| 天然繊維 | 植物繊維 | 綿 | ○ | ○ | 高 | 保温性・吸湿性・通気性に優れる<br>縮みやすく、しわになりやすい | 弱アルカリ性洗剤 |
| | | 麻 | ○ | ○ | 高 | 通気性に優れる<br>縮みやすく、しわになりやすい | |
| | 動物繊維 | 毛 | × | × | 中 | 保温性・透湿性・撥水性がある<br>縮みやすく日光・薬品・虫に弱い | 中性洗剤 |
| | | 絹 | × | × | 中 | 吸湿性・透湿性がある<br>虫・摩擦・紫外線に弱い | |
| 化学繊維 | 再生繊維 | レーヨン・キュプラ | ○ | ○ | 中 | 吸湿性・染色性に優れる<br>縮む、燃えやすい | 弱アルカリ性洗剤 |
| | 半合成繊維 | アセテート等 | × | ○ | 低 | 絹のような風合い<br>しわが取れにくい | 中性洗剤 |
| | 合成繊維 | ナイロン | × | ○ | 低 | 弾性に富み、吸湿性が少ない<br>乾きが早く、縮みが少ない | |
| | | ビニロン | ○ | ○ | 低～中 | 丈夫で吸湿性に富み、摩擦に強い<br>保湿性が高い | 弱アルカリ性洗剤 |
| | | ポリエステル | ○ | ○ | 低～中 | 軽くて強く静電気が起きやすい<br>しわになりにくい | |
| | | アクリル | ○ | ○ | 低 | 羊毛に似た風合い、保温性がよく<br>静電気が起きやすい | |
| | | ポリ塩化ビニール | ○ | ○ | × | 摩擦に強く、吸湿性がない<br>熱に弱い | |
| | | ポリウレタン | × | ○ | 低 | 軽く、ゴム程度の伸縮性がある<br>直射日光・熱に弱い | |

## Ⅲ 掃除・ゴミ捨ての支援

### 1 快適な住環境

　良好な住環境は、家庭内の快適性や安全性などを考えると、とても大切です。快適で安全な環境は主体的な生活を可能にし、介護予防にもつながります。そのために掃除を行いますが、単に片付けたり清掃するだけではなく、「なぜ散らかってしまうのか、散らからないようにするにはどうしたら良いか」などを、利用者と一緒に検討しましょう。利用者も参加して住環境を整えることが、自立支援にもつながっていきます。

## 2　掃除の支援

　掃除は、掃除のプロセスを決めておくと効率的な掃除ができ、定期的に繰り返すことにより、快適な住環境が維持されます。室内をきれいにするには、どんなプロセスが必要かを考え、自立支援の観点から利用者ができるところは利用者に行ってもらい、できないところを支援する体制を整えると良いでしょう。

　掃除のプロセスは簡単にまとめると、

　　ゴミを集め、室内を片付ける　→　掃除用具を使って、ゴミ・汚れ・ホコリを掃く、拭く
　　この２点です。これを定期的に行うことによって快適な住環境が維持されます。

　利用者にはそれぞれの生活歴があるため、他人からは有用性のない物に見えても、その人の思い入れと歴史が詰まっています。片付けるときは処分してよいか、あるいはどこにしまうかなど利用者に必ず確認しましょう。片付ける場所はなるべく変えずに、一定の場所に収納しましょう。

　また、室内に多くの物があると、非常時や災害時に避難の妨げになることや、足元に多くの物が散乱していると転倒の原因になることなどについても理解してもらいましょう。これらのことを踏まえたうえで、一定の空間を確保できるよう片付けをします。

## 3　掃く、拭く

　住宅内の汚れを分類すると、①空気中の埃・土や砂、②人体から出る汚れ（排泄物を含む）③油や薬品などの汚れ、④結露によるシミ、湿気によるカビなどに分類されます。これらの汚れを掃除用具を使って取り除いていきます。掃除方法と用具は、（図表4―12）に示しましたので参考にしてください。

### 図表4―12　清掃方法と用具

| 用具 | ほうき<br>ちりとり | 電気掃除機 | はたき | 雑巾<br>バケツ<br>ペーパータオル<br>掃除用シート<br>化学モップ<br>など | たわし<br>スポンジ<br>デッキブラシ<br>など |
|---|---|---|---|---|---|
| 方法 | 掃く | 吸い取る | はたく | 拭く | こすりとる |

## 4　ゴミ捨ての支援

　ゴミの出し方には、住んでいる自治体や地域によりゴミの分別方法やゴミ収集日、ゴミの出し方などが異なりますので、その地域のルールに従いましょう。ゴミを大きく分類すると、燃える（可燃）ゴミ、燃えない（不燃）ゴミ、粗大ゴミ、資源ゴミ、有害ゴミなどに分類できます。同じゴミであっても、自治体により可燃ゴミに分類されたり、不燃ゴミや、資源ゴミなどに分類されることがあるので、地域の分類方法に従いましょう。

　また、ゴミの分類方法や収集方法・収集日などが、様々な要因で変わりますので、地域の広報誌などは必ず目を通し、変更情報に留意するようにしましょう。高齢者の中にはゴミを分別したり、ゴミを出すことが苦手な人がいます。ゴミを放置しておくと悪臭や害虫の発生の原因になる上に、室内の空間が狭くなって住環境が悪化し、QOLの低下も招くので注意してください。

　また、近年ゴミの減量化にも関心が集まっているため、日頃から、利用者とゴミの減量化について話題にするなど関心を持ってもらう工夫を心がけましょう。

## 5　ゴミの捨て方

### (1)　ゴミの捨て方
　① 可燃ゴミ・・・紙や生ゴミなど。紙のゴミは資源ゴミとして出せるものはきれいにたたんで出しましょう。生ゴミは水分があるとゴミの燃焼効率が悪くなるので、よく水切りをしてからゴミとして出します。
　② 不燃ゴミ・・・自治体によって、分類方法が大きく異なり、ゴミの出し方のルールも異なります。しっかり確認した上で出しましょう。
　③ 粗大ゴミ・・・自治体により収集方法が様々です。よく確認しましょう。
　④ 資源ゴミ・・・ビンや缶、ペットボトルはよく水洗いして、水気を切ってからふたを取って出します。食品トレイ、牛乳パックもよく洗い、乾かしてから資源ゴミとして出します。ペットボトルやアルミ缶、食品トレイ、牛乳パックなどは一部のスーパーでリサイクルボックスが置かれて回収しているところもありますので、そちらも併せて利用できます。

## Ⅳ　買い物の支援

　買い物とは生活に必要な品物を購入すること、または購入に至るまでの過程を言います。生活に必要な日用品や食品などを、お金を払って手に入れます。自分の好みにあったもの、または使い勝手の良いものなどを選ぶので、買い物自体が生活の中の楽しみの一つであり、それが外出を促すきっかけになります。

## 1　支援のときの留意事項

### (1)　利用者と買い物に出かける時の留意事項
　① どこの店に行くのかを決める。
　② 移動手段は何か検討する（徒歩・車椅子・バスなど）。
　③ 所要時間（長時間を要する時は、トイレの場所や疲労はどうかなど）。
　④ 途中危険な箇所はないか（段差、人や車の混雑、ひったくりなど）。

### (2)　買い物を頼まれた時の留意事項
　① 必要としている品物に間違いはないか（サイズ、色・柄、個数など）。
　② 利用者の生活レベルにあったものか（価格、使い勝手など）

③　精算（預かった金額、支払い費用、つり銭など）は、帰宅後すぐに利用者と確認を一緒に行います。

## Ⓥ 裁縫

衣服のほつれやボタンの付け直し、伸びたゴムの交換などは、このまま衣服を着用していると家庭内事故の原因につながる場合や衣服の生理的機能が損なわれる場合に行われます。基本は手縫いで行い、針と糸、つけかえ用のゴムや当て布、裁ちバサミや糸切りバサミなどが必要です。縫い針は薄い布には細い針、厚い布は太い針が便利です。また、細かく縫うときには短い針、粗い目で縫うときには長い針と使い分けると便利です。

いずれにしても、裁縫は細かい作業なので高齢者には困難なことがあります。針も取り扱うため危険を伴うこともあります。

> ### コラム　家庭経営、家計の管理
>
> 　家庭にて、自分や家族の望む生活や夢を実現するために行われる営み・その過程を家庭経営といいます。家庭経営の資源として、①人、②物、③資金（金）、④時間、⑤生活技術の運用があります。これらをムリ、ムラ、ムダなく活用し、利用者の望む生活のために支援することは、利用者のQOL向上にもつながります。
>
> 　家庭経営の資源のうち資金（金）の経済収支のことを、家計と呼んでいます。収入と支出のバランスを把握して自己実現のために家計をコントロールすることが家庭経営では大切なことです。

今後の学習のための 🔑 キーワード

◎調理のプロセス（献立の決定、下ごしらえ、加熱調理）

◎嗜好の尊重　　◎栄養バランス　　◎嚥下・咀嚼機能

◎食形態　　◎五感で食べる　　◎安全な食事の提供

◎賞味期限　　◎消費期限　　◎衣服の役割　　◎洗濯の方法

◎繊維の種類と洗剤　　◎衣替え　　◎漂白剤の種類

◎快適な住環境　　◎生活歴　　◎掃除方法　　◎ゴミ捨て

◎買い物　　◎生活の中の楽しみ　　◎QOLの向上

（執筆：井上典代）

〔参考文献〕
①　ホームヘルパー2級課程テキスト　TEXT6　（公財）介護労働安定センター，2011
②　介護職員初任者研修テキスト　第2巻　中央法規出版，2013
③　キャリアアップ介護福祉士試験対策　（公財）介護労働安定センター，2013
④　「在宅療法のプロがおくるかんたん10分でできる介護食」主婦の友，2008

# 4　ベッドメイキングの必要な基礎知識と方法

　　ベッドや布団などの寝床は、休養の場です。夜間眠ることで日中に活動するためのエネルギーを蓄えます。休養を目的とした寝床に、生活の場としての役割を付加するには、ベッドや布団をどのように整えたらよいでしょうか。
　　ベッドメイキングがなぜ必要なのかを理解して、施設や家庭の環境に合わせた方法や寝具の選び方などを考えながら行いましょう。
　　ここでは、
①　ベッドの機能性、種類、特徴、選び方
②　布団の機能性
③　感染予防
④　ベッドメイキングの必要性、方法
について理解してください。

## I　ベッドの利点、欠点

（1）利　点

①　布団と比べて起き上がり姿勢や座位、立位がとりやすく、自立性を高めることができます。

②　ギャッチアップ機能のついたベッドでは、背上げ・膝上げ機能により姿勢を変化させたり、ベッドの高さを変えたりでき、介護の負担を軽減します。

（2）欠　点

①　ベッドに慣れていない高齢者などは、違和感があり落ち着かず危険につながることもあります。また、サイドレール（ベッド柵）を適切に設置しないと、転落などの事故につながる場合もあります。

②　部屋が狭い場合はベッドをおくことができなかったり、おくことができても空間が狭くなり、活動がしずらくなります。

③　ベッドのおき方によっては、残存機能を活かして行う日常の動作ができなくなってしまうこともあり、配置場所にも考慮する必要があります。

## II　ベッドの種類と特徴

### 1　家庭用ベッド

木製やスチール製のベッドはベッドの高さを調節したり、背上げ・膝上げ機能がないため、

不自由さを感じることがあります。

## 2　介護用ベッド

利用者や介護者が使いやすいようにギャッチアップ機能のついたベッドで、さまざまなタイプのものがあります。

### (1) 手動式ベッド

ギャッチアップ機能の操作を手動で行います。

電気がなくても動かすことができるという利点がありますが、ハンドルの位置が足元などにあり使用する利用者は操作することができず、介護者も毎回動かすことは大変です。

### (2) 電動式ベッド

ギャッチアップ機能の操作を電動で行います。利用者も介護者も容易に操作できます。背上げ・膝上げやベッドの高さを調節する機能があります。

## Ⅲ　ベッドの選び方

「身体が不自由だからとにかくベッドを使おう」と考えるのではなく、まず利用者がどのように暮らすのかを考えて選びましょう。

### (1) ベッドの種類や機能を選ぶ

① 利用者の身体の状態や介護者のかかわり方によって選びます。

② それぞれの居室におくことのできるものを選びます。

### (2) マットレスを選ぶ

① マットレスの幅

介護中心の場合は、介護者が手の届きやすい「やや狭いもの」を、利用者のベッド上での動きを中心に考える場合は「動きやすい幅のもの」を選びましょう。

② マットレスの硬さ

仰臥位で背骨がゆるやかにS字カーブを保つことができる硬さが理想的です。硬すぎると骨の突出部分を過度に圧迫します。柔らかすぎると身体が沈み込んで身動きがしにくく、姿勢が悪くなります。人が心地よいと感じる硬さには個人差があるので、体の状態に合わせて慎重に選びます。

### (3) 付属品を選ぶ

利用者や寝具の落下を防止するサイドレール、端座位での姿勢保持や立ち上がりに便利なベッド用の手すり、オーバーテーブルやサイドテーブルなどがあります。さまざまな形状のものがあるので用途に応じて選びます。

## Ⅳ　布団の利点、欠点

### (1) 利点

① 長年使い慣れている人には安心感があります。

② 転落のおそれのある人には安心です。

③ ベッドよりも場所をとりません。

④ はって移動できる人にとっては布団のほうが、活動の空間が広がる場合があります。

⑤ 起き上がり・立ち上がりをサポートするための手すり、立ち上がり用いす、リフトなどの福祉用具を活用すればベッドの機能を補うことができる場合があります。

**(2)　欠点**

① 立ち上がりや車いすへの移乗など、移動動作がベッドよりも困難です。

② 床面での介護動作は介護者にとって負担となります。

③ 畳に直接、布団を敷く場合、ときどき場所を変える必要があります。長期間、同じ場所に布団を敷いたままにすると畳が湿気で腐る場合があります。

---

### Ⅴ　寝具の意義

快適に休養するために、動きやすい、清潔である、肌ざわりがよい、安全である、機能性に優れている、介護しやすい寝具であることが求められます。

---

### Ⅵ　寝具の選び方

寝具全般において、上質なものは心地よいだけでなく皮膚や身体を守ります。しかし、値段が高く、経済的な負担にもなりますので、必要な寝具と値段をよく考えて用意しましょう。

**(1)　ベッド**

高さは、離床できる場合は床から40cm程度、寝たきりの場合は介護しやすい高さとして65cm程度が目安となります。

**(2)　マットレス**

「Ⅲ　ベッドの選び方」（→前ページ）を参照してください。

**(3)　敷布団**

マットレスと同様、柔らかすぎると姿勢が悪くなり身動きしにくいので、やや硬いものを選びます。

冬は布団の下から冷えてくるので、マットレスと組み合わせたり、敷布団を重ねたりして用いましょう。

**(4)　マットレスパッド**

マットレスの刺激をやわらげ、吸湿性に優れたものを選びましょう。

**(5)　シーツ**

マットレスや敷布団などを余裕をもって包み込む大きさが必要です。肌ざわりがよく、吸湿性に富んで、洗濯に耐えるものを選びます。四隅にゴムが入っており、かぶせるだけでベッドメイキングできるタイプのものもあります。

**(6)　掛け布団**

軽くて暖かく、大きめのものを選びましょう。カバーをかけて使います。

⑺　**毛布**

　　肩から足元まで保温できる長さと幅が必要です。

⑻　**タオルケット**

　　季節によって快適な状態となるよう使い分けます。吸湿性、吸水性に富んで、肌に触れると暖かいので利用価値があります。質のよいものを選びましょう。

⑼　**枕**

　　高さは脊椎と頭が水平になる程度のものを選びましょう。

　　幅は肩幅プラス20〜30cmあれば、寝返りをしても頭が落ちません。硬さや中身は本人の好みに合わせます。

⑽　**枕カバー**

　　枕を入れて20cm程度折り返せる袋状のものを選びましょう。

⑾　**スプレッド（ベッドカバー）**

　　掛け布団などが崩れにくく、ほこりや汚れを防ぎます。

### Ⅶ　感染予防

#### 1　寝具の洗濯

　心地よさを確保するだけでなく、感染予防のためにも、シーツや枕カバーはこまめに洗濯し乾燥させて清潔を保ちましょう。

#### 2　紫外線による殺菌方法

　１週間に１度は布団を干して日光に当てます。布団に含まれた水分が蒸発し、乾燥して綿が膨らみ保湿性が増します。紫外線による殺菌効果もあります。午前10時から午後２時くらいの間で干し、途中で表裏を返し、取り込むときは軽くはたいてダニの死骸や塵埃を落としましょう。

### Ⅷ　ベッドメイキングの必要性

⑴　**清潔の保持**

　　発汗による汚れ、食事・排泄などによる汚れ、フケ・脱け毛や細かなゴミや埃などがついた、不衛生な寝具は皮膚に刺激を与え、皮膚疾患や感染症を引き起こすなど体調悪化の原因となります。

⑵　**褥瘡の予防**

　　シーツのしわや汚れ、寝具の湿潤は褥瘡の原因となります。清潔で乾燥した寝床を整えることで、褥瘡の予防につながります。

⑶　**安全・安楽で寝心地がよいこと**

　　移動時やベッドの操作時などに危険がないように寝具を整えます。特に、日中を寝床で

過ごし夜間もそのまま休む場合は、こまめにベッドメイキングしてつねに心地よい状態にします。

**⑷ 美しく整え居室空間を快適にする**

清潔な寝具できちんと整った寝床では、気分よく過ごすことができます。

＊布団の場合も考え方は同様です。

## Ⅸ ベッドメイキングのポイントと留意点

⑴ 寝具は洗濯し乾燥させ、日光消毒した清潔なものを用います。布団やマットレスパッド、枕は2組用意し、交互に使い清潔に保ちます。

⑵ 寝たきりの場合は、2〜3日に1回、シーツ交換を行います。汚れたときは随時交換します。食事や排泄などで部分的に汚れやすいところは、バスタオルや防水シーツなどを用いてシーツへの汚れを予防して、こまめに交換してもよいでしょう。

マットレスパッド
下シーツ
上シーツ
毛布
ベッドカバー
枕カバー
枕

⑶ 効率のよい動作で行えるように、リネン類のたたみ方を決めておきます。

＊中心がわかりやすく使いやすいたたみ方を決め、あらかじめ準備しておきます。

⑷ キャスター付きのベッドは動かないようにストッパーをかけ、安全を確認します。

⑸ 体を圧迫せず、寝起きがしやすいなど自由な動きができるようにベッドメイキングします。

⑹ ギャッチアップや体位変換をしても崩れにくく、転落の危険などがないように安全に配慮します。

⑺ 交換中は埃が発生するので、換気に注意します。なるべく埃を立てない工夫をし、必要に応じてマスクを着用します。

⑻ ボディメカニクスを活用し、安定した姿勢でベッドメイキングを行います。

---

**図表4—13　シーツのたたみ方**

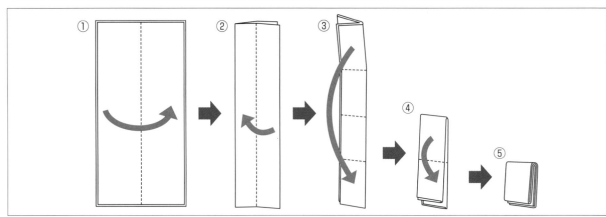

図表4—14　毛布のたたみ方

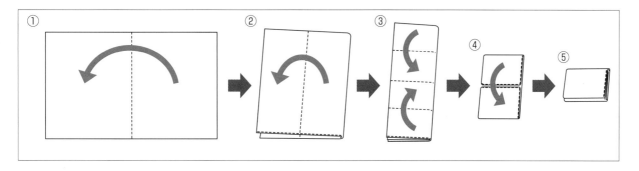

## Ⓧ ベッドメイキングの方法

　動きやすいよう、ベッド周りを片づけます。ベッドのストッパーをチェックし、介護者の負担にならない高さに調節しておきます。

### １マットレスパッドを敷く

マットレスの上に、マットレスパッドを置き、両端を合わせて敷きます。ゴムがある場合は、ずれないようゴムをかけておきます。

マットレスパッド

### ２シーツを広げる

新しいシーツの中心とベッドの中心を合わせ、埃をたてないよう静かにマットレスパッドの上にシーツを広げます。
２人で行う際は、お互いがやりやすいよう呼吸を合わせましょう。

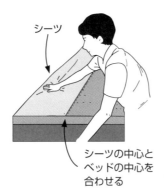

シーツ

シーツの中心とベッドの中心を合わせる

### ３頭側からシーツを入れ込む

マットレスを持ち上げ、頭側からシーツをマットレスの下に入れます。

### 【三角コーナーの作り方】

頭側のシーツについて、シーツを固定させるため三角のコーナーを作ります。

### ４シーツの端を持つ

肩幅くらいにシーツの端を持ちます。

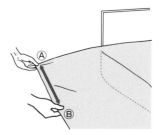

### ５垂直に置く

シーツⒷを持ち上げ、マットレスと垂直（90°）になるように上に置きます。

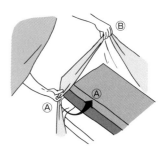

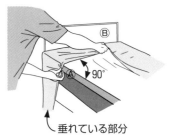

垂れている部分

### ６垂れている部分を入れ込む

⑤の垂れているシーツの部分を、マットレスの下に入れ込みます。

マットレスの下に手を入れて入れ込む

**7 片方の手を軸として シーツを下ろす**

マットレスの角（へり）を押さえ、そこを軸として、シーツⒷを持って回転するように下におろします。

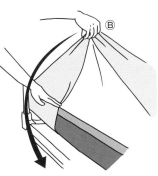

**8 押さえていた手を抜く**

シーツⒷを持ったまま、片方の押さえていた手（ここでは左手）を抜きます。

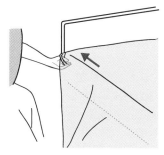

**9 垂れている部分を入れ込む**

シーツⒷの部分と側面に垂れているシーツの部分を、マットレスの下に入れ込みます。

**10 三角コーナーを確認する**

三角のコーナーがきれいにできているか確認してください。

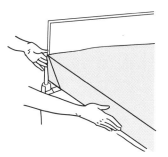

**11 足側に移動する**

頭側ができたら次に足側に移動します。
両側の垂れているシーツをつかんで、均等に力を入れながらシーツを引き、しわが出ないようマットレスの下に入れ込みます。

**12 三角コーナーを作る （足側）**

足側も頭側と同様に三角のコーナー（4～10）を作ります。

**13 しわを伸ばしながら入れ込む**

マットレス側面に垂れているシーツについては、しわを伸ばしながら両手で入れ込みます。
腰を引き、ボディメカニクスを活用しましょう。

※　排泄などで汚れる可能性のある場合は、必要に応じて防水シーツを敷きます。

出典　介護職員初任者研修 介護技術チェックシート（公財）介護労働安定センター

## XI 臥床でのシーツ交換（片まひの場合）

まず、要介護者にシーツ交換することを説明し、体調や気分を確認します。
必要な場合、排泄介助を済ませておきます。
ベッドの周囲を片付けます。
ベッドを作業しやすい高さに調節します。

### 1 掛け布団を外す

掛け布団の上からタオルケットを掛けます。（身体の保温のために行います。）次にタオルケットの端を要介護者の健側の手で持ってもらい、掛け布団を足元へ下げて取り外します。

タオルケット

### 2 汚れたシーツを外す①

要介護者を水平移動してベッド半分が空くようにします。

汚れたシーツ

### 3 汚れたシーツを外す②

マットレスを持ち上げることを説明して片手でマットレスを少し持ち上げながら、もう一方の手で折り込んであるシーツを引き出します。
汚れたシーツを内側に丸め、身体の下に入れ込みます。

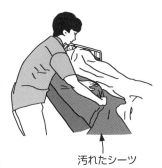
汚れたシーツ

### 4 ゴミを取り除く

マットレスパッドやマットレスの上のゴミを、ブラシやカーペットローラーなどで取り除きます。

### 5 新しいシーツを用意する

新しいシーツの中心をベッドの中心に合わせて置き、手前側半分のシーツを広げていきます。

### 6 新しいシーツを広げる（半分）

残りの半分は扇子たたみにして、汚れたシーツの下に入れ込みます。頭側からベッドメイキングの要領で三角のコーナーを作ります。次に足側の三角のコーナーを作ります。しわは、褥そうの原因にもなります。十分注意してください。
中央の垂れている部分もマットレスの下へ入れ込みます。

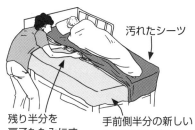
汚れたシーツ
残り半分を扇子たたみにする
手前側半分の新しいシーツを広げる

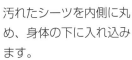
（扇子たたみ）

新しいシーツ

### 7 移動と体位変換

サイドレールをつけて反対側に回り、要介護者に体位変換することを説明します。
手前のサイドレールを外し、まず枕を移動させます。
要介護者の健側の手（ここでは右手）で患側のひじを支えてもらいます。
要介護者の膝を立てます。
新しく敷いたシーツの上にのせるようにして、側臥位（患側は上にする）にします。
要介護者の健側の手で、サイドレールを握ってもらいます。

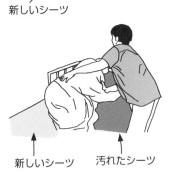
新しいシーツ　汚れたシーツ

**8 汚れたシーツを取り除く**

汚れたシーツを頭側から丸めながら取り外し、洗濯かごに入れます。
マットレスパッドやマットレスの上のゴミを、ブラシやカーペットローラーで取り除きます。

新しいシーツ

汚れたシーツ

**9 新しいシーツを広げる（残り半分）**

新しいシーツを引き出し、しわができないよう十分に広げます。
頭側と足側にそれぞれ三角のコーナーを作りながら敷いていきます。
垂れている部分も、しわに注意しながらマットレスの下に入れ込みます。

新しいシーツ

**10 安楽な体位へ戻す**

体調を確認しながら仰臥位に体位変換し、ベッドの中央に戻して安楽な体位にします。
枕も中央に戻します。
掛け布団をタオルケットの上に静かに広げます。
布団の端を要介護者の健側の手で持ってもらい、保温のために掛けていたタオルケットを外します。
ベッドまわりを整え、要介護者に寝心地や体調を確認し、後片付けをします。

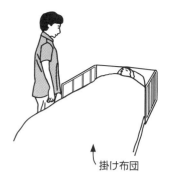

掛け布団

※ 転落防止のため、安全に配慮してサイドレールを使用しましょう。

出典　介護職員初任者研修 介護技術チェックシート（公財）介護労働安定センター

**今後の学習のための🔑キーワード**

◎寝具の意義　　◎寝具の洗濯　　◎臥床でのシーツ交換

◎三角コーナーの作り方　　◎シーツのしわを伸ばす方法

◎寝具のたたみ方

（執筆：浅野いずみ）

# 1　快適な居住環境に関する基礎知識

　年齢を重ねることによって、運動能力・視力・聴力などの身体の機能が衰えてきます。
　高齢者のみの世帯も増えるなかで、安全かつ快適に暮らしていくためには、住まいを高齢者に必要な性能にしていく工夫が必要になります。
　ここでは、
　①　人と住まい
　②　高齢者に必要な住まいの性能
について理解してください。

## Ⅰ　人と住まい

　住まいの始まりは、風雨および雪、寒冷、暴風などの自然の猛威や、猛獣などの外敵から自らや家族を守るために発生したものと考えられます。そして、我が国では時代の移り変わりにあわせて、住まいの機能も変わってきました。たとえば、昭和の半ば辺りまでは、住まいは、家族の生活が営まれる場所に加えて、冠婚葬祭や娯楽、地域の会合などの場でもありました。現在では、純粋に家族の生活が営まれる場となっていることがほとんどでしょう。そして近年、高齢化の波とともに、老後の長期化のため、住まいに求められる基本性能や役割も、介護の面から考えざるを得ない状況となっています。

## Ⅱ　高齢者に必要な住まいの性能

　個人差はありますが、成人以降の人は年齢を重ねることによって、運動能力や視力、聴力などの身体のいろいろな機能が衰えます。これに対して多くの住まいは、これらの衰えに対応していません。したがって、若い頃には何の不便も感じなかった住み慣れた住まいが、加齢とともに徐々に、あるいは突然の病気などで、暮らしづらくなるだけでなく、危険な場所となることがあります。ただし、「高齢者＝障害者」ではありません。75歳以上の後期高齢者であっても、身体能力が良好に保たれ、健康に生活している高齢者が多数暮らしているのです。
　「令和4年国民生活基礎調査」（厚生労働省）によると、全国の世帯数（5,431万世帯）のうち、65歳以上の人が暮らす世帯は、2,747万4千世帯（全世帯の48.4％）となっています。その内訳としては、「夫婦のみの世帯」が756万2千世帯（65歳以上の者のいる世帯の44.7％）と一番多く、次いで「一人暮らしの世帯」が873万世帯（同51.6％）となっています。そして、

高齢者世帯とは、65歳以上の人のみの世帯またはこれに18歳未満の人が加わった世帯のことです。65歳以上の者のいる世帯構造の年次推移（図表5－1）を見ても、高齢者の一人暮らしや高齢者夫婦のみの世帯が、年々増えているのです。

　このように高齢者のみで暮らす住まいが増えるなかで、安全に、そしてより快適に暮らすためには、暮らし慣れた住まいであっても、何らかの工夫が必要です。

図表5－1　65歳以上の者のいる世帯構造の年次推移

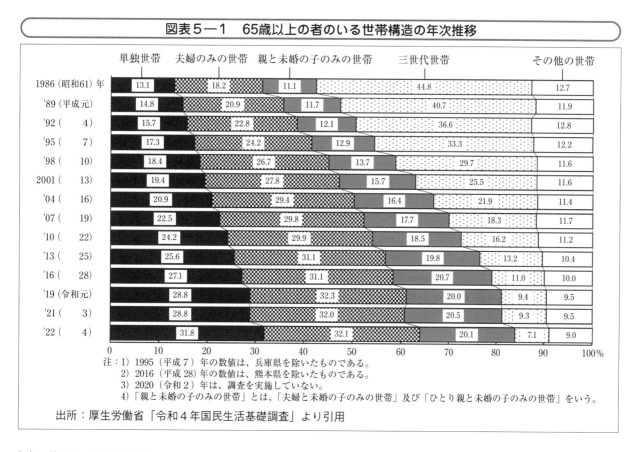

注：1）1995（平成7）年の数値は、兵庫県を除いたものである。
　　2）2016（平成28）年の数値は、熊本県を除いたものである。
　　3）2020（令和2）年は、調査を実施していない。
　　4）「親と未婚の子のみの世帯」とは、「夫婦と未婚の子のみの世帯」及び「ひとり親と未婚の子のみの世帯」をいう。

出所：厚生労働省「令和4年国民生活基礎調査」より引用

## (1)　住まいの明るさ

　住まいにおける照明は「視力」に直接関係します。適度な明るさでない場所では、視力がとくに低下することがあるので、照明は重要です。

　高齢者では、「コントラスト認識の能力」が低下していることが多いのも特徴です。この機能が低下してくると、階段などを降りるときなどに、上の段と下の段の色や模様が同じである場合、段と段との境目がわかりづらく、その結果、足を踏み外すなどして転落の可能性が高くなることがあります。段の上下で床の材質の色を変えるなどの工夫とともに、照明の角度や明るさも工夫することが重要です。

　60歳代では若い頃と比較して、明るい場所から急に暗い場所に行ったときに、しばらくものが見えづらくなってから再び見えるようになるまでの時間（暗順応）が長くなります。また、その逆に急に明るい場所に出たときに目がくらむように見えづらくなってから再び見えるまでの時間（明順応）が長くかかるようにもなります。したがって照明は、それまで自分が過ごしていた部屋の明るさ（暗さ）と比べて、明るすぎても、暗すぎても危険です。

　ちなみに、もっとも衰えやすいのは、動いているものを見て認識する能力である「動体視力」です。通常の視力と同様、とくに薄暗いときに動体視力が衰えることが多いので、適度な明るさの照明が必要です。

　また、太陽の光を浴びるということは、健康な生活を続けるうえで重要です。一部の神経に関連するホルモン（セロトニンなど）は、太陽の光を浴びることでよく分泌され、そのことが精神状態も含めた健康の維持に深く関連するといわれています。家の中を明るくするばかりでなく、健康な生活を得るという観点からも、住まいの採光に工夫をしてみるのもよいでしょう。

### (2)　住まいの音

　聴力は50歳代後半あたりから徐々に衰えが目立ちはじめ、60歳代から70歳代で聞こえづらさを感じ始めることが多いです。

　私たちには聞こえる音の周波数の幅があり、それを「可聴領域」といいます。個人差は多少ありますが、おおよそ20Hzの低音から20kHzの高音までの周波数帯の音が聞こえます。高齢者では、この可聴領域が、低音側と高音側の両方から、それぞれ聞こえる範囲が狭まってきます。つまり、低い音も高い音も聞こえづらくなっていくというわけです。

　したがって、「聞こえづらい」と言う高齢者には、通常の会話で話す程度の音の高さで話しつつ、その声を少し大きめにするように話すと聞こえやすくなります。

　また、声などの音が聞こえづらくなるのと同時に、雑音が多くある状況のなかで、目的とする声などの音を「聞き分ける」能力もまた、低下することがあります。会話のときは、テレビをつけっぱなしにしない、音楽をかけっぱなしにしないなどの生活上の工夫や、住まいの内外に対する防音対策なども重要となります。「加齢性難聴」などにより、コミュニケーションに支障が出ると、認知症になりやすいといわれていることから、会話になるべく支障が出ないような生活上の配慮が重要です。

　一方、住まいの中で暮らしているなかでは、「気配」も重要です。行き過ぎた防音対策では、寝室にいるときに家族や外部の「音」を中心とした気配が感じられないことで、不安になることもあります。しかし、生活する時間帯に対する音の配慮は必要です。高齢者が寝ついたタイミングで家族が帰宅して、さまざまな音を立てたことで目を覚ましてしまうことがないよう、高齢者がともに生活する住まいには生活音対策も必要です。

### (3)　住まいの温度

　日本の多くの場所では四季がはっきりしていて、暑い時期と寒い時期が繰り返されます。暑い時期では、当然、気温に合わせて体温も上昇します。その上昇を抑えるために「汗をかく」のですが、高齢者は汗をかきづらくなり、若い頃と比較して体温調節がうまく行われないことがあります。このようなときには、当然、適切な冷房が必要になります。

　しかし、高齢者のなかには、冷房で体を冷やすことを嫌う人も多いようです。そのような高温な住まいのなかで、多くの汗をかいているにもかかわらず、トイレに行く回数を少なくするために水分を控えた場合、結果的に「熱中症」になりかねません。したがって、住まいの暑さ対策のなかには、適切な水分とミネラルをしっかりと摂ってもらうということも含まれます。

　寒さ対策としては、「ヒートショック（図表5－2）」に対する配慮が重要です。ヒートショックとは、室温の高い部屋から低い部屋へ急に移動したときに、その室温の大きな変化によって、血圧が急激に上昇したり下降したり、脈拍が早くなったりする状態のことです。その結果として、動脈硬化などが進行している人は、心筋梗塞や脳梗塞になることがあり、危険な状況になります。このヒートショックが引き金となった病気で、年間で推定1万4,000人が亡くなっているとの報告もあります（東京ガス都市生活研究所http://

図表5－2　ヒートショックのイメージ

寒 ➡ 寒 ➡ 暖

| 冬の寒い脱衣室 | 寒い浴室内 | 熱めの湯に浸かって温まる |
|---|---|---|
| （血管が縮んで血圧上昇） | （血圧がさらに上昇） | （血管が広がり血圧低下） |

www.toshiken.com/）。

　ヒートショックを起こしやすい場所は、トイレや洗面所、浴室です。対策としては、住まいの各場所の温度差をなくすことに尽きますが、暖房設備を設置するにも継続するにも、それなりの資金が必要です。簡単に羽織れる温かい衣服や帽子を準備したり、お風呂であれば衣服を脱ぐ前に、シャワーで熱めのお湯を床などにまいて浴室内の温度を上げるなど、生活上の工夫をするのもよいでしょう。

⑷　住まいの整理整頓

　高齢になると、若い頃と比較して、歩いているときに足が上がらなくなります。また、バランスを崩したときに体を立ち直らせる反応も鈍くなっているうえに、前述の視覚に関する機能低下が相まって、つまずいたり滑ったりすることで、非常に転びやすくなっています。したがって、住まいは、つまずいたり滑ったりすることのないようにしたいものです。

　とくに、在宅介護の現場では「つまずいて転んだ」という報告をたびたび受けます。実は、部屋の境界部分にある敷居などの段差でつまずく人よりも、床に置いてある雑誌や新聞で滑ったり、座布団やテーブルの脚、カーペットまたは絨毯の端の部分などに足を引っかけて転んだという人が多いのが現状です。常日頃の整理整頓や、足を引っかけないような家具などの配置は重要です。手すりを取り付けたり、段差をなくすなどの住宅改修も重要ですが、「整理整頓」も同じくらい重要です。

### コラム　サービス付き高齢者向け住宅って？

　サービス付き高齢者向け住宅という、アパートや団地などの、いわゆる賃貸の集合住宅ができました。これまでも、賃貸住宅に入りづらかったり、高齢になると住居探しに苦労するという事情があり、高齢者の入居を拒まない「高齢者円滑入居賃貸住宅（高円賃）」や、「高齢者向け優良賃貸住宅（高優賃）」という制度がありました。さらに、的確な安否確認や介護サービスなどのサービスも行う「高齢者専用賃貸住宅（高専賃）」が、制度としてありましたが、2011（平成23）年10月20日に施行された（同年4月に成立）「改正高齢者居住安定確保法（改正高齢者住まい法）」によって、「サービス付き高齢者向け住宅（サ高住）」に一本化されました。

　これは、介護や医療が連携して、入居する利用者に介護サービスなどを提供するというものです。介護保険施設や居住系サービス（有料老人ホームやケアハウスなど）に比べて、高齢者が安心して暮らせる住宅の供給数が少ないことから、サ高住を作る事業者に対して、補助金や優遇税制などの供給促進策も盛り込んで、普及と登録を促すものです。

　登録した事業者には、入居者の安否確認や生活相談といった高齢者支援サービスの提供が求められるほか、登録された事項の情報開示や入居者への契約前の説明、誇大広告の禁止なども義務づけられました。

　ちなみに居室部分の登録基準は、①床面積が原則25平方メートル以上、②トイレや洗面設備などの設置、③バリアフリー構造などです。有料老人ホームも、基準を満たせばサービス付き高齢者向け住宅としての登録が可能となります。

今後の学習のためのキーワード

◎住まいの性能　　◎住まいの明るさ　　◎住まいの音

◎住まいの温度　　◎熱中症　　◎ヒートショック

◎住まいの整理整頓　　◎サービス付き高齢者向け住宅

（執筆：金沢善智）

# 2　介護保険による住宅改修

介護保険制度による住宅改修は、住まいの性能を向上させることによって利用者が失った機能を補い、利用者の自立を支援し、生きがいのある人生を支援することを目的として実施します。
ここでは、
① 住宅改修サービスの目的
② 介護保険による住宅改修の概要
について理解してください。

## Ⅰ　住宅改修サービスの目的

住宅改修は、「家屋を工事して変更するサービス」ではありません。住まいの性能を向上させることで利用者が失った機能を補い、より自立した生活、そしてより生きがいが持てる人生を送ることができるよう、建築施工技術を駆使して支援するサービスです。

したがって、例えば手すりの取り付けが必要な利用者であれば、「壁があるから、手すりを取り付ける」のではなく、その利用者の生活、そして人生に必要であれば、壁のあるなしに関係なく、手すりの設置を行うことが求められます。

## Ⅱ　介護保険による住宅改修の概要

住宅改修サービスは、訪問介護等のサービスと同様、利用者本人および家族の同意のもと、基本的に介護支援専門員（ケアマネジャー）によるケアプランに位置づける必要があります。そのうえで、どのような理由でおおよそどのような改修が必要なのかについての「理由書」を、ケアマネジャーが作成して、提出する必要があります。ただし、ケアマネジャーが関わっていないケースでは、理学療法士や作業療法士、福祉住環境コーディネーター（2級以上）などが理由書を作成することができます。

### 1　住宅改修費の支給

住宅改修に要した費用は、20万円まで支給を申請することができ、そのうちの9割にあたる18万円まで支給されます（1割の自己負担があります※）。ただし、要介護度が3段階以上悪化した場合は、1回に限り20万円まで支給を申請することができます。

また、転居した場合には、転居後の住宅について20万円まで支給を申請することができます。

※一定以上の所得のある第1号被保険者は2割の自己負担となっています。

2018（平成30）年8月より、2割負担者のうち、特に所得の高い層の負担割合が3割となります。

## 2　給付範囲

### (1)　手すりの取り付け

　屋内と玄関アプローチ（道路から玄関の扉（とびら）まで）に、転倒の予防や歩行支援等を目的に設置する手すりに限られます（写真1）。出入り口をふさぐように取り付ける場合には、使用しないときにははね上げられる手すりが有効です（写真2）。工事が必要ない手すりは住宅改修ではなく、福祉用具貸与サービスの対象となります。

写真1

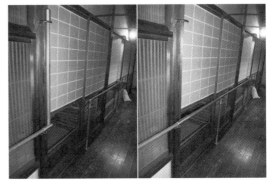
写真2

### (2)　段差の解消

　敷居（しきい）部分や浴室の出入り口、トイレ、玄関など、そして玄関アプローチまでの段差が対象となります（写真3）。敷居については削（けず）って低くしたり、取り去ったりします。浴室やトイレでは、床のかさ上げ工事（段差を解消するため、床を今までより高くする工事）がよく行われます。ただし、固定されない「すのこ」でのかさ上げは、福祉用具購入サービスの対象です。

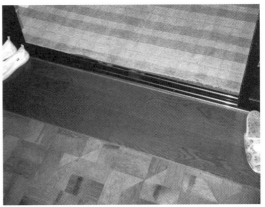
写真3

　玄関や玄関アプローチでは、建物等に固定する形でスロープを設置します。この場合も、固定されないスロープは住宅改修サービスの対象ではなく、福祉用具貸与サービスです。

### (3)　滑りの防止および移動の円滑化等のための床または通路面の材料の変更

　畳（たたみ）敷きの和室をフローリング化することで車いすなどでの移動をスムーズかつ楽にしたり、滑りやすい浴室の床を滑りづらいものに変更したりします。廊下（ろうか）などに貼りつけてあるカーペットをはがしたり、逆に、滑りやすい木質の廊下の床を滑りにくくする目的でカーペットを貼ることも、対象となります。また、屋外の玄関アプローチ部分においても、車いす等での移動をスムーズにするために、コンクリートなどで舗装（ほそう）することも対象となります。

### (4)　引き戸等への扉の取り替え

　ドア（開き戸）を引き戸や折れ戸、アコーディオンドア（カーテン）などに取り替えたり、握（にぎ）りづらく回しづらいドアノブをレバータイプのものに変更するなどが対象となります。自動ドアへの変更も対象となりますが、動力部分の費用は自己負担となります

ので注意が必要です。また、トイレなどにおいて、現状のドアを取り替えるよりも費用が少ない場合に限り、引き戸などの新設も給付の対象として認められています。

## (5) 洋式便器等への便器の取り替え

しゃがむことが必要な和式便器で排泄できない場合、座って排泄できる洋式便器に変更することが給付の対象になっています。その場合、便座の暖房機能や洗浄機能を付けることも可能ですが、水洗化されていないトイレを水洗化することは対象とはなりません。また、現在すでに洋式トイレの場合に、その便座に暖房機能や洗浄機能を設置するだけの場合も、対象とは認められません。

## (6) 上記の住宅改修に付帯して必要となる住宅改修

① 手すりの設置に耐えられない壁の場合に、下地材を取り付ける改修（写真4）

② 段差解消のために行う、浴室の洗い場をかさ上げするときに関連して、給排水に関連する工事や蛇口位置の変更、排水溝に関連する改修

③ 床材変更のための補強

④ 玄関アプローチを舗装するための地面の整地

⑤ 扉の変更に伴う壁および柱の改修

⑥ トイレの便器変更に伴う給排水設備や床材の変更

写真4

図表5－3　2022（令和4）年以降の追加および変更

※2022（令和4）年4月から追加された改修

| 内　容 | 概　要 |
|---|---|
| 特定福祉用具販売の対象品目の追加 | 排泄予測支援機器を追加 |

※2023（令和5）年4月から追加された改修

| 内　容 | 概　要 |
|---|---|
| 福祉用具貸与・販売の選択制の導入、固定用スロープ、歩行器、単点杖、多点杖選択時の条件 | ケアマネジャーや福祉用具専門相談員が、医師やリハビリテーション専門職を含む他職種の見解を踏まえて提案し、最終的には利用者自身が意思決定する |

| 事例 | 排泄動作を自立したいと願う脳卒中の男性 |

### 1　状況

Aさん（44歳、男性）は脳卒中（脳出血）で倒れ、病院に入院中でした。理学療法士（PT）などによるリハビリテーションを行っていますが、思うように回復しませんでした。車いすの生活となることを医師より説明を受け、一時、気は落ち込んでいたものの、退院に向けて、車いすでの生活を、より自立して送るためのリハビリテーションに励むとともに、退院前に住宅改修をすることになりました。

### 2　もっとも重要な要望

「排泄動作を、ズボンなどの上げ下ろしも含めて、自立したい。」

Aさんは、移動は車いすですが、介護者（妻）による見守りと、できない部分の介助があれば、ほぼ生活ができました。そのなかで、強く自立したいと思っていたことが、排泄動作の完全な自立でした。そのために、車いすで出入りができるように、広いトイレを自費で増設しました。

しかし、トイレへの移動と、便座と車いす間の移乗、後始末は自分でできます。片手はマヒしており、もう片方の健側の手で手すりにつかまっていないと立ち続けることが困難なことから、ズボン等の上げ下ろしができず、この部分についてのみ介護者の介助が必要でした。トイレの増設工事を行った工務店からの提案だけでは自立できないと判断したAさんや、担当ケアマネジャー、入院中の担当PTからの依頼で、手すりの設置が行われました。

### 3　介入から住宅改修までの経過

増設されたトイレは、車いすでの利用を十分に考えた広さのものでした。しかし、左片マヒのAさんにとって非常に重要な、便座へ移乗したときに右側にあたる壁に窓が設けられており（写真5）、手すりの設置に支障をきたしていました。

Aさんがズボン等の上げ下ろしを自分でできるようになるためには、右側の壁に頭や肩で寄りかかり、立ったままの状態を維持しつつ、右手でズボンを下ろすことができるようにする必要がありました。しかし、Aさんには脳卒中の後遺症によるバランス障害があるために、壁に寄りかかってズボン等の上げ下ろしを行わせた場合、転倒する可能性が高いと考えられました。

### 4　実施した住宅改修とその効果

右手で体全体を支えないで、また壁に寄りかからずに立ったままの状態を維持・安定させ、転倒の危険性を最小限にしつつ、ズボン等の上げ下ろしをしてもらう方法の一つとして、以下の住宅改修をしました。

まずは、縦手すり部分をやや前方に傾けて斜めに取り付け（写真6）、そして手すり全体を壁から12cm離しました（写真7）。こうすることによって、手すりを握ることなく、右の上肢で手すりを挟み込むようにして立ったままの状態を安定させ（写真8）、自由になった右手でズボンの上げ下ろしができるようにしました。

Aさんは2週間程度の練習期間（妻が見守り）後、排泄動作がすべて、自立しました。

写真5

写真6

写真7

写真8

今後の学習のための キーワード

◎住宅改修　　◎生きがいが持てる人生を支援

◎福祉用具貸与　　◎福祉用具購入

（執筆：金沢善智）

# 3　福祉用具に関する基礎知識

介護保険制度における福祉用具とは、要介護・要支援認定を受けた方の、障害を補完し自立を支援すること、また、介護者の負担を軽減することを目的としています。
ここでは、
① 福祉用具の概念
② 代表的な福祉用具の理解
③ 介護保険制度上の福祉用具貸与・購入費の支給
について理解してください。

## Ⅰ　福祉用具の概念

### 1　人と道具の関係

　人の生活は、道具を使うことで成り立っています。食事をするための箸やスプーン、移動のための自転車や自動車、電車、情報を得るためのメガネや補聴器、情報を発信するための紙や鉛筆など、どれも日常生活に欠かせないものです。

　これらの道具は、長い期間をかけて、さらに使いやすく、安全で、誰にでも手に入るよう発達してきました。また、さまざまな趣味や娯楽、スポーツ用に特化した道具が発達してきました。

　歩くことだけを取り上げてみても、靴屋の店頭に並ぶさまざまな靴を見れば、いかに細分化した目的に合わせた道具としての靴が開発されているかがわかります。

　以前は福祉用具と考えられていたものが改良されて、一般商品となっている例もたくさんあります。代表的なものはメガネでしょう。昔は、非常に高価で一般の人が使うことは難しかったのです。

　製造方法やデザインの改良によって、いまでは安く、早く、安全なものが手に入るようになりました。

　ユニバーサルデザイン（文化や言語、年齢や、障害の有無に関わらず、誰もが使いやすいデザイン）の考え方が取り入れられ、初めから誰にでも使いやすいデザインになってきました。つまり、福祉用具と一般商品の差がなくなってきています（図表5−4）。

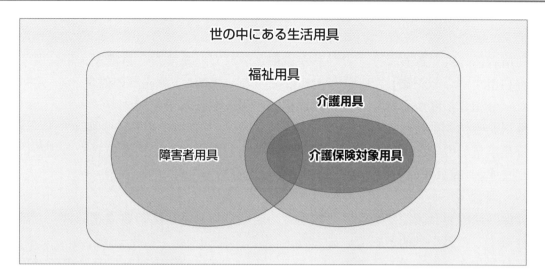

図表5－4　世の中にある生活用具と福祉用具の概念

（図中）
世の中にある生活用具
福祉用具
介護用具
障害者用具
介護保険対象用具

## 2　法律における定義・ICFと福祉用具

### (1)　福祉用具法とは

1993（平成5）年に公布された「福祉用具の研究開発及び普及の促進に関する法律」が、一般に福祉用具法と言われています。介護者の介護負担の軽減を図り、障害のある人ができるだけ自立し、積極的に社会に参加していくことを可能にするためには、介護者による支援（ソフト）だけでなく、福祉用具（ハード）を利用することが本人と介護者双方にとって非常に重要です。

この法律の目的は、①心身の機能が低下し日常生活に支障のある高齢者および心身障害者の自立の促進と介護者の負担軽減を図る、②福祉用具の研究開発および普及を促進することで本人と介護者の福祉の増進に寄与する、③あわせて産業技術の向上に役立てることです。

### (2)　福祉用具の定義

この法律により、初めて福祉用具という用語が次のように定義されました。

「福祉用具とは、心身の機能が低下し日常生活を営むのに支障のある老人又は心身障害者の日常生活上の便宜を図るための用具及びこれらの者の機能訓練のための用具並びに補装具をいう。」（第2条）。

この定義による福祉用具は、非常に幅広く個別性の高い用具も含まれることになります。

### (3)　介護保険法における定義

2000（平成12）年に施行された「介護保険法」では、福祉用具法で定義された「福祉用具」のうち、厚生労働大臣が告示で定めた用具を政令によって貸与（レンタル）または販売できることとなっています（第8条第12項、13項）。

つまり、福祉用具のなかでも、居宅（施設ではない）で要介護者および要支援者（要介護（支援）認定を受けている人）の日常生活の自立を助ける用具に限定されています。介護施設や福祉施設での利用、スポーツ用の車いすなどは保険給付の対象外となっています。

### (4)　種　類

介護保険における福祉用具の利用は、貸与（レンタル）または販売となります。保険給

第9章－5

3　福祉用具に関する基礎知識

付の対象となる貸与（レンタル）は13種目、販売は６種目となっています。なお、貸与（レンタル）の介護保険法上の正式名称は、「福祉用具貸与」、販売は「特定福祉用具販売」といいます。販売については、利用者側からすると「購入」になります。常に適切な福祉用具が利用者に提供できるよう「貸与」が原則とされていますが、排泄や入浴に関する用具は、再利用することが難しく「貸与」になじまないため、「販売」の対象となっています。

　また、令和６年度から貸与と販売の選択制が導入される予定です。

　福祉用具専門相談員は、福祉用具を貸与する際、当該福祉用具の全国平均貸与価格と、その貸与事業者の貸与価格の両方を利用者に説明し、機能や価格帯の異なる複数の商品を提示します。（複数商品の提示は平成30年４月施行）

### (5) 目的・理念

　介護保険法で要介護認定を受けた利用者の居宅での日常生活の自立を助け、介護者の負担を軽減することを目的としています。

　この目的にあった用具を、福祉用具貸与（レンタル）・特定福祉用具販売の対象品として厚生労働大臣が定めた告示に従って決めています。

　なお、「介護予防福祉用具貸与」とは、要支援認定を受けた利用者の居宅での日常生活の自立を助け、介護予防に効果があるものとして厚生労働大臣が定めた告示で決められた福祉用具の貸与のことです。

### (6) 福祉用具とICFとの関係

　福祉用具は、ICF（国際生活機能分類）の生活機能モデルのなかの「環境因子」の一つです。福祉用具を使うことによって、移動・排泄・睡眠・入浴・食事などの日常生活動作をできるだけ自分で行えるようにすることを目的としています。

　介護保険法では、利用者に公平なサービスを提供する必要があるため、「効果がはっきりしていて個人差が少ないもの」に保険給付の対象品目を限定しています。利用者の状態をよく観察し、利用者の尊厳を重視して自立支援につながる用具を、利用者自身が決定できるよう提案することが重要です（ICFについては、第８章―１「１　障害の概念とICF（障害者福祉の基本理念）」を参照）。

## Ⅱ　代表的な福祉用具の理解

### 1　自立支援と福祉用具

　人の動作は、すべて回転運動で成り立っています。立ち上がる・直立して歩く・腕を伸ばす等、すべて関節を中心とした回転運動の組み合わせで成り立っています。

　例えば、杖を右手に持って、右側に身体を方向転換（杖を中心として身体を右方向に回転する）してみましょう。杖が支えとなり、安定した状態で回ることができます。

　次に、杖を右手に持って、左側に方向転換（左足を中心として身体を左側に回転する）してみましょう。左足が支えとなるため、杖を何度も回転する方向に動かさなければなりません。そのため、常に身体が不安定な状態で方向を転換しています。

　日常生活のなかでは、このような回転運動がスムーズにできなくなると、活動能力が落ちていきます。

　加齢による筋肉や関節の衰え、脳血管疾患による神経系の障害、また、本人が転倒することなどを必要以上に用心してしまい、活動制限をするために、いままでできていた日常生活

動作のなかで、できなくなっていく動作がさらに増えていくこともあります。

　しかし、これらに対しては、福祉用具を適切に活用（上記の例では、杖がその役割を果たしています）することで、日常生活動作の範囲を広げて、豊かな生活の継続と生活機能の低下を防止することができます。これが介護保険制度の基本理念である個人の尊厳の尊重、自立支援、自己決定にもつながります。

　日常生活動作の低下に伴って、必要とされる福祉用具の種類も変化していきます。適切なアセスメント（課題分析）を行い、自立支援につながる福祉用具の選定が重要となってきます。

## 2　車いす・車いすの付属品

　車いすは、高齢で長時間歩いて移動できない人、下肢や体幹などに障害がある人の移動を補助するための用具です。車いすの使用目的としては、下記があります。

・行動範囲を広げて社会参加を促進する
・自分で移動ができるようになり、自立心が養われる
・介護者の負担軽減や介護者への気兼ねが減少する
・安全に移動できるようになる
・離床時間が持てる

　車いすは、利用者の身体状況、介護状況、使用目的に応じて、大きく分けて、次の4種類（図表5−5）があります（車いすの基本的な構造については、第9章−7「2　移動・移乗のための用具と活用方法」を参照）。

　長時間の車いすの使用は、腰や背部に負担がかかります。その場合、車いすの付属品として、クッションやパッド、電動補助装置、テーブル、ブレーキ等を使用します。

　座りごこちを考えると、クッションを使用したり、ブレーキレバーを長くして、少ない力でブレーキがかけられるようにもできます。

(1)　自走用標準型車いす
　車輪部分の外側に付いているハンドリムを両手で回すことにより自分で操作するものです。ただし、自走用スポーツ型や特別な用途（日常生活の場面以外で専ら使用）のものは介護保険の対象から除かれます。

(2)　介助用標準型車いす
　介護者がグリップを手で押して操作します。ハンドリムは付いていません。

(3)　リクライニング式車いす
　背もたれ部分が長い車いすです。リクライニング機能が付いているので、長時間使用するときも楽な姿勢で座ることができます。

(4)　普通型電動車いす
　ジョイスティックレバー（コントローラーで、左右どちらかの手で操作）や、ハンドルで方向操作をする電動式の車いすです。長い距離も楽に移動できますが、安全に注意する必要があります。

(5)　介助用電動車いす
　介護者が操作し、電動で動く車いすです。介護者の負担軽減になりますが、安全に注意する必要があります。

図表5-5 車いす

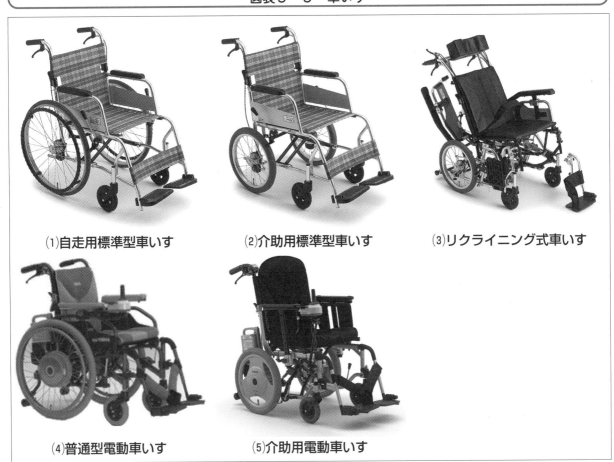

(1)自走用標準型車いす (2)介助用標準型車いす (3)リクライニング式車いす

(4)普通型電動車いす (5)介助用電動車いす

〔介護者が気をつけること〕

・タイヤは自転車と同じです。空気圧をこまめにチェックすることが必要です。自転車用の空気入れで空気を入れることができます。

・バックサポート（背もたれ）、シート（座面）は、長年使用するとたわみ（力が加わって湾曲すること）ができて、座位の姿勢が不安定となります。たわみが出ていないかチェックしてください。

・坂道での停車や手を離すとき、目を離すときには、必ずブレーキがかかっていることを確認してください。

・錆や劣化の原因となりますので、車いすの保管は、雨ざらしにしないようにしてください。

・タイヤが磨耗すると、ブレーキのかかり具合に支障が出ることがあります。磨耗していたらケアマネジャーに相談して交換の手続きをしてもらいましょう。

(5) 車いすの付属品

　　車いすの付属品を利用することにより、車いすの利用効果が高まります（図表5-6）。付属品には、クッションまたはパッド、電動補助装置、テーブル、ブレーキがあります。

① クッションまたはパッド
　　車いすのシートまたは背もたれ

図表5-6 車いすの付属品

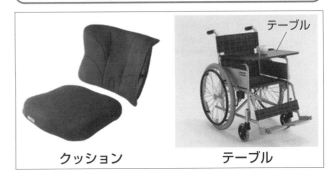

クッション テーブル

（バックサポート）に置いて使用します。褥瘡予防・姿勢の保持に効果を発揮します。
② 電動補助装置

　　自走型または介助型車いすに取り付けて使用する電動装置です。駆動力の全部または一部を補助する機能があります。
③ テーブル

　　車いすに装着して使用します。
④ ブレーキ

　　車いすの速度を制御したり、または車いすを固定したりします。

〔介護者が気をつけること〕

・車いすの付属品として、クッションなど取り外しができるものの紛失が非常に多くなっていますので注意してください。
・車いす用クッションは、長く使用すると形が崩れたり、空気圧の減少などが出てきますので、クッションの状況を確認してください。

## 3　特殊寝台・特殊寝台の付属品

　寝返りや起き上がりの際に介助が必要な利用者に使用します。特殊寝台の利用目的は、利用者の自立を支援するとともに、介護者が身体を痛める危険性を避けるために用いられます。利用者と介護者の身体負担の軽減とスムーズな起き上がりができる効果があります（図表5－7）。

・起き上がりのサポートにより、離床意欲が湧き、寝たきり防止にも効果的です。
・車いすやポータブルトイレへの移乗も、布団などに比べて安全に行うことができ、転落防止に効果的です。

　部屋の形態、出入口の位置、起き上がる方向など、利用者、介護者の動作の仕方を考慮して配置します。また、特殊寝台には付属品があり、マットレスやサイドレールで背上げや膝あげ、高さ調節ができます。

　サイドレールは、利用者の転落防止や寝具のずれ落ちの予防を目的としています。

　マットレスは、特殊寝台上で利用者の身体を支える福祉用具です。特殊寝台の動きに追従できる柔軟性と身体の沈み込みによって、寝返りなどの動作がしにくくなることを避けるためには、ある程度の硬さが必要になります。

　褥瘡があるなど身体状況が低下し、体圧分散効果が必要な場合には、褥瘡予防具などの使用を検討します。

　ベッド用手すりは、起き上がり、立ち上がり、車いすへの移乗動作を補助することを目的とした福祉用具です。

　テーブルは、主に食事などの動作（あるいは介助動作）を特殊寝台上で容易に行うための小型の作業台です。サイドレールに挟んで使用するサイドレール取り付け型や、自在輪（キャスター）がついた脚部のあるスタンド型があります。

(1)　特殊寝台（介護用ベッド）

　サイドレールが取り付けてあるもの、または取り付けることが可能なベッドです。次のような機能のいずれかをもったものです。

・背部または脚部の傾斜角度が調整できる機能（ギャッチアップ機能）
・床板の高さが無段階に調整できる機能

　　介護用ベッドは、分割された床板を動かすことにより、起き上がりなどの動作を補助します。利用者の自立を支援することと、家族や介護者が身体を痛める危険性を避けるために用いられます。

〔介護者が気をつけること〕

- ・ギャッチアップをするときは、利用者の身体がサイドレールに挟まらないように注意しましょう。
- ・ベッドの昇降時に電源タップやリモコンコードを巻き込んで断線してしまい、使用できなくなるケースが非常に多くみられます。また、昇降時には配線の状況を確認することと、注意事項として周りの環境にも配慮してください。ベッドの下に収納ケースを置いて、ベッドの昇降で破損してしまうケースが多くみられます。
- ・ベッドの下に蚊取り線香を置いてヤニが付着してしまうケースや、ベッド周辺にストーブを設置して、熱によってベッドの一部が変形してしまうケースもあります。
- ・介護者が利用者の体位変換、衣服の着脱、シーツ交換をするときは、ベッドの高さを調整して身体を痛めないようにしましょう。

## (2) 特殊寝台の付属品

### ① サイドレール

　　利用者の転落予防や、寝具のずれ落ち予防を目的としています。介護用ベッドのフレームに差し込んで使用します。

### ② マットレス

　　介護用ベッドにセットして利用者の身体を支えるものです。介護用ベッドの動きに沿う柔軟性が必要とされます。また、身体の沈み込みによって寝返りなどの動作がしにくくなることを避けるためには、ある程度の硬さが必要です。

### ③ ベッド用手すり

　　利用者の起き上がりや立ち上がり、車いすへの移乗を補助することを目的としています。部屋の中の介護用ベッドの位置、起き上がりやすい方向や車いすの配置を考慮した取り付けが必要となります。

### ④ テーブル

　　介護用ベッドの上で主に食事などをするためのテーブルです。サイドレールに挟んで使用するサイドレール取り付け型や、自在輪（キャスター）の付いたスタンド型などがあります。

図表5－7　特殊寝台と付属品

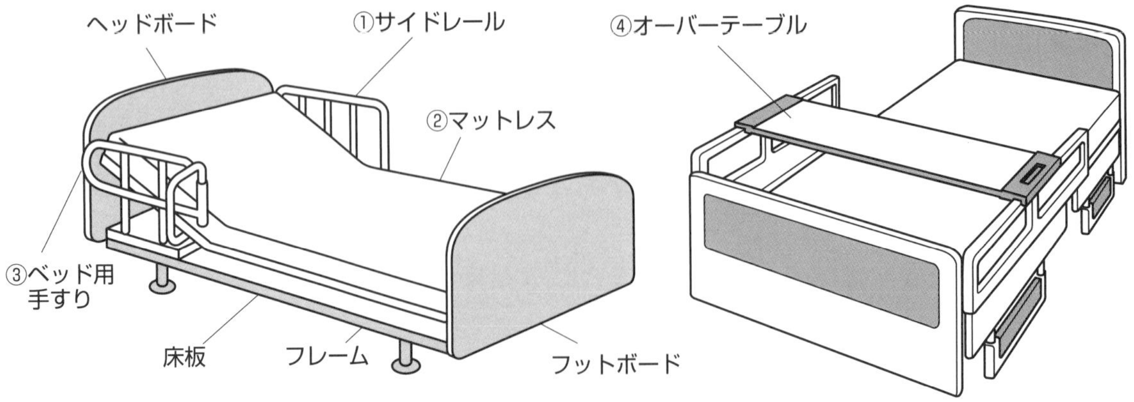

〔介護者が気をつけること〕

・マットレスと敷布団を併用される利用者がいますが、ギャッチアップの際に布団がずれて姿勢の保持ができなくなることがあります。
・失禁のある利用者は、マットレスに尿がしみ込んで衛生状態が保てなくなります。その場合は、防水シーツなどを利用することを提案しましょう。

## 4　その他の福祉用具

### (1)　床ずれ防止用具

寝たきりの状態になると、身体の特定の場所に体重がかかった状態になるため、床ずれの原因となります。床ずれ防止用具は、防止する方法によって大きく分けて2種類があります（図表5－8）。

図表5－8　床ずれ防止用具

エアーマットタイプ

①　エアーマットに空気を送ったり、マットレス内部の空気圧を調整することで、身体の特定の場所に体重がかからないようにする用具です。

②　マットレス内部に水やシリコンなどを入れて、体圧を分散させる効果を持った用具です。

床ずれ防止用具は、寝ているときの体圧を分散をさせることを目的としています。

なお、床ずれは単に圧力の問題だけでなく、皮膚の摩擦、尿などの漏れ、栄養状態も大きく関与します。

〔介護者が気をつけること〕

・ウレタン素材のマットレスでは、腰まわり周辺の弾力性が落ちやすく、弾力性がなくなると床ずれの原因となることがありますので、マットレスの取り換えを提案しましょう。その際は、貸与（レンタル）のメリットを生かしましょう。
・床ずれ防止用のエアーマットを使う場合は、シーツを安全ピンなどで固定しないようにしましょう。エアー漏れが起こることがあります。また、エアーマットに針でシーツ等を固定しないでください。
・エアーホースをシーツで締め付けたり、ホースの上に物を置いたりすると正常に作動しないことがあります。
・長時間の長座位を保持した場合、腰まわり周辺のエアーが少なくなることがあります。

### (2)　体位変換器

空気パッドなどを身体の下に挿入することにより、利用者の体位を容易に変換できる機能をもった用具です（図表5－9）。

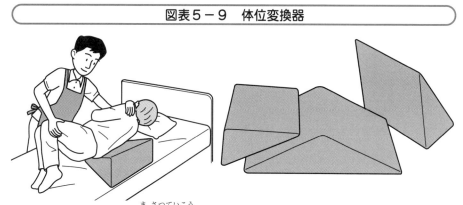

図表5－9　体位変換器

体位変換器は、てこの原理を応用したり、身体と床面の摩擦抵抗を少なくすることで、寝返りなどの姿勢

変換を容易にすることを目的としています。

〔介護者が気をつけること〕

・目的にあった位置にセットされているかを計画書等で確認しましょう。

### (3) 手すり

布団やベッドからの立ち上がり、廊下や居室内の歩行、方向転換、玄関の段差の上り下りなどの際に、握ったり、手や腕を乗せて使用します。体重を支えてバランスを保持することを目的としています。

※取り付け工事が必要な手すりは、介護保険の給付による「住宅改修」となります。

〔介護者が気をつけること〕

・立ち上がりや歩行のサポートとして使用しますので、使用前にぐらつきが無いか確認してください。

| 図表5−10　手すり |
| :--: |
| 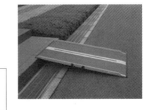 |

### (4) スロープ

取り付けに際し、工事を伴わない段差解消の用具です。主に車いすや車輪つき歩行器のように車輪のついた用具を使用する際に有効です。

〔介護者が気をつけること〕

・使用時にスロープ自体が落下する（スロープの先が外れる）危険性がありますので、しっかりと設置できているかを確認してください。

図表5−11　スロープ

### (5) 歩行補助具

① 歩行器

歩行が困難な利用者の歩行機能を補うための用具です（図表5−12）。移動時に体重を支える構造になっています。

・車輪があるものは、身体の前や左右を囲む取っ手などがあるもの
・四脚があるものは、上肢で保持して移動させることができるもの

杖に比べて大きな支持性・安定性を必要とする利用者が使用します。基本操作は、歩行器のフレームの中に立って行います。

車輪がある歩行器は、手掌や前腕部で操作します。また、車輪のない歩行器は、両側のパイプを握り、手掌や前腕部で操作します。

※車輪がある歩行器を「歩行車」と呼ぶこともあります。

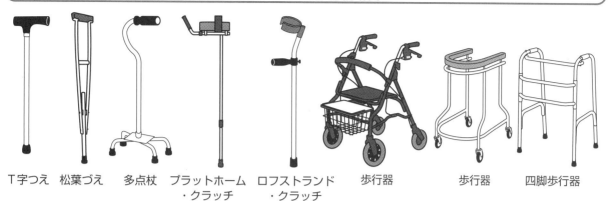

図表5−12　歩行補助具

T字つえ　松葉づえ　多点杖　プラットホーム・クラッチ　ロフストランド・クラッチ　歩行器　歩行器　四脚歩行器

〔介護者が気をつけること〕

・車輪があるものは
休むことができるシート（座面）付きの歩行器に座る場合は、必ずブレーキをかけてください。
タイヤが磨耗するとブレーキのかかり具合に支障が出ることがあります。
・四脚のものは、脚先のゴムが磨耗していないかを確認してください。

②　つえ

T字つえ、松葉づえ、プラットホーム・クラッチ、ロフストランド・クラッチ、多点杖などがあります。歩行する際の患側下肢にかかる体重を全面的に、または部分的にかからないようにします。

歩行時のバランスの調整、歩行パターンの矯正、歩行速度・歩行距離の改善、心理的な支え、などを目的としています。

〔介護者が気をつけること〕

・杖の長さの目安は、利用者の身長の半分プラス2〜3cmくらいです。
・杖先のゴムが磨耗していないかを確認してください。

(6)　認知症老人徘徊感知機器

認知症の高齢者が屋外へ出ようとした時などに、センサーで感知し、家族や隣人、介護職員などへ知らせる機器です。

認知症老人徘徊感知機器には、小型の機器を携帯するタイプと、特定の場所を人が通過することを感知するタイプがあります。

〔介護者が気をつけること〕

・電池の残量を確認してください。

(7)　移動用リフト・つり具

床走行式、固定式または据置式があります（図表5−13）。身体をつり上げるか体重を支える構造になっています。自力での移動が困難な利用者の移動を補助する機能があります。

①　床走行式リフト

リフトに付いているキャスターでリフト自体が移動できるため、利用者をつり上げた状態で移動することができます。

② 固定式リフト

　　居室、浴室などに設置して使用するものと、浴槽、ベッドなどの各機器に設置して使用するものがあります（リフト自体をベッド等に固定させて移動するリフトです）。

③ 据置式リフト

　　床または地面に置いて、その機器の可動範囲内で、つり具または椅子などの台座を使用して利用者を持ち上げるもの、または持ち上げて移動させます。

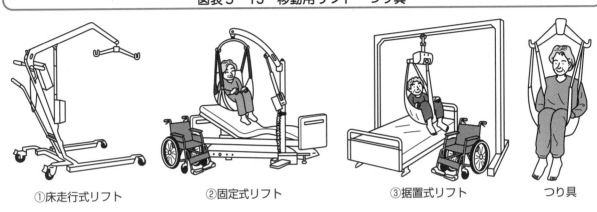

**図表5−13　移動用リフト・つり具**

①床走行式リフト　　②固定式リフト　　③据置式リフト　　つり具

〔介護者が気をつけること〕

・アームとつり具が適切にセッティングされているかを確認してください。
・つり具部分の劣化（ほつれなど）が無いかを確認してください。
・据置式リフト使用時は、シートベルトを使用してしっかりと固定しましょう。
　なお移動用リフトのつり具とは、リフトを使用するときに利用者の身体を包み込んで持ち上げる部分のことです。

(8) 排泄関連用具

① 腰掛便座（図表5−14）

　　座ったり立ち上がったりすることが困難な利用者が使用するトイレです。

　ア）和式便器の上に置いて腰掛式に変換するもの

　イ）洋式便器の上に置いて高さを補うもの

　ウ）電動式またはスプリング式で便座から立ち上がる際に補助できる機能があるもの

　エ）便座、バケツなどからなり、移動可能なもの（ポータブルトイレ）

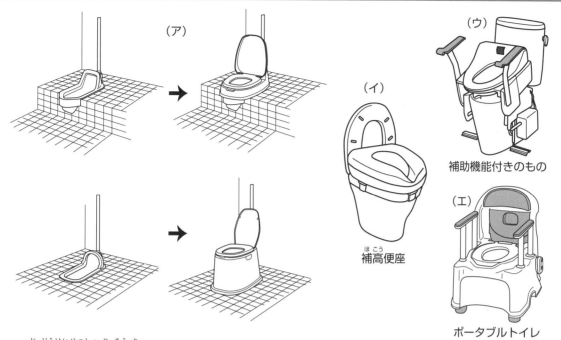

図表5－14　排泄関連用具

（ア）

（イ）
補高便座

（ウ）
補助機能付きのもの

（エ）
ポータブルトイレ

② 自動排泄処理装置（図表5－15）

　　主に寝たきりの状態の利用者が使用します。尿または便が自動的に吸引されるもので、利用者またはその介護者が容易に使用できます。

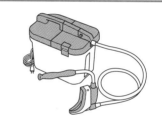

図表5－15　自動排泄処理装置

(9) **入浴補助用具**（図表5－16）

① 入浴用いす（シャワーチェア）

　　背付きタイプ、背無しタイプ等があります。利用者が座位を確保できるかどうか判断して使用しましょう。使いやすさを考え、座面の高さはおおむね35cm以上となっています。

② 浴槽用手すり

　　浴槽の縁を挟み込んで固定させます。浴槽への出入りが安定します。

③ 浴槽内いす

　　浴槽内に置いて利用します。立ち座りに便利です。

④ 入浴台（バスボード）

　　浴槽の縁に腰をかけて、浴槽への出入りを容易にすることができます。

⑤ 浴室内すのこ

　　浴室内に置いて、浴室の床の段差解消を図ることができます。

⑥ 浴槽内すのこ

　　浴槽の中に置いて、浴槽の底面の高さを補うことができます。

⑦ 入浴用介助ベルト

　　身体に巻き付けて使用するもので、浴槽への出入り等を安全に介助することができます。

---

図表5－16　入浴補助用具

①入浴用いす

②浴槽用手すり

③浴槽内いす

④入浴台（バスボード）

⑤浴室内すのこ

⑥浴槽内すのこ

⑦入浴用介助ベルト

⑽　簡易浴槽（図表5－17）

　ポータブル浴槽とも呼ばれる用具で、居室などで入浴を行うものです。取水または排水のための工事を伴わないものです。

---

図表5－17　簡易浴槽

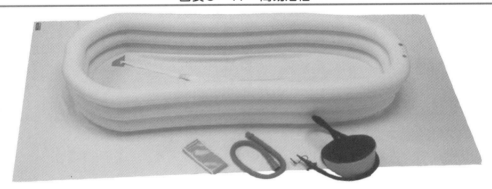

---

## Ⅲ　介護保険制度上の福祉用具貸与・購入費の支給

### 1　保険給付のある福祉用具貸与・購入

　介護保険で認められている福祉用具貸与・購入は次のとおりです。

**厚生労働大臣が定める福祉用具貸与及び介護予防福祉用具貸与に係る福祉用具の種目**

| 1 | 車いす | 自走用標準型車いす、普通型電動車いす又は介助用標準型車いすに限る。 |
|---|---|---|
| 2 | 車いす付属品 | クッション、電動補助装置等であって、車いすと一体的に使用されるものに限る。 |
| 3 | 特殊寝台 | サイドレールが取り付けてあるもの又は取り付けることが可能なものであって、次に掲げる機能のいずれかを有するもの<br>1　背部又は脚部の傾斜角度が調整できる機能<br>2　床板の高さが無段階に調整できる機能 |
| 4 | 特殊寝台付属品 | マットレス、サイドレール等であって、特殊寝台と一体的に使用されるものに限る。 |
| 5 | 床ずれ防止用具 | 次のいずれかに該当するものに限る。<br>1　送風装置又は空気圧調整装置を備えた空気マット<br>2　水等によって減圧による体圧分散効果をもつ全身用のマット |
| 6 | 体位変換器 | 空気パッド等を身体の下に挿入することにより、居宅要介護者等の体位を容易に変換できる機能を有するものに限り、体位の保持のみを目的とするものを除く。 |
| 7 | 手すり | 取付に際し工事を伴わないものに限る。 |
| 8 | スロープ | 段差解消のためのものであって、取付に際し工事を伴わないものに限る。 |
| 9 | 歩行器 | 歩行が困難な者の歩行機能を補う機能を有し、移動時に体重を支える構造を有するものであって、次のいずれかに該当するものに限る。<br>1　車輪を有するものにあっては、体の前及び左右を囲む把手等を有するもの<br>2　四脚を有するものにあっては、上肢で保持して移動させることが可能なもの |
| 10 | 歩行補助つえ | 松葉づえ、カナディアン・クラッチ、ロフストランド・クラッチ、プラットホーム・クラッチ及び多点杖に限る。 |
| 11 | 認知症老人徘徊感知機器 | 介護保険法第5条の2に規定する認知症である老人が屋外へ出ようとした時等、センサーにより感知し、家族、隣人等へ通報するもの |
| 12 | 移動用リフト（つり具の部分を除く。） | 床走行式、固定式又は据置式であり、かつ、身体をつり上げ又は体重を支える構造を有するものであって、その構造により、自力での移動が困難な者の移動を補助する機能を有するもの（取付けに住宅の改修を伴うものを除く。） |
| 13 | 自動排泄処理装置（交換可能部品を除く） | 尿又は便が自動的に吸引されるものであり、かつ、尿や便の経路となる部分を分割することが可能な構造を有するものであって、居宅要介護者等又はその介護を行う者が容易に使用できるもの（交換可能部品（レシーバー、チューブ、タンク等のうち、尿や便の経路となるものであって、居宅要介護者等又はその介護を行う者が容易に交換できるものをいう。）を除く。）。 |

※平成24年度から「特殊寝台付属品」に「介助用ベルト（入浴介助用以外のもの）」が追加されました。
※平成27年度から「車いす」に「介助用電動車いす」が追加されました。
※平成28年度から「歩行器」に「自動制御等機能付き歩行器」が追加されました。
※福祉用具貸与は、要支援・要介護度別の区分支給限度基準額の範囲内において利用することができます。
※令和6年度から貸与と販売の選択制が導入される予定で、8の「固定用スロープ」、9のうち歩行車以外の「歩行器」、10の「単点杖（松葉杖を除く）」と「多点杖」の4つが対象となります。

**厚生労働大臣が定める特定福祉用具販売に係る特定福祉用具の種目及び厚生労働大臣が定める特定介護予防福祉用具販売に係る特定介護予防福祉用具の種目**

| 1 | 腰掛便座 | 次のいずれかに該当するものに限る。<br>1　和式便器の上に置いて腰掛式に変換するもの<br>2　洋式便器の上に置いて高さを補うもの<br>3　電動式又はスプリング式で便座から立ち上がる際に補助できる機能を有しているもの<br>4　便座、バケツ等からなり、移動可能である便器（居室において利用可能であるものに限る。） |
|---|---|---|
| 2 | 自動排泄処理装置の交換可能部品 | |
| 3 | 入浴補助用具 | 座位の保持、浴槽への出入り等の入浴に際しての補助を目的とする用具であって次のいずれかに該当するものに限る。<br>1　入浴用椅子　　2　浴槽用手すり　　3　浴槽内椅子　　4　入浴台　浴槽の縁にかけて利用する台であって、浴槽への出入りのためのもの<br>5　浴室内すのこ　　6　浴槽内すのこ　　7　入浴用介助ベルト |
| 4 | 簡易浴槽 | 空気式又は折りたたみ式等で容易に移動できるものであって、取水又は排水のために工事を伴わないもの |
| 5 | 移動用リフトのつり具の部分 | |
| 6 | 排泄予測支援機器 | 膀胱内の状態を感知し、尿量を推定するものであって、排尿の機会を居宅要介護者等又はその介護を行う者に通知するもの |

※「腰掛便座」に平成24年度から「便座の底上げ部材」、平成27年度から「水洗ポータブルトイレ」が追加されました。

## 2　購入費の支給

　介護保険で購入できる福祉用具は、特定福祉用具（特定介護予防福祉用具）として6種類が決められています。

　主に個人が専用で使う用具で、再利用が難しい衛生商品としてポータブルトイレや入浴用シャワーチェアなどがあります。毎年4月1日から翌年3月31日までの1年間に10万円を上限として必要な福祉用具を1割負担※で購入することができます。

　10万円を超えた場合は、超えた部分について全額自己負担となります。

　同じ年度内に、同じ種類・種目の福祉用具を購入することは原則としてできません。ただし、身体状況が大きく変わり既存の福祉用具では対応できなくなった場合、既存の福祉用具が破損・故障した場合には「特定福祉用具を必要とする理由書」の提出により、保険給付の対象となることがあります。

　2006（平成18）年より、特定福祉用具販売は指定事業所制となり、都道府県の指定を受けた事業者から購入しないと、保険対象とならないことがあります。

　※一定以上の所得のある第1号被保険者については自己負担が2割となっています。2018（平成30）
　　年8月より、2割負担者のうち、特に所得の高い層の負担割合が3割となりました。

### コラム

●レンタルとリースの違い

　介護保険法により、福祉用具を貸与（レンタル）する理由を考えてみましょう。

　商品を借りて使う方法には、レンタルとリースがあります。まず、この違いを理解しておきましょう。簡単に言うと、レンタルは「必要な期間だけ借りて、その間の利用料を支払う借り方」であり、リースは「予め使用する期間を決めて、その期間中継続して使用料を支払う」という借り方です。

　例えば、車を借りる場合、レンタカーとカーリースという方法があります。レンタカーの借り方は、仕事やレジャーで必要な時に、必要な車種を必要な時間だけ借りて、走行距離や利用時間分の料金・保険料をレンタカー会社に支払うというものです。一方、カーリースの借り方は、主に業務用として通常3〜5年程度継続して使用するという契約方法です。つまり、一定期間内の使用方法が変化しないという前提で借りるわけです。そのため、途中で使わなくなったとしても、原則として契約期間満了までは毎月リース料を支払わなければなりません。

　レンタルで借りるものには、DVDやレジャー用品などがあります。リースで借りるものには、パソコンやコピー機、建設機械などがあります。大きなものでは旅客機などもリースとなっています。

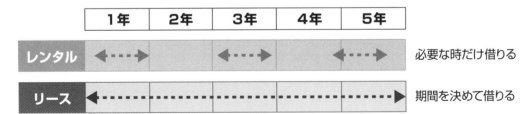

## ●福祉用具がレンタルとなっている理由

それではなぜ、介護保険法で決められた用具がレンタルとなっているのでしょう。

高齢者のADL（日常生活動作）は、ちょっとした病気や怪我により大幅に低下することがあります。また、一時的な病気から回復してADLが向上することもありますので、リースのように、一定期間の状態が変化しないという前提で貸出しをすることは実態に合っていません。レンタル方式であれば、「必要な時に必要な物を必要な期間だけ借りる」という仕組みが可能です。利用者の状態の変化に応じて、レンタル品を追加・変更をすることで、常に最適な支援を継続して行うことができます。

介護職員は、常に利用者の状態を観察し、最適な福祉用具の活用を提案することが大切です。体力が向上し、少し歩けるようになったら車いすから杖や歩行器に切り替える自立支援の提案が必要です。いつまでも車いすを使っていると、徐々にADLが低下し、自立が困難になってしまいます。

## ●レンタル品は誰のもの？

これほど便利な福祉用具貸与（レンタル）の仕組みですが、その用具は、あくまでも一時的に利用者が借りているものであって、利用者の所有物ではないことを認識しておきましょう。レンタル品は、ほとんどの場合、販売店または卸（問屋）の所有物です。それを一時的に利用者が借りているだけです。

レンタカーがレンタカー会社の所有物であって、借りた人の物ではないことと同じです。レンタカーを借りる時と返す時に、店員が車の傷がないかを借りた人と一緒に確かめます。返した時に傷があれば、借りた人に確認してもらって保険で修理をします。大きな事故でレンタルができなくなった場合は、借りた人が休業補償の一部を支払うことになります。

福祉用具においても、「レンタルしていたベッドに傷がついた」「車いすのシートが破れた」などの事故が起きることがあります。その場合、すぐに福祉用具レンタル業者に連絡してください。代替品に取り替えて引き続き快適に使うことができるだけでなく、事故原因がはっきりしていれば利用者が弁償する負担も少なくなります。

福祉用具貸与（レンタル）は、納入業者による定期的なモニタリングが義務づけられています。この時に事故を発見することもできますが、介護職員が発見した時にすぐに連絡できれば、利用者にとっても安心・快適な福祉用具の活用ができます。

**今後の学習のためのキーワード**

◎福祉用具法　　◎福祉用具貸与（レンタル）

◎特定福祉用具販売　　◎車いす　　◎車いすの付属品

◎特殊寝台　　◎特殊寝台の付属品　　◎床ずれ防止用具

◎体位変換器　　◎手すり　　◎スロープ　　◎歩行補助具

◎認知症老人徘徊感知機器　　◎移動用リフト・つり具

◎排泄関連用具　　◎入浴補助用具　　◎入浴用介助ベルト

◎簡易浴槽　　◎腰掛便座

（執筆：内藤茂順・岡部雄二）

# 1 整容に関する基礎知識

　　整容についての意義を、生理学的側面、社会的側面、精神的側面から学びます。
　　身だしなみに関連するこころとからだのしくみを考え、さらに疾病や高齢などにより支援が必要になった場合、その人らしく身だしなみを整えるための基本的な支援のポイントと留意点を解説します。
　　ここでは、
　　① 整容行動とは
　　② 具体的な整容行動（爪切り、口腔ケア、衣服の着脱、整髪、洗面、化粧）
　　について理解してください。

## Ⅰ 整容行動とは

　整容行動とは、身なりを整える行為の総称です。顔を洗う、歯を磨く、洋服を着替える、髪をとくなどの毎日行う動作はもちろんのこと、爪切り、ひげ剃り、化粧、耳掃除も習慣的に行われる整容の一つです。同義語には、身じたく、身だしなみ、身ごしらえ、身仕舞いなどがあります。

### 1 整容の意義

#### (1) 生理学的側面

　身体の汚れ方は、主に2つのパターンが考えられます。一つは埃や食物の汚れなど外部から身体に付着するもの、もう一つは身体の内部から出てくる汗や皮脂あるいは古くなった細胞が外側に排出されることによって出てくる汚れです。人間の身体を構成している細胞は、神経細胞を除き一定のサイクルで生まれ変わっていきます。そして古い細胞は老廃物として身体の外側に出てきます。このことを新陳代謝といいます。

　これらの汚れが身体に付着したままで放っておくと、臭いや感染症などのさまざまなトラブルを引き起こします。

　毎朝の身だしなみを日課として行うことは、清潔を保つだけでなく身体を覚醒させ、規則正しい生活リズムを作る効果もあります。身体の健康を維持するうえで大切な行為の一つです。

#### (2) 社会的側面

　整容は、習慣として行われている行為です。きちんと実行することが生活意欲を引き出

すきっかけになり、外出する機会が増え社会参加を促します。

しかし、高齢になると加齢や病気による身体機能の低下から、身の回りのことをするのに時間がかかったり、今までできたことができなくなったりして、日々身だしなみを整えることが望ましいとはわかっていてもできない場合もあります。そのようなケースは、人前に出ることがおっくうになり、社会から孤立しがちになります。

「人からよく思われたい」「よく見られたい」と思うのは自然な感情です。その人らしく振る舞えるように身なりを整えることは、好ましい人間関係を築き、積極的な社会生活を送るためにも欠かせないことです。

### (3)　精神的側面

身なりは「自分らしさ」を表現できる一つの手段です。誰もが「自分らしくありたい」と願い、その人なりの価値観でヘアスタイルや衣服などを選びます。身なりを整えることで生まれた満足感は自信へとつながります。またそれは、人に会いたい、出かけたいなどの前向きな意欲を引き出します。

一見すると、身だしなみの介助は清潔保持に重点がおかれがちですが、その人の生活習慣や好みに合っていなければ精神的な満足感は得られません。身だしなみに対して求めるあり方は人それぞれ違うことを念頭において支援することが大切です。

## Ⅱ　具体的な整容行動

### 1　爪切り

#### (1)　介護従事者による爪の手入れ

厚生労働省が2005（平成17）年に出した「医師法第17条、歯科医師法第17条及び保健師助産師看護師法第31条の解釈について」（第4章—2「2　経管栄養、吸引、吸入、浣腸など」の参考資料1を参照）の通知により、専門的な管理の必要がない爪切りについては医行為に該当しないという解釈が示されました。ただし、介護従事者が行えるのは、爪や爪の周囲の皮膚に炎症や化膿がなく健康な爪に限るとされています。

爪に異常がある場合は処置せずに、速やかに医療職に相談しましょう。

#### (2)　爪の構造と役割

爪は、皮膚の表皮がケラチンという固い組織に変化したものです。手の爪は、成人の場合1か月に約3㎜、足の爪は1か月に約0.3㎜伸びますが、加齢とともに速度は遅くなります。爪は手足の指を支える役割を持ち、爪のおかげで物をつかんだり上手に歩いたりすることができます。

爪は健康のバロメーターともいわれ、健康だと薄いピンク色をしています。爪切りの際は、色、つや、形に異常がないか観察しましょう。

年齢が高くなると、爪は厚くなり、縦のすじが入りやすく、もろくなる傾向があるため、巻き爪や爪白癬などのトラブルを引き起こしやすくなります（図表6—1）。

(3)　よくみられる爪のトラブル

①　巻き爪：爪が横に巻いてしまう病気です。ひどくなると トランペットの筒状や「の」の字の形に変形し、痛みを伴うこともあります。巻き込む形や深さによっては、爪が皮膚に食い込み炎症を起こす陥入爪になることもあります。

②　爪白癬：爪に白癬菌が寄生して起こる病気で、「爪水虫」ともいいます。感染した爪は分厚くなり、黄白色に混濁し、もろくなります。まれに白濁するのみで分厚くならないこともあります。

　これらのトラブルは歩行困難の原因にもなります。常日頃から爪をよく観察し異常が認められたときは、速やかに皮膚科医へ相談しましょう。

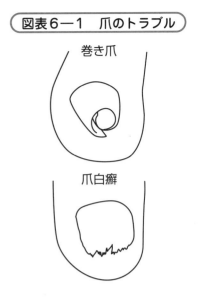

図表6－1　爪のトラブル

巻き爪

爪白癬

## 2　口腔ケア

(1)　口腔ケアの定義

　広義には、口腔の疾病予防、健康保持・増進、リハビリテーションとあり、それらの目指すものはQOLの向上であるとされています。狭義には、口腔清掃、義歯の着脱と手入れ、咀嚼・摂食・嚥下のリハビリテーション、歯肉・頬部のマッサージ、食事の介護、口臭の除去、口腔乾燥予防などがあります。

(2)　誤嚥性肺炎の予防

　口腔は生命を維持することに不可欠な「食べる」という行為を行う重要な器官です。また口腔内は唾液でつねに湿潤しており、湿度、温度、食物のカスなど細菌が繁殖しやすい条件がそろっていることから、肺炎などをはじめとする感染症の発症と関連しているといわれます。その代表的な例が誤嚥性肺炎です。誤嚥性肺炎には、睡眠中に喉に逆流した胃液などを知らずに気管に吸い込んでしまうものや、雑菌を含んだ唾液等が気道に入り込む不顕性（病気の過程が始まっているのに症状が現れていないこと）のものと、食事中に食物が気道に入ってむせる顕性（症状が現れていること）のものがあります。

　口腔ケアを行うと、誤嚥性肺炎の発症が半減するといわれています。

　また、口腔を清潔にすることは、①虫歯や歯周病などの口腔疾患の予防、②口臭の予防、③肺炎などをはじめとする全身の感染症予防、④食欲の維持増進、⑤咀嚼・嚥下機能低下の予防などの効果があります。

(3)　義歯の種類と役割

　喪失した歯を補うために人工的に作られた歯のことを義歯（入れ歯）といいます（図表6－2）。義歯の役割は、咀嚼や嚥下機能を維持するといった食べる楽しみへとつながるだけでなく、発声を明確にする働きがあり、円滑なコミュニケーションを図る上でも大変重要です。

　義歯は大きく分けると、部分床義歯（部分入れ歯）と総義歯または全部床義歯（総入れ

歯）があります。また上あご側に装着する義歯を上顎義歯、下あご側は下顎義歯と呼びます。このほかに、歯が抜けたところの骨にネジを埋め込んで、人工歯をかぶせるインプラント（人工歯根）という方法もあります。

　どのような義歯を使用するかは、歯の数や状態に合わせて選びます。

図表6−2　義歯の種類

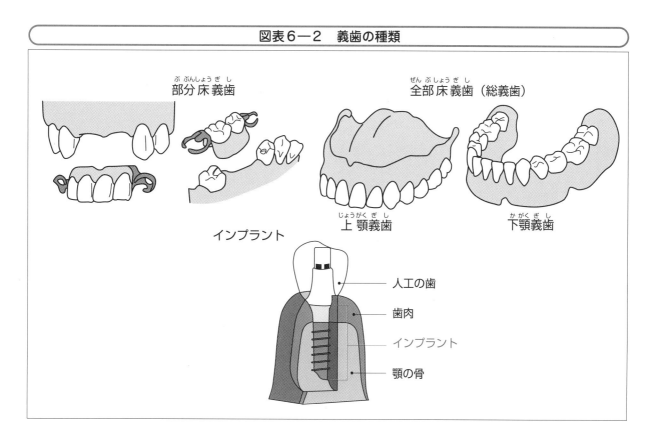

部分床義歯

全部床義歯（総義歯）

上顎義歯

下顎義歯

インプラント

人工の歯
歯肉
インプラント
顎の骨

## 3　衣服の着脱

### (1)　衣服の意義

　私たちの生活文化には、普段着とおしゃれ着の使い分けをし、冠婚葬祭やイベントに合わせて装いを変える習慣があります。目的に合わせて好きな服を選び身につけることは、楽しみの一つです。それは同時に文化を次世代につないでいくという社会的役割も担っています。

　しかし加齢により着替えに時間がかかる、または人の手を借りなければならない状況になるとおしゃれへの関心が低くなって、ついには閉じこもりがちになる人が少なくありません。閉じこもりはさらに身体機能の低下という悪循環を招くことにつながります。

　社会的・精神的側面にも影響を与えるということを念頭において支援することが大切です。

### (2)　身体状況に合わせた衣服の選択

　機能的な服にするか、デザイン重視にするか、それともどちらもかなど、求めるものは人それぞれに違います。自分で選択する楽しみを感じていただくためにも、なるべく本人が気兼ねなく選べる環境作りを心がけましょう。

下着は直接肌に身につけるものなので、肌に優しいものを選びます。発汗が多い夏場は、吸湿性や通気性のよいもの、寒い冬場は保温性の高いものがおすすめです。

**(3)　マヒがある人への介護の基本**

① 片マヒの場合、衣服を脱ぐときは健側から、着るときは患側から着ます。これを脱健着患といいます。

② 残存能力の活用を心がけましょう。

③ 介護者の手が冷たいと不快な思いをさせてしまいます。手はあらかじめ温めておきましょう。

④ 肌の露出は最小限にして、プライバシーの保護と保温に努めましょう。

⑤ さりげなく皮膚の状態を観察し、異常がないか確認しましょう。

## 4　整髪

**(1)　毛髪のしくみ**

毛髪は、爪と同じように皮膚の付属器官で、成分の8〜9割がタンパク質で構成されています。日本人の毛髪は平均10万本、1日に約0.35㎜の速さで伸び、50〜100本程度が抜けるといわれています。これには個人差があり、季節によっても影響されます。

毛髪にはヘアサイクル（毛周期）と呼ばれるサイクルがあり、年齢や性別によっても多少異なりますが、女性で4〜6年、男性は3〜5年の成長期を維持し、やがて退行期、休止期を経た後、抜け落ちます（図表6−3）。

**図表6−3　ヘアサイクル（毛周期）**

| 成長期 | → | 退行期 | → | 休止期 | → | 脱毛 |
|---|---|---|---|---|---|---|
| （3〜6年） | | （2〜3週） | | （2〜3か月） | | |

**(2)　整髪の意義**

頭髪は、高齢になるとヘアサイクルが乱れ、①伸びが遅くなる、②抜け毛が増え、薄くなる、③毛が細くなり、コシや艶がなくなる、④白髪が増えるなどの変化を感じるようになります。

ブラッシングは、頭皮にマッサージ効果を与え、血行を促す役割があります。また、洗髪前のブラッシングは、髪の汚れを浮き上がらせ、とれやすくします。

髪型を変えることは、外見の変化だけでなく、内面にも影響を与えます。パーマやヘアカラーをしてみるのも、よい気分転換の一つです。

## 5　洗面

朝の洗顔は、心地よい刺激が脳を覚醒させ、1日の始まりを心身ともにすっきりと始めるよいきっかけです。習慣化することで、体内時間を規則正しく保つ効果があります。

また、洗顔は、顔についた皮脂や汚れを除去し、肌を清潔に保つ役割もあります。

利用者の残存能力の活用のためにもできるだけ洗面所に移動して、自分のペースで行えるようにしましょう。片マヒの場合は、洗面器にお湯を張ると、片手でも洗いやすくなります。

座位を保つことが困難な場合や病気によって安静が必要な場合は、利用者の好みの温度にあたためた蒸しタオルを用意し、顔や首の後ろを清拭すると、肌の清潔だけでなくよい気分転換にもなります。

## 6　化　粧

化粧は、化粧水や乳液などを用いて肌の状態を良好に保つための「スキンケア」と、口紅やアイシャドーなどを用いておしゃれとして行う「メイクアップ」があります。

高齢になると皮膚の水分量が減少し、乾燥しやすくなるため、いまやスキンケアは、女性だけでなく男性にとっても必要不可欠なものになっています。

基礎化粧品の合う合わないは、肌質によって個人差があるので、あらかじめ何をどのくらいの用量で使用するのかをよく確認して支援しましょう。

メイクアップも同様に、好きな色や形、化粧に求める意義は一人ひとりさまざまです。

介護者は利用者の状態や好みを把握したうえで、支援を行いましょう。

今後の学習のためのキーワード

◎「自分らしさ」を表現する　　◎食欲の維持増進
◎吸湿性　　◎通気性　　◎保温性　　◎脱健着患
◎残存機能の活用　　◎化粧の意義は一人ひとりさまざま

（執筆：菅野衣美）

# 2　整容の支援技術

整容の介護はその人の習慣や好みを把握して、心身ともに快適に過ごしてもらえるように支援しましょう。できることはなるべく自分で行ってもらうようにします。
ここでは、
① 爪切り
② 口腔ケア
③ 身体状況に合わせた衣服の着脱
について理解してください。

## Ⅰ 爪切り

### 1 爪切りの種類

　爪切りにはニッパー型、はさみ型、平型などがあります（図表6—4）。爪の状態や誰が行うかによって、爪切りを選びましょう。片マヒや関節リウマチの人、あるいは握力の低下がある人は、片手で爪切りが行えるように平型を改良した自助具を選ぶと、自分の力でマイペースに爪を切ることができます。

図表6—4　一般的に使用されている爪切りの種類

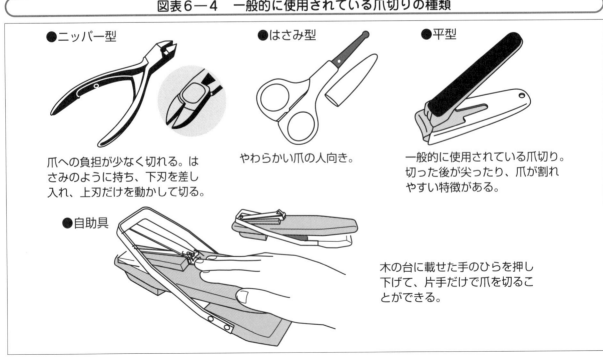

●ニッパー型
爪への負担が少なく切れる。はさみのように持ち、下刃を差し入れ、上刃だけを動かして切る。

●はさみ型
やわらかい爪の人向き。

●平型
一般的に使用されている爪切り。切った後が尖ったり、爪が割れやすい特徴がある。

●自助具
木の台に載せた手のひらを押し下げて、片手だけで爪を切ることができる。

## 2　爪切りのポイント

　爪切りは、入浴後の爪が柔(やわ)らかいときに行います。入浴ができない場合は、蒸(む)しタオルであたためて保湿をしてから行うとよいでしょう。

　足の爪の先端は指からはみ出さないくらいの長さにまっすぐ切ります（図表6－5）。一気に切ろうとすると、爪に無理な力が加わって縦に割れやすくなるので、複数回に分けて細かく切ります。その際、深爪(ふかづめ)にならないように注意しましょう。爪の両端は切らずにヤスリをかけて角が引っかからないように整えます。

---

**図表6－5　爪切りのポイント**

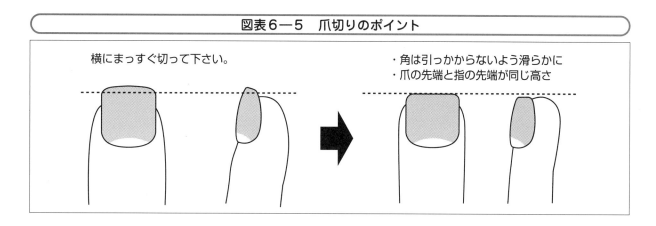

横にまっすぐ切って下さい。

・角は引っかからないよう滑らかに
・爪の先端と指の先端が同じ高さ

---

## Ⅱ 口腔ケア

### 1　歯ブラシによる口腔ケア(こうくう)（ブラッシング法）

① 　顎(あご)を引き、頭部をやや前屈(ぜんくつ)した姿勢に整えます。歯磨きをしやすいだけでなく、誤嚥(ごえん)の予防になります。

② 　介護者はあらかじめ手洗いを行い、手袋を着用し感染予防に努めます。

③ 　歯ブラシは毛先やブラシの柄(え)が小さめのもので、口の中全体に届きやすいものを選びます。歯磨き粉はブラシの毛先にほんの少しつける程度で十分です。うがいがうまくできない人や飲み込んでしまう恐れがある人は、何もつけず水だけにしましょう。

④ 　ブラッシング法には、歯の表面の汚れを落とすための「スクラビング法」（図表6－6）と、歯周病(ししゅうびょう)治療や予防のための「バス法」（図表6－7）があります。バス法は、ブラシが硬かったり磨き方が強いと、歯肉(しにく)や歯茎(はぐき)をかえって痛めることになるので注意が必要です。

⑤ 　マヒがある場合は、マヒ側に食物残渣(ざんさ)がないか確認し、あれば除去(じょきょ)します。

⑥ 　うがいをし、磨き残しがないか確認します。

### 図表6−6　スクラビング法

●歯の表面

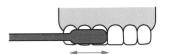

力を入れすぎないように注意
して、小刻みに動かしましょう。

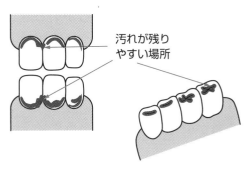

汚れが残り
やすい場所

スクラビング法で汚れを残さず虫歯を防ぐ

●歯の裏側

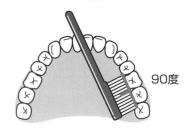

90度

前歯の裏側は、歯ブラシを縦に
入れて、1本ずつ磨きましょう。

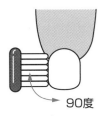

90度

奥歯の裏側や噛み合わせの面も、
毛先を直角にあてて小刻みに
動かしましょう。

### 図表6−7　バス法

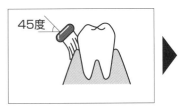

45度

45度の角度でブラシを当てる。
ブラシの毛先を歯と歯茎の間に
当てるのがポイント。

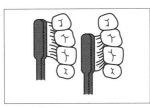

軽く歯茎を圧迫しながら、細か
く前後に振動させるのがポイン
ト。毛先がほとんど動かない。

ここを使う

前歯の裏側は歯ブラシのかかと
を使ってもよい。

## 2　含嗽法（うがい法）

　口をすすぎ、うがいをすることで食物残渣を取り除き、口腔粘膜や舌の汚れを除去する方法です。清涼感を与え、口臭や感染症予防にも効果的です。やむを得ずブラッシングができない人の場合はうがいだけでも行いましょう。

　うがいには2種類あります。口をしっかり閉じて頬を膨らませ口に含んだ水を口腔全体に動かし、グチュグチュさせる口すすぎと、上を向いて声を出しガラガラと洗う喉あらいがあります。口すすぎ、喉あらいの順に行います。ただし誤嚥の心配がある人は、喉あらいは控えましょう。

### 3　口腔清拭

うがいができない場合は、綿棒やスポンジブラシ（図表6－8）などを用いて、口腔清拭を行います。

含嗽剤または緑茶をスポンジブラシなどに浸して使用すると、殺菌効果が得られます。清拭する際は、誤嚥防止のために奥から手前に拭きましょう。

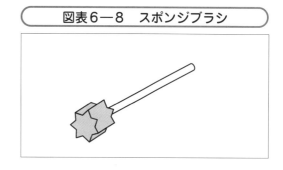

図表6－8　スポンジブラシ

### 4　義歯の装着方法

総義歯を装着する場合は、上顎義歯を先に入れた後、下顎義歯を入れます。

外す場合は、着けるときとは逆に下顎義歯、上顎義歯の順です。

装着後は、義歯のグラつきや痛みなど不具合はないか確認し、異常があるときは速やかに歯科医に相談しましょう。

### 5　義歯の清掃・保管

①　義歯は基本的に毎食後と就寝時に外します。利用者の残存能力の活用のため、できるところはやってもらうように心がけます。義歯の吸着がうまく外れない場合は無理に引っ張ったりせず、義歯の縁に空気を入れるようにすると外れやすくなります。部分義歯は残っている歯に力が加わらないように注意します。

②　外した義歯を、義歯専用ブラシで研磨剤は使わずにやさしく磨きます。熱湯は変形の原因となるので、ぬるま湯を使用しましょう。

③　乾燥も変形の原因になるので、清掃後は水あるいは義歯洗浄剤溶液の入った容器に保管します。

## Ⅲ 身体状況に合わせた衣服の着脱

### 1 片マヒの人が座位で行う前開き上着の交換（図表6－9）

図表6－9　片マヒの人の前開き上着の交換（座位）

〔脱ぐとき〕

① ボタンを外します。伸縮性のない服の場合は患側の肩の部分を少し下ろします。

② 前えりを持って健側の肩を外し、肘を抜きます。

③ 健側の袖をすべて脱ぎます。

④ 患側の腕を抜きます。

〔着るとき〕

⑤ 患側の腕に袖を通します。

⑥ 肩の上まで引き上げます。

⑦ 健側に上着をたぐり寄せ袖に腕を通します。

⑧ よじれや肩の位置を整え、ボタンを留めます。

## 2　片マヒの人が座位で行うズボンの着脱

⑴　**脱ぐとき**

① 台に手をつき（または手すりなどにつかまり立ち）、介護者がズボンを大腿部中央まで下ろします。

② 再び座位に戻ります。その後足の健側、患側の順にズボンを脱ぎます。

⑵　**はくとき**（図表6―10）

① 患側の足を健側の足の上に組みます。ズボンを患側の足に通した後、組んでいた足を元に戻します。

② 健側の足にズボンを通します。なるべく上までズボンを上げます。

③ 台に手をつき（または手すりなどにつかまり立ち）、介護者がズボンを腰の位置まで引き上げます。よじれを整え、座位に戻ります。

---

### 図表6―10　パジャマ（ズボン）のはき方（座位）

## 3　パジャマの交換（臥位）（図表6—11）

### 図表6—11　片マヒの人のパジャマの交換（臥位）

〔脱ぐとき〕

① 前身ごろを胸まで、後ろ身ごろを肩までたくし上げます。衣服を健側に寄せて肘を抜き、腕を脱がせます。

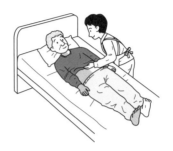

⑥ 健側を下にして側臥位になり衣服を整えた後、仰臥位に戻します。

② 健側の手で、頭に衣服を通して外します。

〔脱ぐとき〕

⑦ 健側の膝を立て腰を浮かせて健側のズボンを脱がせます。
　次に患側のズボンを脱がせます。

③ 衣服を患側の肩、腕の順に脱ぎます。

〔着るとき〕

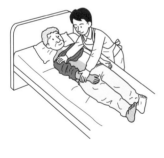

④ 介護者が患側衣服を袖口からたぐり寄せて持ち、患側の腕に通し肩まで引き上げます。

〔着るとき〕

⑧ 介護者が患側のズボンを裾口からたぐり寄せて持ち、踵を保護するように下から手で支えながら、ズボンを通し引き上げます。次に、健側にズボンを通し引き上げます。

⑤ 頭を通した後、健側の腕を通します。

⑨ 健側を下に側臥位になるか、腰を上げてもらいズボンを引き上げます。最後に、上下衣にしわやひきつれはないかなど、着心地を確認します。

## 4 和式寝間着の交換（図表6—12）

### 図表6—12　片マヒの人の和式寝間着の交換

〔脱ぐとき〕

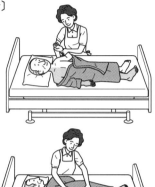

① 介護者は利用者の健側に立ちます。
　寝間着のひもをほどき、患側のえりを肩だけ外し健側に寝間着を寄せて余裕を持たせます。健側の肩を抜きながら肘を曲げて脱ぎます。脱いだ健側の寝間着は内側に丸め込みながら身体の下に押し入れます。

② 健側が下になるように側臥位（そくがい）にします。身体の下に押し入れた寝間着を引き出し、脱がせます。

〔着るとき〕

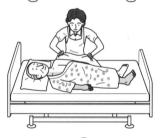

③ 新しい寝間着を患側の腕に通し、脇や背中心の位置を合わせます。
　健側の下に寝間着と腰ひもを押し入れます。

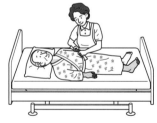

④ 仰臥位（ぎょうがい）に戻し、身体の下に押し入れた寝間着と腰ひもを引き出します。
　健側の袖に腕を通し、襟が右下で「ソ」の字になるように合わせます。

⑤ 腰ひもを少し緩めに蝶結びにします。健側の膝を立て、腰を浮かせてもらい、両脇から衣類を引っ張り背部のしわをのばします。

---

**今後の学習のための🔑キーワード**

◎介助前の手洗いの施行　　◎手袋を着用し感染予防

◎マヒ側の食物残渣　　◎歯ブラシ　　◎義歯専用ブラシ

◎スポンジブラシ　　◎義歯の装着方法　　◎義歯の清掃と保管

（執筆：菅野衣美）

# 1　移動・移乗に関する基礎知識

　　　　　介護職は“介護”というツールを使って利用者の生活を支援する対人援助職です。移動・移乗の介助は、ただ単に利用者の身体を動かし、移動・移乗を行えばよいというわけではありません。利用者の心身状態を把握し、何のために、どのような方法で介助するのかをしっかりと認識する必要があります。
　　　　ここでは、
　　　　① 移動・移乗介助の意義・目的
　　　　② 残存能力の活用・自立支援
　　　　③ 利用者と介護者の双方が安全で安楽な方法の基礎であるボディメカニクス
　　　について理解してください。

## Ⅰ　移動・移乗介助の意義・目的

### 1　円滑な日常生活の確保

　人が日常生活を送っていくには「座る」「立ち上がる」「歩く」といった移動・移乗動作が常に伴うものです。食事をするためにテーブルに移動する、排泄をするために便座に移乗する、入浴をするために風呂場に移動するなど、私たちは必ず移動や移乗動作を行い、日常生活を送っています。移動・移乗動作をすることで、日常生活を円滑に営んでいるといえるでしょう。

### 2　心身機能と健康状態の保持

　移動・移乗の動作を行うことは、心身機能を保持し、健康状態を保っているともいえます。一日中ベッドに寝ていれば筋力や関節の機能は衰え、内臓機能が低下してしまいます。移動・移乗動作は健康状態にも影響を及ぼしているのです。さらに、移動動作をすることで、自宅だけではなく、外に出ていき、他者との交流を図ったり、地域での活動に参加したり、社会生活を営むことができます。社会生活を営むことで、他者や地域との関係を築きながら、社会の一員として生活しているのです。

　このように、人は移動・移乗動作を行うことで、食事、排泄、入浴等の日常生活には欠かすことのできない行為を行い、健康状態を保ち、さらには、社会生活を営み人間らしく生活をしています。しかし、介護を必要としている人は、心身機能が低下しており、一人では移動・移乗動作が行えない場合も少なくありません。介護を必要としている利用者に対して、ただ移動のお手伝いをするだけではなく、しっかりと目的を持って、専門的な知識や技術の

もとに介助を行う必要があります。

## Ⅱ 残存能力の活用・自立支援

　移動・移乗の介助を行う際にポイントになるのが「残存能力の活用」「自立支援」といった介助の方向性を示す目的です。

### 1　残存能力の活用

　残存能力の活用とは、利用者の身体に障害があるからといって無理やり利用者を抱えて介助するのではなく、介護を必要としている利用者の残された心身機能を活用しながら、移動・移乗介助を行うことです。現在ではICFの概念（第8章—1「1　障害の概念とICF（障害者福祉の基本理念）」を参照）を使用して「"できる能力"の活用」といった言葉が主流になってきているように、介護者は利用者を生活の主体者として尊重し、利用者の身体状況に応じた介護技術を実践していく必要があります。

### 2　自立支援

　利用者は介護を受ける対象というだけではなく、生活の主体者です。どのような障害を持っていても、どのような機能低下を起こしていたとしても、利用者は人間として尊重されるべき対象であり、よりよい介護を受ける権利を持った人です。介助されながら生活を継続するだけではなく、病気等が安定した状態であれば、しっかりと心身機能を活用し、利用者の"できる能力（身体的に能力はあるが日常生活の中では活用されていない力）"が日常生活の中で"している能力"となり、自立に向けた生活が営めるように介助をしていかなければなりません。

　また、身体的な"自立"だけにとらわれず、利用者自らが"自己選択"や"自己決定"をすることで生活を決定していくという"自律"についても、配慮しながら介助を行っていくことが重要です。

## Ⅲ 利用者と介護者の双方が安全で安楽な方法

　介護者として利用者の日常生活を継続的に支えていくには、利用者と介護者の双方が安全で安楽な方法で介助を行っていかなければなりません。介護を受ける利用者が安全で安楽な方法というのが大前提にはありますが、介護者にとっても安全で安楽な方法でなければ、介護が継続して行えなくなり、その結果、不利益を被るのは利用者になってしまいます。したがって、利用者と介護者の双方が安全で安楽な方法が実践的に求められてきます。

## Ⅳ　重心・重力の働きの理解

　地球上の物体には地球の中心に引き寄せられる重力が作用しています（その重力の作用点を重心と呼びます）。この重力を理解して介助を行うことで、利用者の自然な動きを活用していくことができます。また、介護者自身も介助の負担を少なくするには、ボディメカニクスを理解しなければなりませんが、ボディメカニクスを理解するには、この重力・重心の働きを理解することが必要です。

### 1　重心の位置

　重心とは、身体を左右に二分する面（矢状面）、身体を前後に二分する面（前額面）、身体を上下に二分する面（水平面）の三つの交点のことをいいます（図表7－1）。身体が動くということは、重心が動くということでもあります。運動している際には、重心は上下、左右、前後に移動し、静止立位時では一般的に仙骨のやや前方、第二仙骨の高さ（へその下部）にあります。

### 2　重心線

　静止立位時の重心線は、図表7－2のAのように上半身の重心線が股関節を通っているとき、安定した状態にあります。BやCのように、重心線が前方や後方に移動すれば不安定になります。

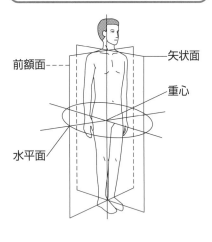

図表7－1　運動面と重心

前額面
矢状面
重心
水平面

出所：「新版介護福祉士養成講座　介護技術Ⅰ」
　　　中央法規出版，2007

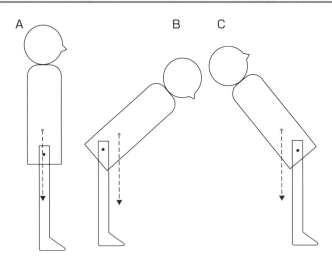

図表7－2　重心線と関節の回転軸

A　　　　　B　　C

出所：同左

## Ⅴ　ボディメカニクスの基本原理

　ボディメカニクスとは、食事、排泄、入浴などの介助時や起き上がる、立ち上がる、物を

取るときなどの姿勢・動作において、最小の力で最大の効果を上げることができる動作のことです。例えば、床に置かれている段ボール箱を持ち上げる場合、まず、膝を曲げながら腰を低くして重心を下げ、できる限り自分の身体と段ボール箱を近づけます。そして、ダンボール箱の両側を手と腕を使って持ち、腹筋に力を入れながら、全身を使って持ち上げることでしょう。人間が動作を行う際には、筋力だけを使用するのではなく、身体のあらゆる系統を使用することで効率的な動作が成り立っています。このように、身体の神経系、骨格系、関節系、筋系などの諸系統が相互に影響し合って生じる姿勢・動作のことをボディメカニクスといいます。

## Ⅵ ボディメカニクスの原則

### 1 利用者と介助者の身体を近づける

　利用者と介助者が近づくことによって、それぞれの重心が一つになり、より安定した移動ができるようになります。

### 2 支持基底面積を広くする

　支持基底面積とは、身体が床に接している部分の縁から縁までの面積のことです。図表7－3のAよりBのほうが、支持基底面積は広く安定しています。さらに、BよりCのほうが、前後に対して安定性が増した状態になります。

**図表7－3　支持基底面積**

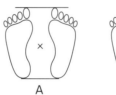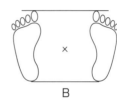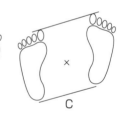

×印は重心線を示す

出所：三好明夫・仲田勝美「介護技術学」学文社，2007

### 3 重心を低くする

　介助者の重心を低くすることで、安定した姿勢を保つことができます（図表7－4）。また、姿勢を低くすることで、下肢の筋力の活用がスムーズになります。

**図表7－4　重心の位置**

重心

出所：山岡喜美子・荏原順子「介護技術」，P73　建帛社，2005

### 4　大きな筋群を使用する

　筋肉を使うときは、上腕筋、腹筋、背筋、大腿筋などの身体全体の筋群を動かすことで力を分散し、一つの筋群に負担がかからないようにします。

### 5　てこの原理を応用する

　利用者を移動・移乗介助する際、介助者の肘や膝を支点にすることで、効率的な動作が可能になります（図表7−5）。

**図表7−5　てこの原理の応用**

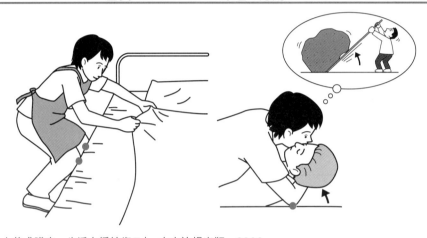

出所：「新・介護福祉士養成講座　生活支援技術Ⅱ」　中央法規出版, 2009

### 6　足先を動作の方向に向ける

　介助者の足先を動作する方向に向けることで、身体をひねることなく、安定した姿勢で介助が行えます。さらに、腰や肩を平行に保つことで腰痛予防にもなります。

### 7　対象を小さくまとめる

　利用者の身体を小さくまとめたり（肘を組んでもらう）、利用者とベッドなどの摩擦面を少なくすることで移動しやすくなります。

今後の学習のためのキーワード

◎移動・移乗の意義　　◎残存能力の活用　　◎自立支援
◎ボディメカニクス　　◎重心　　◎支持基底面積
◎てこの原理

（執筆：藤江慎二）

# 2　移動・移乗のための用具と活用方法

現在、さまざまな移動・移乗の介助に関連する福祉用具が開発、販売されていますが、しっかりと福祉用具のメリットやデメリットを理解しなくては、効果的に使用することはできません。
ここでは、
① 移動・移乗に関する福祉用具の種類
② 各福祉用具の特徴
③ 福祉用具の適切な活用方法
について理解してください。

## Ⅰ　福祉用具を活用する意義

　福祉用具とは、利用者の身体に障害もしくは加齢・疾病による心身機能の低下があり、日常生活を営むうえで何らかの支障がある場合に、安全で安楽な移動を確保し、生活の質を維持・向上するために用いる用具です。

　福祉用具は使用目的別に大別すると、自立支援用具と介助支援用具の二つに分けることができます。自立支援用具とは、利用者が障害や疾病により自ら移動できない、あるいは移動しにくい場合などに、移動しやすいように自立支援を目的として使用する用具です。一方、介助支援用具とは、介助者が使用することで、介助の効率を上げたり、負担の軽減を図ることを目的として使用する用具です。福祉用具は、ただ単に使用するのではなく、しっかりとした目的に沿って、利用者の心身状況等に合わせ、適切で効果的に活用することが必要です。

　詳しくは後述しますが、福祉用具の一般的な選定については、利用者本人の障害や疾病、心身状態だけではなく、利用者の生活環境や介護者（家族介護者や施設職員等）の介助状況などについても考慮していくことが重要です。

## Ⅱ　福祉用具の種類とその活用方法

　移動・移乗に関連する福祉用具といっても、さまざまなものがあります。ここでは、杖・歩行器、車いす、その他の用具の順に主な福祉用具を見ていきます。

### 1　杖・歩行器の種類

　杖は、歩行時に利用者の患側の下肢にかかる負担（体重）の軽減や歩行のバランス調整、心理的な支えなどを目的として使用します。一般的には、杖の握り手を把持して体重を支え

るように使用する福祉用具で、杖の種類には図表7－6以外にも、松葉杖、肘支持型杖などがあります。

　歩行器は、杖に比べて下肢にかかる負担が大きい人などに利用され、脚部に車輪のあるもの（歩行車）とないものがあります。一般的には、フレームの中に入って操作するため、両手を使うことができ、立位時に歩行器を操作できるだけのバランスを保てることが必要となります。

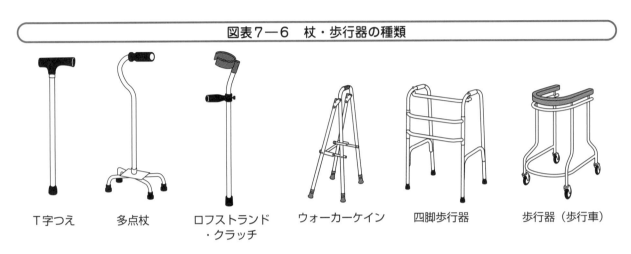

**図表7－6　杖・歩行器の種類**

| T字つえ | 多点杖 | ロフストランド・クラッチ | ウォーカーケイン | 四脚歩行器 | 歩行器（歩行車） |

## 2　杖・歩行器の選定と活用方法

　杖は、いわゆる歩行補助具です。杖を使用することによって、利用者の心身状態の負担を軽減しながら安定した歩行が確保でき、利用者の行動・活動の範囲を拡大することができます。しかし、杖が利用者の身体状況に合っていなかったり、使い方を間違っていれば、転倒の危険が出てきますので十分な注意が必要です。

　杖の種類を決める場合は、理学療法士や福祉用具専門相談員等と連携をとりながら利用者の心身状態に合わせた杖の選定を行います。一般的にいわれている適切な杖の長さとは（T字つえの場合）、静止立位時に杖を足

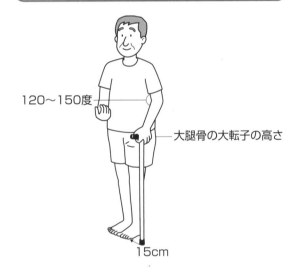

**図表7－7　適切な杖の長さ**

120～150度
大腿骨の大転子の高さ
15cm

のつま先より15cm程度外側に置き、グリップを握ったときに肘が120～150度曲がる長さです（大腿骨の大転子の高さ）（図表7－7）。

　また、下肢の筋力低下やマヒだけに注意を払うのではなく、上肢の状態やバランスなども考慮して選ぶことも必要です。杖等は常時携帯して使用することが多いので、素材が軽く丈夫であること、デザイン性に優れていていることなどが選定の条件になります。

　杖を使用するときは、杖先のゴムキャップが擦り減っていないか（擦り減り方が偏っている場合はゴムキャップを回し、均等に減るように調整）などを確認しながら使用します。

　歩行器については、杖に比べ大きな福祉用具となるため、使用する環境によっても用具の

大きさを考慮して選ぶことが必要です。

## 3　車いすの種類

　車いすは、下肢の筋力低下や脳卒中による片マヒ等により、歩くことが困難な場合の移動手段として使用します。基本的には、自走用と介助用の車いすがあります（図表7－8）。自走用標準型車いすは、利用者が手で車いすを操作したり、足で床を蹴って車いすを操作したりする福祉用具です。リクライニング式車いすは、長時間の座位保持が困難な人、四肢にマヒがある人には有効な車いすです。グリップ部分についているブレーキを握りながら背もたれを倒すことができるため、車いす上で座った姿勢や横になった姿勢をとることができます。

　電動車いすは、標準型車いすを使用することが難しく、外出時の効率化や安全性を高めるために使用する福祉用具です。

　このほかにも、外出時に効果的な"折りたたみ車いす"、畳の部屋での生活がしやすいように車いすの座面が上下に動く"座席昇降車いす"、部品が取り外せて利用者の体型や好みに合わせて組み替えることができる"モジュール型車いす"など、さまざまな種類の車いすがあります。

図表7－8　車いすの種類

自走用標準型車いす　　　リクライニング式車いす　　　普通型電動車いす

## 4　車いすの基本構造

　車いすを使用する場合、車いすの構造を理解したうえで、安全かつ適切に使用することが大切です。車いすの各部位の名称とともに、使用する際の注意点を理解していきましょう。

　まず、介助者が車いすを押すための握り部分であるグリップは、ぐらつかないか取り付け状態を点検することが必要です。

　駆動輪（大車輪）においては、タイヤの状態（空気圧、ぶれがないか）をつねに点検し、安全に使用できる配慮が必要です。ほかにも、ブレーキの効き具合はどうか、破損部分がないか、ネジ等はゆるんでいないかなど、車いすを使用するごとに点検する癖をつけるようにしましょう（図表7－9）。

123

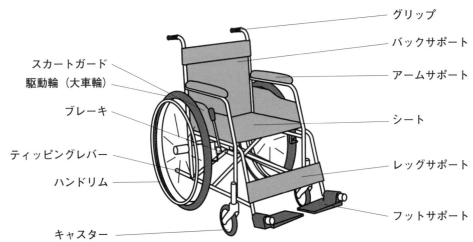

**図表7−9　車いすの構造**

- グリップ
- バックサポート
- アームサポート
- シート
- レッグサポート
- フットサポート
- スカートガード
- 駆動輪（大車輪）
- ブレーキ
- ティッピングレバー
- ハンドリム
- キャスター

## 5　車いすの選定と活用方法

　車いすは、あくまでも移動手段に用いる福祉用具であって、車いすに座っていることが安全だからといって、座りっぱなしで何もしなくてよいというわけではありません。しかし、車いすでの長時間にわたる活動を保障するという観点から、一般的に座位の基盤となるシートや背もたれの機能に配慮し、身体の運動を制限することなく、骨盤の位置が安定した状態で使用できるものを選択する必要があります。

　自走用の車いす（利用者本人が操作することを前提としています）では、手で操作する場合、操作しやすい位置にハンドリムがついているものを選び、足で床を蹴って車いすを操作する場合は、蹴りやすいシートの高さのものを選択するとよいでしょう。

　介助用の車いす（介助者が操作することを前提としています）では、利用者の姿勢の保持に直接関わるシートや背もたれ、アームサポート、フットサポートなどの座位保持機能に配慮する必要があります。

　どちらの車いすでも、移乗動作がしやすいようにアームサポートやフットサポートが着脱式のものもありますので、利用者の心身状態のみならず、生活環境や介助の状況に適したものを選択するとよいでしょう。また、車いすの大きさや重さなど、利用者の状況に応じて選択したり、車いすの付属品であるクッションやパッドなどを組み合わせて使用することも効果的な場合があります。大切なことは、障害の特性に合わせた車いすの使用方法などについて、利用者や家族、ほかの職種（理学療法士や福祉用具専門相談員等）と一緒に考えて車いすを選定することです。

## 6　その他の福祉用具

### (1)　下肢装具の種類と活用方法

　装具とは、疾患などにより失われた機能を補助する装置であり、下肢装具は、股関節から足先にかけての部位に装着するものです。多くは脳卒中などの後遺症によって片マヒのある利用者が使用しています。歩行時に足を振り出す際につま先がつまずいてしまったり、踵が地面に十分に接地しなかったり、膝が不安定な人が使用します（図表7−10）。

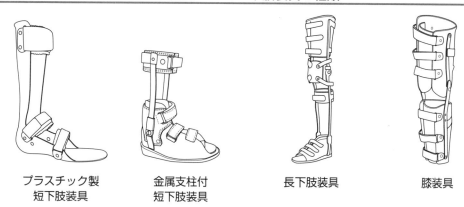

図表7－10　下肢装具の種類

| プラスチック製 | 金属支柱付 | 長下肢装具 | 膝装具 |
| 短下肢装具 | 短下肢装具 | | |

出所：介護技術研究会「介護技術講習テキスト」日本介護福祉士養成施設協会，2005　一部改変

## (2)　手すりの種類と活用方法

　手すりは、立ち上がり、歩行、姿勢を変える時などに、手や腕を乗せて使用する福祉用具です。水平手すり、L字型手すりなどさまざまな種類があり、設置する場所も廊下、トイレ、浴室、玄関、屋外等さまざまです。手すりの太さや素材、高さなど、設置には色々と検討しなければならないことが多いので、専門家と一緒に決定していくことが必要です。

　スロープは、車いすなどの車輪のついた用具を使用する際の段差解消を目的とする福祉用具です。玄関、段差、自動車への乗り込みなどに使用します。レール状のものもあれば、三角板のようなものもあります（図表7－11）。

　ほかにも、移動・移乗の介助に関連する福祉用具には、体位変換器、スライディングボード、移動用リフト（床走行式リフト、固定式リフト、据置式リフト）などがあります。

図表7－11　手すりとスロープ

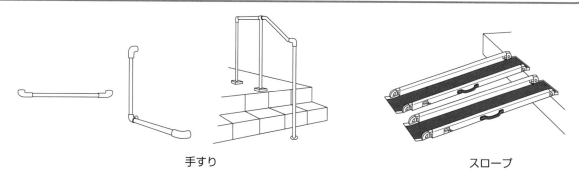

手すり　　　　　　　　　　　　　　　　　スロープ

今後の学習のための
🔑 キーワード

◎福祉用具　　◎杖　　◎歩行器　　◎車いす　　◎下肢装具
◎手すり　　◎スロープ

（執筆：藤江慎二）

# 3　負担の少ない移動・移乗と支援方法

利用者の活動が低下した場合の、こころとからだに及ぼす影響と、具体的な移動・移乗に関する介助方法を学んでいきます。実際の現場では、この基本的な技術を基礎として、さまざまな利用者の個別性に対応しましょう。
ここでは、
① 活動の低下が及ぼすこころとからだへの影響
② 各介助（体位変換、移乗・歩行、車いす）の具体的な方法
について理解してください。

## Ⅰ 活動の低下が及ぼすからだへの影響

### 1　廃用症候群（生活不活発病）とその予防

　私たちは日常生活を営み、活動することによって、心身機能を維持し、健康状態を保っています。しかし、医学的に安静の必要がないにも関わらず、必要以上に身体を動かさず寝たままの状態が続くと、身体には色々な影響が出てきます（図表7−12）。
　具体的には、身体を動かさないことにより、筋や骨が萎縮し、関節が固まってしまいます

```
図表7−12　長期臥床による障害

骨粗鬆症
骨折
尿路感染　便秘
尖足
食欲低下、
体重の減少
関節の
拘縮
腎結石
肺・心臓の
機能低下
筋力低下
筋萎縮
```

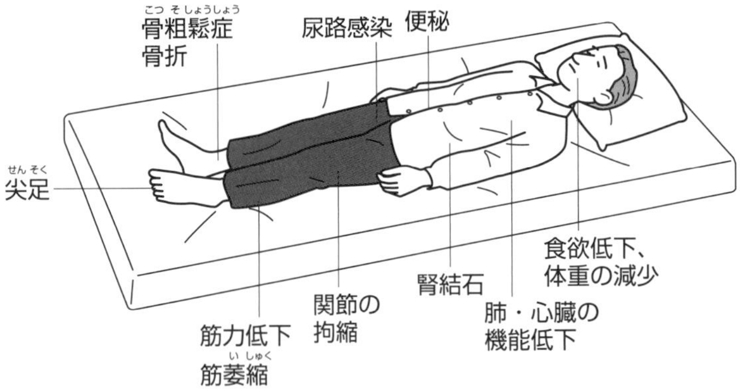

出所：「新・介護福祉士養成講座　生活支援技術Ⅱ」
中央法規出版，2009

（拘縮）。また、血液の循環も悪くなり、内臓機能が低下してしまいます。いわゆる、廃用症候群（生活不活発病）です。疾患等の影響により、安静の必要がなければ、可能な限り日中は離床して、日常生活を送ることが廃用症候群（生活不活発病）予防の第一歩となります。

### 2　褥瘡とその予防

　病気や障害による"寝たきり状態"や、不適切な介護による"寝かせきり状態"では、褥瘡（床ずれ）になる危険が出てきます。褥瘡とは、身体とベッドの接触面の圧迫により、

皮膚の血流が障害され、皮膚や筋肉層に組織障害を起こすものです（図表7—13）。高齢者に褥瘡が発生しやすい部位は、図表7—14のとおりです。衣服の着脱介助や入浴介助、排泄介助など、皮膚の観察が可能なときに注意深く観察しましょう。

　また、介護者には、長時間の同一姿勢による苦痛や不快感を取り除く褥瘡予防の介助が求められています。褥瘡予防のポイントとしては、以下があげられます。

① 　なるべく離床すること
② 　こまめに体位変換を行うこと
③ 　エアーマット等の福祉用具を使用すること
④ 　良好な栄養状態を保つこと
⑤ 　身体の清潔を保つこと
⑥ 　摩擦を防ぐこと

万が一、表皮に発赤ができたら、医師や看護師に連絡し、早期発見、早期対応をすることが重要です。

---

**図表7—13　褥瘡の進行度**

| ステージⅠ | ステージⅡ | ステージⅢ | ステージⅣ |
| --- | --- | --- | --- |

発赤／表皮／真皮／皮下組織／脂肪／筋肉／骨／神経／血管／壊死組織

表皮の欠損はなく発赤がみられる段階

表皮と真皮の欠損があり、水疱、びらん、皮膚潰瘍がみられる段階

欠損が皮下脂肪組織に至った段階

欠損が筋や骨に及んだ段階

出所：小板橋喜久代・松田たみ子編「こころとからだのしくみ」メヂカルフレンド社，P149（真砂涼子著）2009

---

**図表7—14　高齢者に褥瘡が発生しやすい部位**

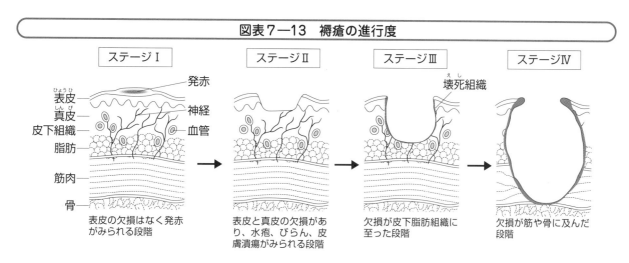

後頭部
肩甲骨部
脊柱部
肘関節部
仙骨部
踵骨部

**仰臥位の場合**

耳介部
肩関節部
胸腹部
大転子部
膝関節外側部
足関節外果部

**側臥位の場合**

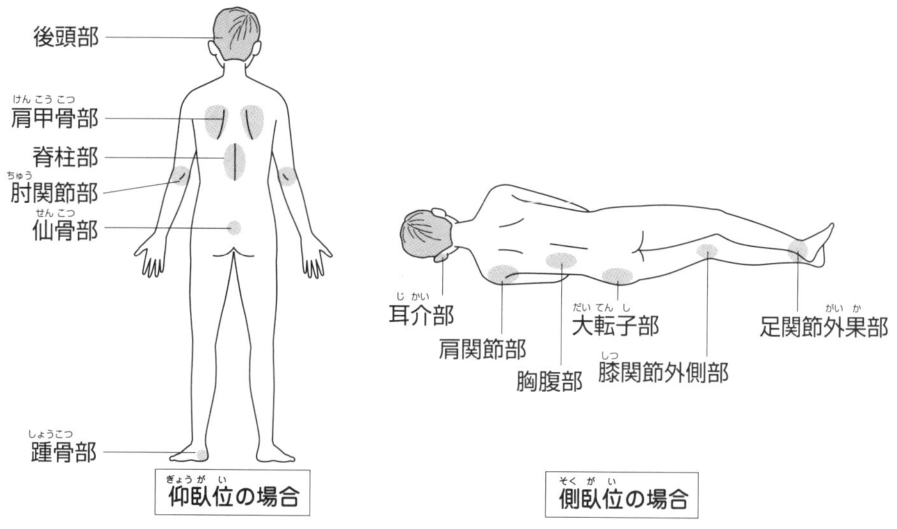

出所：「新・介護福祉士養成講座　生活支援技術Ⅱ」中央法規出版，2009

## Ⅱ　活動の低下が及ぼすこころへの影響

　利用者の日々の活動が低下することで、身体だけではなく、こころへの影響も生じてきます。長期臥床（がしょう）による弊害として、悲しみや不安、怒りの感情が生まれ、抑うつ状態になることもめずらしくありません。抑うつ状態になれば、食欲が低下したり、夜眠ることができなくなったり、日常生活に対する意欲が低下し、からだへの影響として症状が現れ、悪循環した日常生活になってしまいます。また、認知症の利用者においては、症状が進行する恐れもあるため、注意が必要です。

　こころとからだは密接に関連しているので、利用者の心身の状況を総合的に把握するよう努めてください。

## Ⅲ　体位変換

　人は睡眠中、無意識の間に25〜30回程度は寝返りをしているといわれています。しかし、利用者のなかには疾患や障害などにより自力で身体を動かすことができない人も少なくありません。

　身体を動かすことができなければ、上記で説明してきた廃用症候群（生活不活発病）や褥瘡の危険などのからだへの影響や、抑うつ状態などこころへの影響が出てきてしまいます。

### 1　体位の種類

**(1)　仰臥位（ぎょうがい）（背臥位（はいがい））**

　仰向けに寝ることです。背中のほとんどの部分がベッドに接しているため、安定感があり、筋肉も緩んだ状態に近くリラックスした姿勢です。

図表7－15　仰臥位

**(2)　側臥位（そくがい）**

　横向きに寝ることです。身体がねじれたり、ベッドにうつ伏せにならないように、軽く膝（ひざ）を曲げ、腰を後ろに引くと安定します。

図表7－16　側臥位

**(3)　腹臥位（ふくがい）**

　うつ伏せに寝ることです。顔は横に向け、窒息しないように注意します。胸や腹を圧迫して呼吸ができない状態にならないように、肘（ひじ）を軽く曲げて挙上（きょじょう）するようにします。

図表7－17　腹臥位

## （4）端座位

ベッドの端に腰をかけ、足を床に下ろして座った姿勢です。

背もたれがなくても座位を維持できる筋力が必要です。立ち上がる前や移動の前の基本姿勢です。

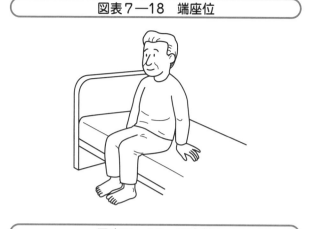

図表7—18　端座位

## （5）長座位

足を伸ばした状態で座った姿勢です。端座位同様に、背もたれがなくても座位を維持できる筋力が必要です。

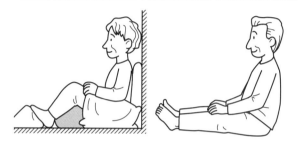

図表7—19　長座位

## （6）起座位

ベッド上でギャッチアップ（背もたれを上げること）をして、上体を大きめの枕やクッションに寄りかからせる姿勢です。この際、膝下などにもクッションを入れます。喘息の発作時では呼吸がしやすいため、起座位をとることがあります。

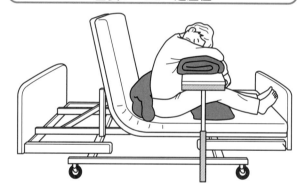

図表7—20　起座位

## （7）立位

まっすぐに立った姿勢です。歩行動作の基本になる姿勢です。

図表7—21　立位

### 2　深く安定した姿勢での座位

(1)　**座位による生理的・心理的変化**

　ただ単に椅子や車いすに座るということではなく、しっかりとバランスを保った座位をとると、生理的にも心理的にもさまざまな効果が期待できます。

①　座位による生理的変化

　筋力や関節、骨を活用して座位を保つため、機能低下の防止をすることができます。また、心肺機能の低下も防ぎ、便秘や褥瘡などの予防にもつながります。

②　座位による心理的変化

　座位は、寝ている状態よりさまざまな刺激をもたらします。寝ている状態は天井を見て過ごしますが、座位は視覚的にも色々な刺激を受けています。また、座位を保つことで、人と話し、交流を図り、人間らしく生活することが可能になります。

(2)　**バランスのよい正しい座位**

　正しい座位にはいくつかのポイントがあります。それは、①肩は水平であること、②骨盤も水平であること、③首や体幹は直角であること、④膝は平行であることです（図表7－22）。

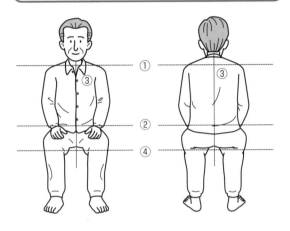

図表7－22　バランスを保った正しい座位

出所：介護技術研究会「介護技術講習テキスト」
　　　日本介護福祉士養成施設協会，2005

### 3　安楽な体位の保持

　利用者に安全で安楽な体位で日常生活を過ごしてもらうには、体位変換を行う際の注意点を理解しておくことが重要です。まず、どのような体位であれ、長時間同一姿勢を保つことは利用者のからだに悪影響を及ぼしますので避けなければなりません。

　また、利用者の心身状態や疾患などによっても、人それぞれ安楽な体位は違うので、利用者に確認をとりながら体位変換をすることが大切です。体位・姿勢変換のポイントとしては、安全性、安楽性、自立性の3点があげられます。

①　安全性：利用者、介助者がともに安全であること

②　安楽性：利用者の同意が得られ、利用者にとって安楽であること

③　自立性：利用者の心身機能を十分に活用すること

### 4　体位変換の具体的な方法

　体位変換の方法といっても、利用者の状況によって違いがあるので、すべてを説明することはできません。ここでは、全面的な介助時の基本動作を見ていきます。

⑴　**全面的介助での頭のほうへの移動（上方移動）**

①　利用者に動作の目的を説明し、同意を得る。

②　枕を外しベッドの上部に枕を立て、利用者の両手を腹部で組んでもらう。

③　利用者の膝を立ててもらう（片マヒの場合は健側の足を患側の足の下に入れる）。

④　介助者は利用者の頭に近いほうの手を利用者の肩甲骨部に入れ、足元側は腰部、または大腿部に入れる。

⑤　介助者と利用者の身体を近づけ、声かけをしながら、上方へ移動する。

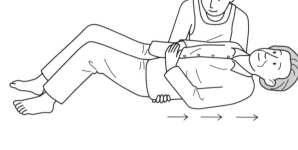

図表7−23　上方移動

⑵　**全面的介助で手前に寄せる（水平移動）**

①　利用者に動作の目的を説明し、同意を得る。

②　利用者の両手を腹部で組んでもらい、膝を立ててもらう（片マヒの場合は健側の足を患側の足の下に入れる）。

③　介助者の肘関節で利用者の首を支え、その手掌（手のひら）で肩甲骨部を支える。介助者の反対の腕をベッドにつき、それを支柱にして利用者の上半身を持ち上げて手前に移動する。

④　介助者は利用者の頭に近いほうの手を利用者の腰の下に入れ、もう片方の手を大腿部に入れる。介助者の両膝はベッド脇につけ、手前に引く。

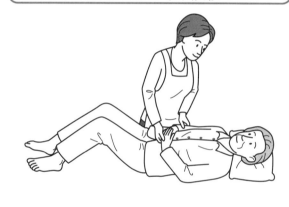

図表7−24　水平移動

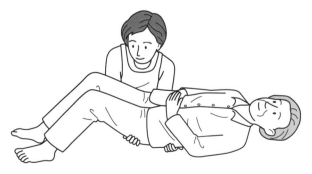

⑶　**全面的介助での仰臥位から側臥位へ**

体位変換の方法には、対面法（利用者が側臥位になった際に利用者と介助者が向き合う

方法）と背面法（利用者が側臥位になった際に利用者の背中側と介助者が向き合う方法）があります。基本的には、対面法が中心になるため、以下、対面法での介助の方法を学びます。

① 利用者に動作の目的を説明し、同意を得る。

② 介助者は寝返る側の反対側に回り、利用者をベッドの片側に寄せる。

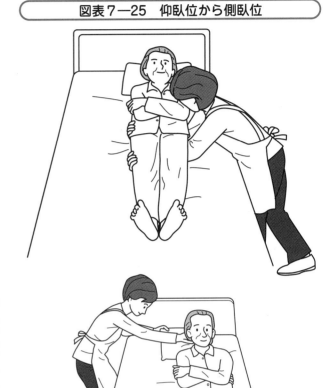

**図表7−25　仰臥位から側臥位**

③ 介助者は寝返る側に移動し、枕を手前に引く。利用者の顔は寝返る側に向いてもらう。枕を手前に引く際、利用者が頭を上げることができれば、声かけして頭を持ち上げてもらってから引く。

④ 利用者の両手を腹部で組んでもらい、膝を立ててもらう。

⑤ 介助者は利用者の肩と膝に手を添える。

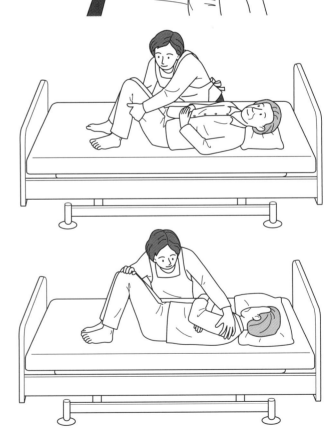

第9章−7

3

負担の少ない移動・移乗と支援方法

⑥　利用者の膝を倒して骨盤を回転させながら、肩を引き上げる。この際、寝返った利用者がベッドの中央に位置するように介助することを心がける。

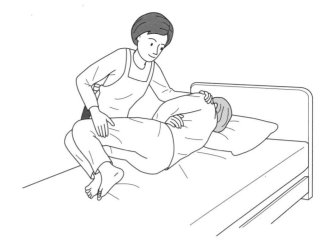

(4)　**全面的介助での仰臥位から端座位**（起き上がりから端座位）

①　利用者に動作の目的を説明し、同意を得る。

②　利用者の両腕は組み、両膝は曲げて立てる。

図表7−26　仰臥位から端座位

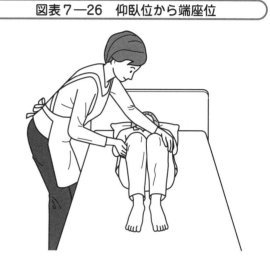

③　介助者は肩と膝を支え、利用者を横向きにする。

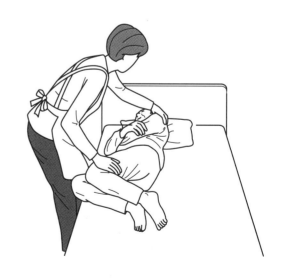

④　介助者は片方の手を利用者の肩甲骨部に回し、もう一方の手で両膝（りょうひざ）を支え、利用者の足をベッドから下ろす。

⑤　利用者がベッドに深く座り、安定した端座位が保てるようにする。ベッドは両足が床につく高さに調整する。

(5)　**全面的介助での端座位（たんざい）から立位（りつい）（左片マヒの場合）**
①　利用者に動作の目的を説明し、同意を得る。
②　ベッドに深く腰掛けている利用者の臀部（でんぶ）を手前に引き寄せ（片方ずつ）、ベッドに浅く座ってもらう。利用者の両足は膝より後ろに引くと立ち上がりやすい。

図表7−27　端座位から立位

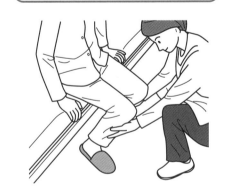

③　利用者は介助者の肩の上に顎を乗せ、手は介助者の背中に回してもらう。介助者は重心を下げ、利用者の腰に手を回して組む。介助者の膝で患側の足を保護する。

④　利用者と介助者は膝を伸ばしながら上体を上げていき、立ち上がる。

⑤　介助者は利用者の姿勢が安定しているのを確認しながら、めまいやふらつき等がないか確認する。

## Ⅳ　移乗の介助

　移乗介助とは、端的にいえば乗り移る際の介助のことです。ベッドから車いす、車いすからトイレ（便座）、椅子からシャワーチェアなど、利用者は日常生活上さまざまな移乗動作を行っています。ここでは、移乗介助の具体的な方法として、全面的介助でのベッドから車いすへの移乗を学びます。このような車いすへの移乗の具体的な方法は、さまざまな移乗場面にも応用が可能です。

※一部介助での車いすから洋式トイレへの移乗については、第9章—10「3　爽快な排泄を阻害する要因と支援方法」を参照してください。

### 1　全面的介助でのベッドから車いすへの移乗（左片マヒの場合）

① 利用者に動作の目的を説明し、同意を得る。

② 介助者は利用者の足のふくらはぎの部分まで車いすを近づけ、ベッドと車いすの角度が15〜20度前後になるように置き、ブレーキをかける。ベッドと車いすの高さはほぼ同じ高さになるようにすると移乗がしやすくなる。

**図表7−28　ベッドから車いすの移乗**

③ 利用者は介護者の肩の上に顎を乗せ、手は介助者の背中に回してもらう。介助者は重心を下げ、利用者の腰に手を回して組む。介助者の膝で患側の足を保護する。

④ 利用者と介助者は膝を伸ばしながら上体を上げていき、立ち上がる。

⑤　介助者は利用者と一緒に腰を下ろし、車いすに座ってもらう。この際、介助者は膝を曲げながら、ゆっくりと腰を下ろすようにする。

⑥　利用者が車いすに深く座っていることを確認する。浅く座っている場合は、深く座れるように介助する。

## Ⅴ　歩行の介助

　利用者が自分の足で"歩く"ことができると、「どこかに行ってみたい」「あそこに行ってみよう」など、日常生活に意欲が湧いてきます。そもそも、日常生活で食事のために食堂に行く、排泄のためにトイレに行くなど、"歩く"という移動の行為があって、初めて日常生活が営めるわけですから、歩行は人にとって、いつまでも維持していたい機能の一つです。

　しかし、高齢者などは、加齢や疾病等により、スムーズに歩行できない場合も少なくありません。そればかりか、転倒や事故の危険もあるため、介助には十分注意が必要です。ここでは、まず通常の歩行のメカニズムについて学んだ後、それぞれの場面の歩行介助について学習していきます。

### 1　通常の歩行

　歩行の介助を理解するには、通常の歩行がどのようにされているかを理解することが重要です。人はどのように歩いているのでしょうか。歩行のメカニズムを見てみましょう（図表7―29）。

図表7－29　歩行のメカニズム

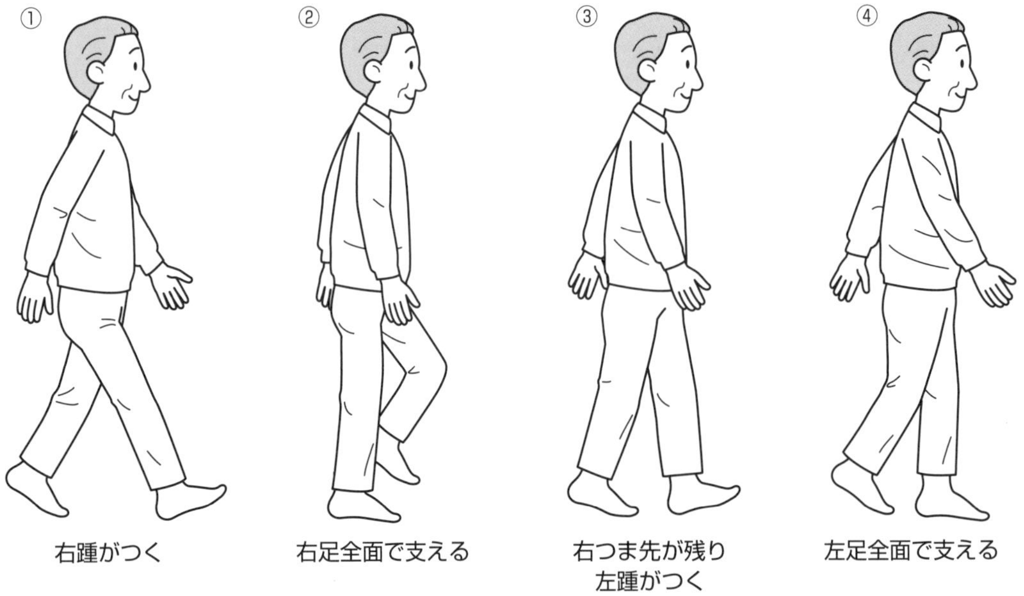

| ① | ② | ③ | ④ |
|---|---|---|---|
| 右踵がつく | 右足全面で支える | 右つま先が残り<br>左踵がつく | 左足全面で支える |

※歩く動作とは、片方の足に体重を移し、もう片方の足を床面から離して前に出し、その足に体重を移しかえる交互運動です。

## 2　歩行の介助の基本

　歩行介助には、杖歩行の介助や歩行器での介助、階段昇降の介助など、さまざまな場面、状況があります。しかし、どの場面でも共通している介助の基本は、①利用者の歩こうとする意欲を引き出すこと、②利用者の動き、ペースに合わせて介助すること、③転倒に十分注意し、いつでも利用者を支えられる位置で介助することです。

　これまで学んできたように、しっかりと利用者の重心が支持基底面内にあることを確認しながら、必要があれば杖などの福祉用具を活用し、利用者の力が十分に発揮できるように見守りながら必要なときだけ介助するようにしましょう。

## 3　Ｔ字つえの歩行介助（平坦な道の場合）

### (1)　3点歩行と2点歩行

　杖を使用した歩行の介助には2つのパターンがあります。3点歩行（図表7－30）と2点歩行（図表7－31）と呼ばれるものです。一般的には、3点歩行は歩行速度より安定性を重視した歩行で、2点歩行は歩行速度を重視した歩行です。したがって、3点歩行で歩行が安定してから2点歩行へと移行するとよいでしょう。片マヒの利用者を例にして、3点歩行と2点歩行を理解しましょう。

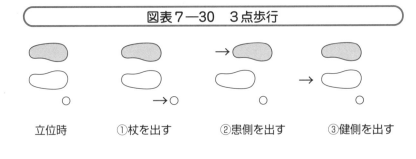

図表7－30　3点歩行

立位時　　①杖を出す　　②患側を出す　　③健側を出す

第9章―7

3　負担の少ない移動・移乗と支援方法

## ⑵　介助者の位置

　利用者の健側の手で杖を持ってもらい、介助者は患側後方に立ちます。患側の腕を支え、一方の手は腰に添えて身体を支えます。歩行中の利用者の状態を確認しながら、焦らず安全に歩けるように介助します。必要であれば、休憩もとるようにしましょう。（図表7―32）

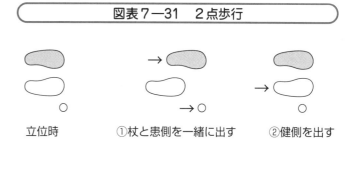

図表7―31　2点歩行

立位時　　①杖と患側を一緒に出す　　②健側を出す

図表7―32　介助者の位置

## 4　Ｔ字つえの歩行介助（階段昇降の介助）

　階段昇降の介助の基本は、昇るとき（図表7―33）は、①杖、②健側、③患側、降りるとき（図表7―34）は、①杖、②患側、③健側、という流れで介助していきます。平坦な道での介助と比べ、バランスを崩しやすく転倒の危険が高いため、介助者には十分な注意が必要です。介助者は、昇るときは利用者の患側後方から支え、降りるときは利用者の患側前方から利用者を支えるように介助します。

図表7―33　階段を昇るとき

患側　健側

図表7―34　階段を降りるとき

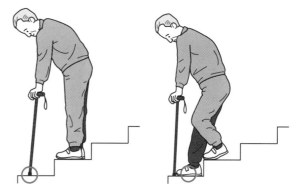

## Ⅵ　視覚障害者の移動介助

　視覚障害者の移動手段には、①白杖<sup>はくじょう</sup>を使用した移動、②介助者を活用した移動、③盲導犬を使う移動などがあります。移動介助（ガイドヘルプ）を受けている視覚障害者は一人では歩けないと思われがちですが、実際には一人で歩くことができても、移動時の安全確保や歩行環境の把握、移動効率の確保などを目的として移動介助を受ける人もいます。

### 1　基本姿勢

　視覚障害者への移動介助の基本姿勢は、介助者が視覚障害者の肩の前に位置し、視覚障害者が後ろから介助者につかまる姿勢が基本姿勢です（図表7—35・7—36）。介助者と視覚障害者の身長差がなければ、介助者の肘の上あたりをつかんでもらいます。身長差がある場合は、介助者の肩や手首をつかんでもらうなど、視覚障害者に無理のない姿勢をとります。

　重要なことは、どこをつかんでもらうかということではなく、介助者が視覚障害者の前に位置することです。介助者と視覚障害者が接触している側の手や腕、足を「誘導腕（手）」「誘導足」といい、もう片方を「自由腕（手）」「自由足」と呼びます。

| 図表7—35　基本姿勢 | 図表7—36　横から見た基本姿勢 |
| --- | --- |

誘導腕(手)
自由腕(手)　　自由腕(手)
誘導足
自由足
視覚障害者　介助者

### 2　基本姿勢をとる

　介助者と視覚障害者が基本姿勢をとるには、以下の手順をとるとよいでしょう。
　⑴　視覚障害者にどちらの手で介助者の腕をつかむのか尋ねましょう（視覚障害者それぞれ違いがあるので、必ず確認すること。視覚障害者が白杖を持っている場合は、もう片方の手で介助者の腕をつかんでもらう）。
　⑵　介助者は視覚障害者の誘導腕側で視覚障害者の前に立ちます。
　⑶　介助者の自由腕で視覚障害者の誘導手をすくい上げながら、自分の腕に誘導します。

(4)　介助者のつかまれている誘導腕は、自分の胴体との間が広がらないように注意します。また、誘導腕を振ると視覚障害者の歩行は不安定になってしまうので、注意が必要です。

(5)　介助者と視覚障害者は同じ方向に身体を向け、上から見たときに介助者と視覚障害者の誘導腕側の肩が直線になるようにします（図表7―37）。

基本的にはこのような基本姿勢を保ちながら、移動介助を行っていきます。

図表7―37　上から見た基本姿勢

## 3　平坦な道の移動介助

平坦な道での移動は、上記の基本姿勢を保ちつつ、以下の点に注意しながら行うことが必要です。

(1)　視覚障害者の足元を見て移動する。

(2)　道幅を意識しながら、介助者は視覚障害者の半歩前を歩く。

(3)　歩く速度は視覚障害者に聞く。

(4)　白杖をつかまない。

(5)　角を曲がる際は、直角に曲がる（図表7―38）。

図表7―38　直角に曲がる

## 4　椅子への移乗介助

視覚障害者を椅子に移乗介助するには、椅子の種類や周りの状況を声かけしながら、視覚障害者にも実際に椅子を触ってもらい、導いていきます（図表7―39）。

図表7—39　椅子への移乗介助（机のある椅子に後ろから接近する場合）

介助者は視覚障害者の自由手を椅子の特徴のある部分に導いて、椅子の種類や形等を理解してもらいます。

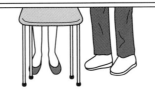

次に視覚障害者の誘導手を机の特徴のある部分に導き、机の種類等を理解してもらいます。

視覚障害者が椅子に座る動作を見守りながら、転倒がないように注意します。

## VII　車いすの介助

　車いすは、歩行が困難になった利用者の移動手段として利用されています。あくまでも移動手段の福祉用具ですので、車いすに座ったままで一日過ごすということがないように、配慮が必要です。また、前述したように車いすにはさまざまな種類がありますので、利用者個々に合ったものを選択し、安全で安楽な移動ができるようにすることが大切です。

　ここでは、車いすの基本的操作方法を学んでから、車いすでの移動の際に問題となりやすい、段差や坂道での介助方法を具体的に学びましょう。

### 1　車いすの基本操作方法

(1)　車いすのたたみ方（図表7—40）
① 車いすのブレーキをかける。
② シート中央の前後の部分を両手でつかみ、上に持ち上げる（左右の幅を狭める）。
③ アームサポートを持ち、さらに左右を狭める。

図表7—40　車いすのたたみ方

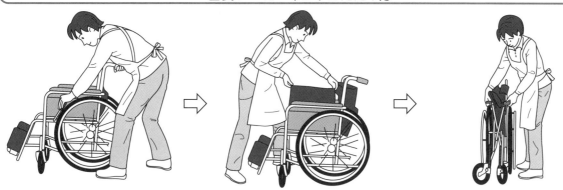

(2)　車いすのひろげ方（図表7—41）

①　左右の手でアームサポートを持ち、少し外側に開く。

②　次にシートに両手を置き、下に手を押しつけしっかりと開く。（シート下に指をはさまないように気をつける。）

図表7—41　車いすのひろげ方

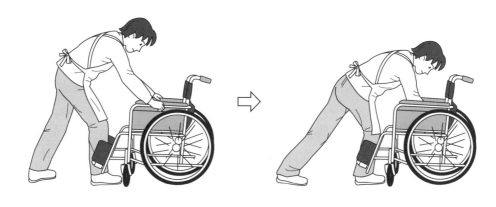

(3)ブレーキのかけ方と押し方

①　ブレーキのかけ方

　　車いすに種類があるように、ブレーキにもいろいろな種類があります。一般的には、ブレーキを引くことで車いすを止めることができますが、中にはブレーキを押したりするものもありますので、使用する前に確認しましょう。

②　押し方

　　車いすを使用する際は、必ず車いすの点検（ブレーキのかかり具合、タイヤの空気等）をしてから使用します。利用者がしっかりと車いす上で座位を保っていることを確認しながら、動く際は「動きます」などと声をかけながら車いすを押し始めます。また、利用者の手や腕が、駆動輪（大車輪）に巻き込まれていないか注意することが必要です。

第9章—7

3　負担の少ない移動・移乗と支援方法

(4)　キャスターの上げ方

　　車いすで段差を越える際などには、キャスターを上げて車いすを操作する必要があります。キャスターを上げるには、ティッピングレバーを踏み込んでキャスターを上げていきます。

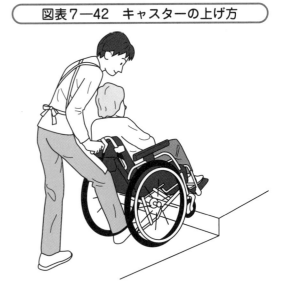

図表7—42　キャスターの上げ方

## 2　車いすによる移動介助の具体的方法

(1)　**全面的介助での平坦な道の移動**
　①　利用者に移動目的や場所を説明し、同意を得る。
　②　利用者が安定した座位を保っているか、確認する。
　③　片方の手でグリップを握り、もう片方の手でブレーキを外す。
　④　「動きます」などの声かけをしながら、ゆっくりと車いすを押す。
　⑤　左右に曲がる際は、「左に曲がります」などの声かけをしながら曲がる。

(2)　**全面的介助でのでこぼこ道の移動**
　　でこぼこ道では、キャスターを地面につけていると、方向が定まらず、揺れも大きくなるため、キャスターを上げて移動します。
　①　利用者にでこぼこ道を移動するため、車いすが斜めに傾くことを伝える。
　②　静かにキャスターを上げて移動する。

図表7—43　でこぼこ道を移動する場合

(3)　**全面的介助での段差の移動（上り方）**

① 車いすを段差に近づける。

② 利用者に、段差を越えるため車いすが斜めに傾くことを伝える。

③ ティッピングレバーを踏み込んで、キャスターを上げる。

④ 駆動輪（くどうりん）が段差に接触するまで前進させる。

⑤ グリップを持ち上げ、駆動輪を少し浮かせて、段差に沿って前に押し上げる。

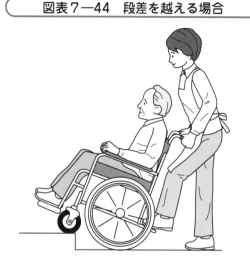

図表7−44　段差を越える場合

(4)　**全面的介助での段差の移動（下り方）**

① 車いすを段差に近づける。

② 利用者に段差を下りるため、車いすが斜めに傾くことを伝える。

③ 車いすを後ろ向きにして、駆動輪を少し浮かせて、段に沿って下ろす。

④ ゆっくりと後進し、キャスターが段差に近づいたら、ティッピングレバーを踏み込んで、キャスターを上げる。

⑤ そのままゆっくりと後進し、フットサポートが段差に当たらないところまで移動する。

⑥ 大きな衝撃が伝わらないように、静かにキャスターを下ろす。

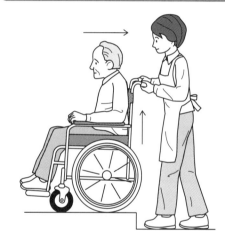

図表7−45　段差を下りる場合

(5)　**全面的介助での上り坂の移動**

① 利用者に坂道を上ることを伝える。

② 介助者は肘を伸ばして車いすのグリップを握り、前傾（ぜんけい）姿勢で押していく。

③ 移動速度は一定に保つ。

図表7−46　上り坂の移動

(6)　**全面的介助での下り坂の移動**

①　利用者に坂道を下ることを伝える。

②　介助者は車いすのグリップを体に近づけ、肘を引いて握る。

③　後ろ向きに、ときおり進行方向を確認しながら一定の速度で下る。

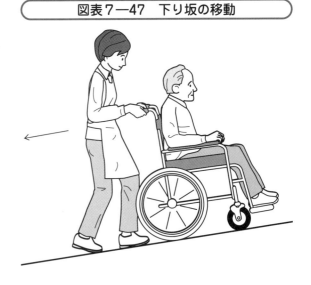

図表7—47　下り坂の移動

今後の学習のための 🔑 キーワード

◎廃用症候群（生活不活発病）　　◎褥瘡（床ずれ）

◎長期臥床　　◎体位変換　　◎仰臥位　　◎側臥位

◎腹臥位　　◎端座位　　◎長座位　　◎起座位　　◎立位

◎対面法　　◎背面法　　◎3点歩行　　◎2点歩行

◎T字つえ　　◎白杖　　◎移動介助（ガイドヘルプ）

（執筆：藤江慎二）

# 4　移動と社会参加の留意点と支援

　これまで学習してきた移動介助の知識や技術などが、利用者にとってどのような意味を成すものなのかについて、もう一度確認します。ただ単に、利用者を車いすに乗せ、トイレに移動するということではなく、移動介助の意義について、利用者の立場に立って捉えてみましょう。
　ここでは、
　① 日常生活の活性化
　② 外出の介助
　③ 社会参加の意味
について理解してください。

## Ⅰ　日常生活の活性化

　利用者の生活が活性化することで、さまざまな効果が期待できます。廃用症候群（生活不活発病）の予防、褥瘡の予防、心肺機能の維持といったからだの側面だけではなく、意欲の向上や抑うつ状態の予防、意欲低下や抑うつ状態による生活不活発な状態の防止など、こころの側面での効果もあります。

　さらに、利用者の日常生活を活性化することは、もう一つの大きな効果が期待できます。それは、日常生活が活性化し行動範囲が拡大することで、地域でのイベントに参加できたり、趣味活動をしたり等"利用者の社会参加が可能になる"ということです。

　日常生活の活性化と聞くと、機能低下がある利用者には難しいと考えられがちですが、そんなことはありません。例えば、脳梗塞の後遺症による左片マヒがあり、関節が拘縮しているために自力での移動が困難な利用者であっても、健側を活用して"できること"を見つけたり、福祉用具を活用して、日常生活を活性化していくことは十分に可能です。

　介助者は、利用者の機能低下や障害、疾病だけに着目するのではなく、利用者の"やりたいこと""できること"にも目を向けて、どのようにすれば達成できるのかを利用者や家族、他の専門職と一緒に考えていくことが重要です。

## Ⅱ　外出の介助

　日常生活が安定したり、活性化してくると、行動範囲の拡大が期待できるようになってきます。外出の際には、安全で快適に外出できるように、介助者は以下の点に留意しながら、利用者の社会生活の拡大を図っていく必要があります。

### 1　事前準備

① 外出先までの経路や休憩する場所、トイレの有無など事前に確認しておく。
② 外出先までの段差や坂道、道幅、交通量などの状況も確認しておく。
③ 外出日の天候に注意し、必要な物品（雨具など）の準備をしておく。
④ 交通機関を利用する場合は、安全性に配慮する。
⑤ 万が一のときに備え、緊急連絡先等を確認しておく。

### 2　外出直前

① 利用者の健康状態のチェックを行う。
② 必要物品の再確認を行う。
③ 利用者に外出の目的や場所、経路などを説明する。

### 3　外出中

① 常に健康状態に配慮し、心身の疲労度にも気を配る。
② 排泄や休憩などが適宜できるようにする。
③ 安全で快適な移動を心がける。

### 4　外出後

① 利用者の健康状態のチェックを行う。
② 利用者に外出の感想などを尋ね、安全であったか確認する。
③ 外出の様子などについて、サービス担当責任者や家族に報告する。

## Ⅲ　社会参加の意味

　人は家族や友人、地域の人々と関わりを持ちながら生活しています。人との関わりのなかで、何らかの役割を担い、責任を持って生活しています。しかし、介護を必要とする利用者はさまざまな障害や疾病などの影響により、ベッド上での生活や車いす上での生活を余儀なくされています。

　介護者は、そのような利用者に対して"介護"という方法を用いて、日常生活の支援をする対人援助職であると同時に、利用者のできる能力を活用して他者と交流が図れるように支援し、利用者の行動範囲の拡大や社会生活が営めるようにしていくことも重要です。

　利用者は他者との交流を図るなかで、喜び、生きる意欲を取り戻し、活動的になります。そのことで、さらに日常生活が活性化し、心身ともに健康的な生活ができるようになるので、移動・移乗の介助における最大の目標は、利用者の社会参加を促進していくことにあるのかもしれません。利用者個々にとっての社会参加の意味について、考えながら介助を行っていくようにしたいものです。

◎日常生活の活性化　　◎外出の介助　　◎社会参加の意味

（執筆：藤江慎二）

〔引用・参考文献〕
① 訪問介護員養成研修2級課程テキスト編集委員会「基本介護技術」介護労働安定センター，2011
② 介護技術研究会「介護技術講習テキスト」日本介護福祉士養成施設協会，2005
③ 介護福祉士養成講座編集委員会「生活支援技術Ⅱ」中央法規出版，2009
④ 井藤英喜・高橋龍太郎・是枝祥子「写真でわかる生活支援技術」インターメディカ，2011
⑤ 三好明夫・仲田勝美「介護技術学―介護福祉士・社会福祉士の専門性の探究」学文社，2007
⑥ 村上琢磨・関田巖「目の不自由な方を誘導するガイドヘルプの基本（第2版）」文光堂，2009
⑦ 松井奈美「視覚障害者の外出支援ハンドブック―ガイドヘルプの基本と実践」日本医療企画，2008
⑧ 厚生労働省「介護保険における福祉用具の選定の判断基準について（老振発第0617001号）」2004
⑨ 福祉士養成講座編集委員会「新版介護福祉士養成講座　介護技術Ⅰ」中央法規出版，2007
⑩ 古谷野亘・滝波順子「新セルフチェック基礎介護技術―根拠から理解して身につける」中央法規出版，2008
⑪ 山岡喜美子・荏原順子「介護技術」建帛社，2005
⑫ 介護福祉士養成講座編集委員会「こころとからだのしくみ」中央法規出版，2009
⑬ 小板橋喜久代・松田たみ子「こころとからだのしくみ」メヂカルフレンド社，2009
⑭ 壬生尚美・佐分行子「事例で学ぶ生活支援技術習得：新カリ対応」，日総研出版，2008

# 1　食事に関する基礎知識

　　食事は、人が生きていくために必要不可欠な基本的行為です。また、朝・昼・夕の食事は1日の生活リズムを作り出し、身体によく、好みのものをおいしく楽しく摂ることで、身体的健康をはじめ精神的な充足や幸福感をもたらすほか、使用する食材や献立、調理方法はその人が育ってきた多様な生活文化を背景としています。

　　このように食事は、生命や健康の維持向上だけでなく、生活文化を象徴するものであり、介護においても利用者の個別性を十分に尊重したアセスメントが求められます。

　　ここでは、
　　① 　私たちの生活における食事の意味
　　② 　食事摂取のしくみ
　　③ 　加齢や障害に伴うさまざまな症状
　　について理解してください。

## Ⅰ　私たちの生活における食事の意味

### 1　身体的欲求の充足

　人間にとって食事は、必要な栄養素や水分を体内に摂り入れて生命活動や健康を維持するためのもっとも基本的な行為の一つです。人間に必要な栄養素には糖質、たんぱく質（アミノ酸）、脂質、無機質（ミネラル）、ビタミンの5つがあり、これらをバランスよく摂取することが大切です。

　このバランスが崩れると体力や免疫力が低下し、さまざまな疾病の原因となります。成人が1日に必要な水分量の目安は約2000〜2500mℓといわれ、食事に含まれる水分として500〜1000mℓのほか、残り1000〜1500mℓを飲料から摂取する必要があります。

### 2　心理的欲求の充足

　空腹になると血糖値が低下し、大脳の視床下部にある摂食中枢（空腹中枢）が刺激されて空腹感を生じます。この欲求が満たされないと集中力がなくなって生活活動のペースも乱れます。反対に食べたい物を摂取した後は血糖値が上昇し、満腹中枢が刺激されて満腹感や満足感を感じます。

　また、その時々の心理状態は食欲や食事摂取、消化機能にも影響し、心理状態と身体機能とは密接に連動しています。

### 3　文化的欲求の充足

このほか、家族や気の合う人との食事は精神的な安定をもたらします。食習慣や季節に応じた献立、TPO（時間・場所・場合）に応じた食事環境を整えることで、安心感や満足感を感じたり、精神的な潤い（うるお）を得たり、食欲が増進したりします。食習慣は、育った国や地域、生育環境を背景とする個別の生活文化に根差して自然に身につけていくものです。

また、食事は社会性の維持（いじ）・向上にもつながります。

① 生命や健康の維持・向上
② 精神的な安定や満足
③ 生活文化の尊重、社会性の維持・向上

このように、食事は、個々の健康や社会性、生活文化を象徴（しょうちょう）するものであり、適切な介護を提供することで利用者は尊厳のある生活を送ることができます。

## Ⅱ　食事摂取のしくみ（食事摂取の５段階）

### 1　食事の摂取（せっしゅ）

食事の摂取は、おおまかに以下の５つの段階を経て行われます（図表８−１）。

**図表８−１　食事摂取の５つの段階**

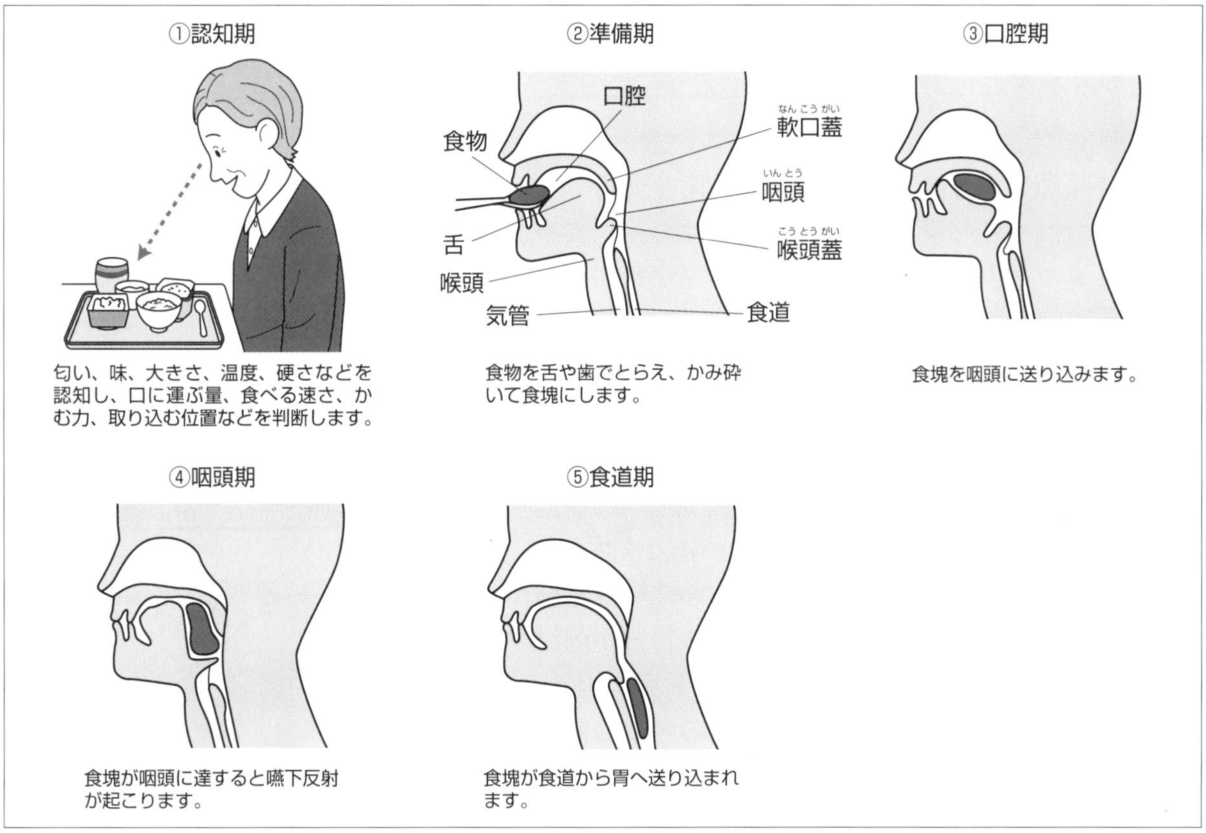

① 認知期

匂い、味、大きさ、温度、硬さなどを認知し、口に運ぶ量、食べる速さ、かむ力、取り込む位置などを判断します。

② 準備期

口腔
食物
軟口蓋（なんこうがい）
舌
咽頭（いんとう）
喉頭蓋（こうとうがい）
喉頭
気管
食道

食物を舌や歯でとらえ、かみ砕いて食塊にします。

③ 口腔期

食塊を咽頭に送り込みます。

④ 咽頭期

食塊が咽頭に達すると嚥下反射が起こります。

⑤ 食道期

食塊が食道から胃へ送り込まれます。

**(1)　認知期（先行期）**

【はたらき】　食物を認知し、視覚・嗅覚などの感覚と、過去の経験から食事への関心が高まり、唾液の分泌が促され、これから食べようとする食物の性質（硬さ、味、温度など）

を認識し、摂り込む量や位置、方法などを決める段階です。

【高齢者にみられる傾向】　認知機能の低下や精神疾患などによって食物を認識できない場合、異食（食べられないものを食べてしまう行為）につながる可能性があり、注意が必要です。

## (2) 準備期

この段階は、以下の3つの行為から成り立っています。

### ① 捕食

【はたらき】　上肢で箸やスプーンなどの食具を使い、顎および口唇の開閉と連動させて食物を口の中に摂り込みます。

手指の筋力や巧緻性（精巧で緻密なこと）の低下で食具をうまく握れない、マヒや筋力低下、骨折などで上肢を動かせないなどの場合は、何らかの介助が必要になります。

【高齢者にみられる傾向】　通常は、食物を近づけながら口唇を開き、口腔内に取り込むタイミングなど、無意識のうちにさまざまな筋肉を連動させていますが、顔面にマヒがある場合は口唇を十分に閉じることができずに食物をこぼしてしまうこともあるため注意が必要です。

### ② 咀嚼・加工処理

【はたらき】　顎、舌、頬を協調して動かして、食物をかみ砕いたり、すりつぶしたりします。歯は上下14本ずつ、合計28本（親しらずを含めると32本）あります。

【高齢者にみられる傾向】　加齢に伴い歯の欠損などによりその数が減少する人が多くなります。長い間絶えず歯と歯が接触することによって歯質が削られたり（咬耗）、歯ぐきの退縮によって象牙質がくさび状に欠損する楔状欠損が起きやすいためです（図表8－2）。

歯が欠損すると義歯（入れ歯）を使用する場合が多くなりますが、合わない入れ歯を使用し続けることでさらに歯ぐきに負担をかけたり、食事にストレスが生じることもあるため、注意が必要です。口腔ケアや義歯洗浄は、毎日丁寧に行う必要があります。

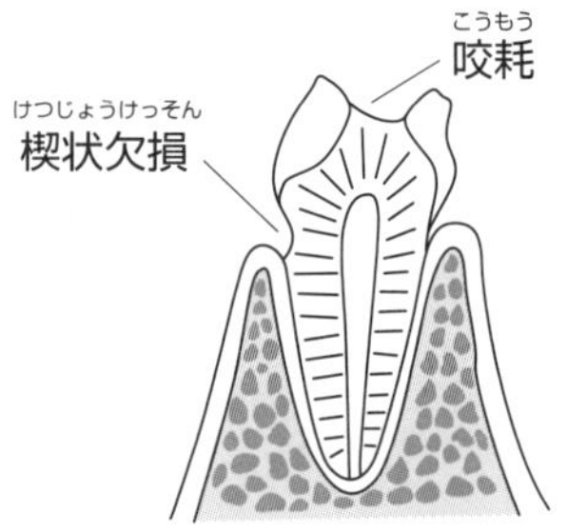

### ③ 移送・食塊形成

【はたらき】　咀嚼により加工された食物を唾液とからめながら舌の中央に集め（移送）、飲み込みやすい大きさのかたまり（食塊）にします。

口腔内や舌の粘膜上には味蕾という味覚細胞があり、この中にある味覚受容器を味物質が刺激することで味を認識します。

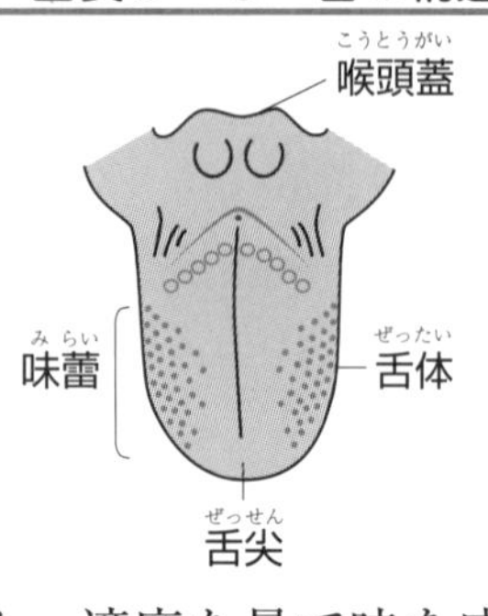

【高齢者にみられる傾向】　高齢者の味蕾の総数は若年者の3分の1程度まで減少し、加齢に伴って味覚が低下します。そのため濃い味を好むようになり、塩分の過剰摂取などで健康に影響する場合があるため、適度な量で味を感じられるよう食材や調理方法を工夫する必要があります。

また、加齢とともに唾液の分泌量が減少し、飲み込みやすい粘りをもった食塊が形成

図表8－2　高齢者に多い歯の問題

咬耗
楔状欠損

図表8－3　舌の構造

喉頭蓋
味蕾
舌体
舌尖

されにくくなります。

### (3)　口腔期

【はたらき】　形成された食塊を、舌の動きによって咽頭に送り込む段階です。通常は１～1.5秒程度で行われます。

### (4)　咽頭期

【はたらき】　食塊が咽頭部に入り、食道へ送り込まれる（食物を飲み込む＝嚥下）段階です。このとき、食塊が気道に入ること（誤嚥）がないように不随意運動（嚥下反射）が働きます。

嚥下反射とは、食塊が咽頭に入ったときに軟口蓋が咽頭後壁に押しつけられ、喉頭蓋が気道の入口をふさぐ作用です。

【高齢者にみられる傾向】　加齢による運動神経の低下のほか、脳血管疾患による神経障害や心理的な要因などによって嚥下反射がうまく働かなくなり、嚥下障害を起こしやすくなります。食塊が気道をふさいで呼吸困難を起こしたり、誤って気道に入った食塊は肺で炎症を起こす（誤嚥性肺炎）ことが考えられます。

利用者の状態に合わせて食材や嚥下しやすい調理方法を工夫するほか、この機能を活性化させる嚥下体操などが有効とされています（第９章―８「２　食事環境の整備と用具の活用方法」図表８―６、図表８―７を参照）。

### (5)　食道期

【はたらき】　食塊が食道に入り、胃に送り込まれる段階です。液体では約３秒、固形食では８～20秒かかります。

### (6)　消化・吸収・排泄

これらの過程を経て食物は体内で消化・吸収され、老廃物が排泄されるというサイクルを構成しています。

食道から胃に送られた食塊は、胃、十二指腸、小腸、大腸などを通り、各器官の分泌液によって消化され、必要な栄養分を吸収していきます。これらの消化機能が低下したり障害を生じると、消化不良や下痢、便秘などの症状が現れたり、体調不良、食欲低下などを招くことになります。

最終的に大腸に送られてきたものは、腸の蠕動運動により水分とミネラルを吸収しながら上行結腸、横行結腸、下行結腸に運ばれ、Ｓ状結腸、直腸を経て肛門から便として排泄されます。加齢に伴い蠕動運動も低下し、下痢や便秘を起こしやすくなります。

## ｜ 2　介護者の意識

食事の介護は、ただ単に「食物・飲み物を口に運ぶ」というだけではありません。利用者の心身状況を細やかに把握しながら、食事の認知から摂取、消化吸収の流れのなかでどこに問題があるのかを見極め、一連の介護方法を選択し、組み立てることが重要です。

また、食事摂取は、利用者の心理状態や長年培ってきた食習慣や食文化を反映するため、介護者との信頼関係やリラックスできる食事環境や雰囲気づくり、献立や見た目の彩りなどにも十分気を配ることが大切です。

## III 加齢や障害に伴うさまざまな症状

### 1 脱水

体重の２％に当たる水分が失われた状態を脱水といいます。脱水症状を起こすと以下のような症状が現れます。

① 微熱が続く　② 排尿回数や尿量の減少、尿の色が濃くなる　③ 便秘
④ 皮膚、粘膜の乾燥、口唇や舌の乾燥　⑤ 頻脈（心拍数の増加）
⑥ 活気がなくなる、脱力状態、意識低下

脱水が進むと血液の粘稠度（ねばり）が増し、心筋梗塞や脳梗塞の危険性が高まります。

人の体内の水分保有量は体重の50〜60％といわれますが、加齢によりこの保有量は低下するため、容易に脱水を起こしやすくなります。また、高齢者は、口渇を感じにくいため知らず知らずのうちに水分摂取量が減って脱水を起こすことがあります。

とくに夜間に排尿回数が増えることを負担に感じたり、介護者に気兼ねをして水分を摂らない人も多いので、介護者から意識的に勧める必要があります。脱水は、運動後や下痢により多量の水分が体外に排出されたときにも起こりやすいため、すぐに水分摂取を勧めます。

そして、日頃から脱水を防止するために、以下のような点を心がけましょう。

① 利用者の好みの飲料を、口渇時にすぐ飲めるような場所に置いておく
② 少量多頻度の飲水を心がける
③ 利用者自身や家族に脱水について説明し、十分に理解してもらう
④ 運動前後、就寝前・起床後の飲水を習慣づける
⑤ 水分を多く含む献立や調理法を工夫する
⑥ 排尿への心配を取り除く（心理的安定のほか排泄用具の工夫を含む）

### 2 低栄養

食事摂取量の低下や偏食によって栄養素が不足した状態を低栄養といいます。初めのうちは肝臓に貯蔵された栄養素（糖質、脂肪、たんぱく質）を使って体力を維持しようとしますが、しだいに骨格筋の筋肉量や筋力の低下、体脂肪の低下、感染を起こしやすくなるほか、血液中のタンパクが低下する低アルブミン血症などを起こすことがあります。

これらを予防するには、日頃の食事摂取量や栄養バランスを把握しておく必要がありますが、食事に対する認識や食欲、咀嚼や嚥下の状態や日常的な運動との関係など、生活全体を見直すことが重要です。

今後の学習のための

◎食事をする意味　　◎食事摂取のしくみ

◎食事のケアに対する介護者の意識　　◎脱水　　◎低栄養

（執筆：佐々木宰）

# 2　食事環境の整備と用具の活用方法

　　好みの献立や調理方法、食事の時間帯や摂取のしかたには著しい個人差があります。何らかの障害によってそれまでのような食事ができなくなったり、介護を受けなくてはならない状況は、利用者にとって単に不自由なだけでなく、ストレスの要因にもなります。
　　そのため介護者には、食事環境の整備や無理なく摂取できる調理の工夫、福祉用具の活用などによって、利用者が自分のペースで食事ができるような工夫や配慮をすることが求められます。
　　ここでは、
　①　食事に関連した観察のポイント
　②　適切な食事環境
　について理解してください。

## Ⅰ　食事に関連した観察のポイント

　食事は、健康状態や疾病、身体機能、心理状態、文化的背景など、生活のあらゆる側面を反映する行為です。介護者にはまず、利用者が今持っている機能を使って自分のペースで食事ができるような配慮や工夫が求められます。

　そのため、利用者の生活について以下の3点について把握しましょう。

### 1　生活リズムの把握

　食事は生命維持に不可欠な行為であると同時に、生活全体のリズムを作る日課としても重要です。そのため、利用者が一日をどのように過ごしているかを把握することが基本となります。活動と休養のバランスがとれた生活を送ることで適度な食欲が自然にわき、おいしく食事をすることができます。高齢になると心身機能の低下によって運動や外出の機会が減り、食欲もわかなくなることがあります。軽い運動を勧めるだけで気分転換や食欲を促すことにつながります。

　また、食事の時間帯や食事のペース、間食の有無やその内容、水分摂取のペースや量、食事の献立と1回の食事量も把握しましょう。食事と排泄は密接に関連するため、排尿・排便の回数や量、形状などについても把握することが重要です。

### 2　食習慣や食文化の把握

　利用者が食事をするうえで何を大切にしているかを把握することも重要です。好みの調理方法や味付け、盛り付け方法、使用する食具、好みの雰囲気のほか、季節行事や生まれ育っ

た地域の独自の食習慣なども把握しましょう。また、食材費や光熱費との関連で、効率的な調理法や保存方法は個々の利用者の経済観念を反映するため、これを把握することも大切です。

このような習慣や文化は自然に身につけるものなので、利用者自身が意識していないこともあります。日頃の会話で利用者のさまざまな側面を知り、食事に対する配慮や工夫、支援方法に活かしましょう。

## 3　利用者の心身状況（ADL、疾病・健康状態）の把握（は あく）

調理や食事摂取に関する心身機能が低下した場合は、何らかの直接的な介助が必要になります。心身機能を適切に把握し、できる部分はなるべく自分で行ってもらうことでおいしさや達成感・満足感が増します。逆に、この把握が不十分では誤嚥（ご えん）や異食（い しょく）などの危険性が高まります。以下のような心理状態や認知機能・身体機能を把握しておきましょう。

| 心理状態 | 認知機能 | 身体機能 |
|---|---|---|
| ・好物や苦手な献立・味つけ・盛りつけ<br>・その日の出来事<br>・喜びや悩み<br>・調理や食事に対する意欲<br>など | ・認知症症状の有無<br>・BPSD（心理・行動症状）<br>・精神疾患の有無<br>など | ・マヒ・拘縮（こうしゅく）や筋・骨疾患の有無と部位<br>・手指の巧緻性（こう ち）<br>・視覚・嗅覚の状態<br>・咀嚼（そ しゃく）・嚥下の状態<br>・食堂までの移動方法<br>・座位保持の状態　など |

## Ⅱ　適切な食事環境

### 1　食事環境

#### (1)　快適な食事環境

食事は、寝床や休養場所を離れて摂ることが基本です。移動することで軽い運動になりますし、意欲や認知機能が低下している人にとっては気分転換になり、集中しておいしく食べ始める（と）ことができます。食事を摂る場所では、採光（さいこう）や、家具やテーブルクロスの色調、必要に応じて音響などにも気を配ります。

また、気持ちよく食べられるよう、移動する前に排泄（はいせつ）を済ませます。

#### (2)　一日の日課に位置づける

食事を1回1回の行為ととらえずに、一日の生活の流れに位置づけて理解してもらうようにします。例えば朝、「今日のお昼は○○ですよ」「今日の夕飯は何にしましょうか」などと声をかけることで楽しみが増します。

#### (3)　利用者の意向を尊重する

利用者の好みに合わせて調理する場合は、好みの味付けや調理方法を尋ね、それを取り入れるようにしましょう。思い出話や生活上のこだわりと結びつけて会話することで、さらに利用者を理解することもできます。反対に介護上の事情で味付けや形状が異なる場合にも、事前に話し合い、納得したうえで食べてもらえるよう配慮することが重要です。

### (4)　見た目や香りにも気を配る

　　彩りのよい状態で盛り付け、温かいものを温かい状態で配膳すると、見た目や香り、湯気が食欲をそそり、唾液の分泌も促進されます。季節に合わせた旬のものや年中行事にまつわる献立を工夫することも大切です。

### (5)　好みの食器・食具を使う

　　同じ献立でも、箸を使う人もいればスプーンを使う人もいて、使用する食具は個々さまざまです。皿などの食器も同様です。小皿に個別に盛り付けるのが好みの人、大皿にまとめて盛り付けるのが好みの人もいます。ここにも十分なコミュニケーションを通した利用者理解が求められます。

## 2　食事姿勢

　　食事は座位で摂ることが基本です。また咀嚼や嚥下には全身、とくに下半身が安定していることが必要です。椅子に深く腰かけ、身体とテーブルの間隔をこぶし一つくらい空けて座り、足底を床につけます。椅子とテーブルの高さは、箸を口に運びやすいよう余裕を持って肘を動かせる程度にします。顔は正面からやや下を向けると喉頭蓋が閉まりやすく、誤嚥をしにくくなります（図表8—4）。

### 図表8—4　椅子とテーブルの位置関係

首や背中が反った姿勢は危険です！

体が後傾して上向きの姿勢になっていると、気道が開いた状態になります。食べ物が気管に流れ込みやすく、誤嚥を起こしてしまう恐れがあります

体とテーブルの間隔はこぶし一つ分くらい空ける
浅く腰かけると、体が後ろに反ってしまいやすくなります

顎を引いて、前傾姿勢を保つ

テーブルは高すぎないものを

足は床にきちんとつける
床につかない場合は、踏み台などを利用しましょう

椅子には深く腰かける

※姿勢を整えるために介護者は注意を払うようにしましょう。

## 3　調理・配膳上の工夫

### (1)　盛り付けや配膳の工夫

　　食事は、見た目の印象も食欲をそそるポイントです。きれいに盛り付けられ、温かいものを温かい状態で出されると、湯気やおいしそうな匂いをかぐだけで食事への意欲が高まり、唾液の分泌も促されます。

(2)　心身状況に応じた食形態

① 誤嚥しやすい食品

| 液体 | 味噌汁、お茶、柑橘系のジュースなど |
|---|---|
| 水分が少ないもの | パン、カステラ、ビスケットなど |
| 咽頭に付着しやすいもの | のり、わかめなど |
| 粘りが強くかみきれないもの | 餅、だんごなど |
| 硬くてかみきれないもの | タコ、ごぼうなど |
| 口腔内でまとまりにくいもの | 魚、こんにゃく、かまぼこなど |

② 誤嚥を予防するための工夫

　食形態だけでなく、歯の欠損や咀嚼力の低下、唾液の分泌量の減少によって粘りのある食塊を作れない状態のときに誤嚥しやすくなります。このような場合は、例えば魚の身をあらかじめほぐす、一口大が大きなものは刻むなどすると咀嚼や嚥下をしやすくなります（図表8－5）。

　食材をすりつぶしてペースト状にしたり、ミキサーで液状にしたりすることも有効です。ただし、もとの形がわからなくなってしまうため、あらかじめ説明する、利用者の目の前で刻むなどの配慮も必要です。

　嚥下障害のある人の場合、適度なとろみをつけることによって嚥下を滑らかにすることができます。片栗粉や市販の増粘剤でとろみをつけたり、寒天、ゼラチンでゼリー状にするとよいでしょう。とろみをつける場合、味が薄く感じられることがあったり、溶かし方が不十分だとダマになり、飲み込みにくかったり口腔内に残ることもあるので注意が必要です。

　嚥下しやすい加工食品としては、あらかじめ粘り気をつけたり、やわらかくかみ砕きやすい状態で食べられる米飯（さまざまなやわらかさのお粥）、煮物や炒め物などがレトルト食品として市販されています。味付けも本来のものに近くなっています。

　さらに、さまざまな献立をムース状にし、外見や味ももとの献立に近い状態に加工した食品が市販されるようになりました。電子レンジで温めるだけでそのまま盛り付ける

図表8－5　食べやすい食事の工夫

細かくほぐす

ジュースにする

図表8－6　舌体操

①舌を真っすぐ
出し入れします

②口の左端→右端
交互に舌をつけます

③舌を上下に
動かします

④頬をふくらまし
→吸い込みます

＊①～④までを各3回ずつ行います

ことができるので便利です。

③　嚥下を滑らかにする体操

　　唾液の分泌を促進し、嚥下機能を滑らかにするための口腔や口唇、舌の運動法などを紹介します（図表8―6・図表8―7）。

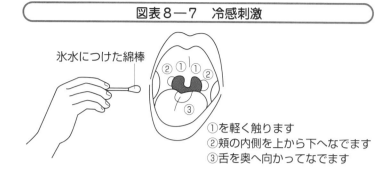

図表8―7　冷感刺激

氷水につけた綿棒

①を軽く触ります
②頬の内側を上から下へなでます
③舌を奥へ向かってなでます

## ┃ 4　自助具等の活用

　食事は、自分に合ったペースで自分に合った量を口に運び、味わいながら食べたいものです。介助をするのは簡単ですが、身体機能が低下しても、自助具などを活用しながらできるだけ自分の力で食べられるように工夫しましょう。

### ⑴　食　具

　食事は通常、片手で食器、もう片手で箸やスプーンなどの食具を持って、両者を連動させながら食物を口に運びます。箸の使用には、それぞれの指の力を調節しながら食物をとらえ、つぶさないようにして運ぶため、手指の巧緻性が求められます。また、食物をすくった後は、手関節や肘関節の回転によって口に運ぶ動きが必要です。

　上肢に、マヒや筋力低下、拘縮や変形のある人は、状態に合った自助具を使用すると、できない動きをカバーすることができます。

　手の握りが弱い人や手関節の回転が弱い人には図表8―8①、リウマチなどで手指関節が拘縮した人には図表8―8②のようなスプーンが適しています。また、手指の巧緻性が低下した人には図表8―8③のような箸が適しています。

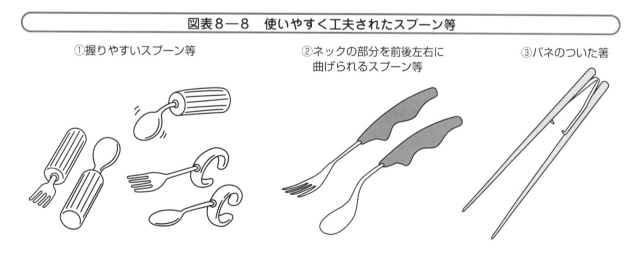

図表8―8　使いやすく工夫されたスプーン等

①握りやすいスプーン等　　　②ネックの部分を前後左右に曲げられるスプーン等　　　③バネのついた箸

### ⑵　食器など

　上肢の機能が低下すると、片手で食器を持ったり支えたりすることが困難になります。

　マヒなどのため、片手で食物をすくう際、皿が動いたり、反対側からこぼれたりすることもあります。また、コップを口に運ぶには頭部を後傾させなければなりませんが、これが困難な人は容易に飲むことができません。形状や素材に一工夫を加えた食器を使うことで、これらの障害があっても自分のペースで食事をすることができます。

　頭部を後傾しにくい人には図表8－9①、上肢の力が弱い人には図表8－9②のような
コップが、マヒなどのため片手で食物をすくうことが困難な人には図表8－9③のような
皿や、図表8－9④のような滑り止めマットが適しています。

---

### 図表8－9　使いやすく工夫された食器等

①首を後ろにそらさずに
　飲めるコップ

②両手で持ち上げられるコップ

⑤食事用エプロン

③崖つきで片手ですくいやすい皿

④滑り止めマット

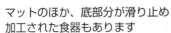

マットのほか、底部分が滑り止め
加工された食器もあります

---

　また、食べこぼしのある人には、ナイロン製の食事用エプロンを使用し、口を拭くため
のおしぼりも用意しておきます（図表8－9⑤）。

今後の学習のための🔑キーワード

◎日常生活の観察（生活リズム、食習慣・食文化の尊重、心身の状況）
◎食事姿勢　　◎食べるペース　　◎食事の量の増減
◎誤嚥しやすい食品
◎食べやすく誤嚥・窒息を防止するための食形態
◎嚥下を滑らかにする体操　　◎食べやすい用具の活用

（執筆：佐々木宰）

# 3　楽しい食事を阻害する要因と支援方法

　　　　食事に介護を要する状態になっても、利用者がリラックスして自分のペースで食べられるようにすることが大切です。「介護を要する」といっても自力摂取を阻害する要因はさまざまです。介護者はそのための知識を持ち、その時々の利用者の心身状況を十分にアセスメントしたうえで、適切な介護方法を選択する必要があります。
　　　　ここでは、自力摂取を妨げる要因（障害）別に、
　　　　①　さまざまな状態像に合わせた介護方法
　　　　②　誤嚥した場合の対応
　　　　③　食事介護における観察ポイントと記録
　　　について理解してください。

## Ⅰ　さまざまな状態像に合わせた介護方法

　食事介助に当たっては、どのような障害を持っていても、その人に合った献立や調理方法を工夫し、適切な環境を整え、正しい姿勢で摂取できるようにすることが前提となります。最初にお茶や味噌汁などの水分を摂り、唾液の分泌を促してから食物を摂ります。
　また、介助中は、口腔内に食物残渣（食べかす）がないかどうかを観察したり、胃に入った食物の逆流を防ぐため、食後30分程度、できれば1〜2時間程度は上体を起こしておくとよいでしょう。

### 1　上肢機能に障害のある人の場合（座位保持が可能な場合）

**(1)　具体的な状態像**
　　①　上肢の動きが不安定な人（不全マヒ、筋力や感覚機能の低下など）
　　②　上肢の動きに制限がある人（拘縮や関節リウマチによる変形など）
　　③　片方の上肢が動かせない人（完全マヒ、骨折など）
**(2)　状態に合わせた介護方法**
　　①〜③のいずれの場合も、介護者は利用者の健側から介助することが基本です。とくにマヒのある人は、この位置から介助することで口腔内の患側にたまりやすい食物残渣を観察しやすくなります（図表8—10）。
　　①　上肢の動きが不安定な場合
　　　筋力低下や感覚機能の低下、脳血管疾患による不全マヒなどがこれに当たります。箸やスプーンを握る力が足りず落としてしまう、口に運ぼうとしても途中でこぼしてしまうなどの場合です。利用者自身に食べる意思があるので、食具を握る動き、食物をすく

う動き、上肢を口元まで運ぶ動きなど、必要な部分を見極めてサポートします。このとき、末梢（手先）でなく、関節に近い部分に手を添えてやさしく動かします。自然な声かけを添えることで、利用者も自分の力で食べている気持ちに近づくことができます。

② 上肢の動きに制限がある場合

廃用症候群（生活不活発病）による拘縮や関節リウマチなどによる変形がこれに当たります。

手指、手関節、肘関節、肩関節などの可動域を把握し、自助具の活用を含めて可能な範囲で動かせるよう利用者とともに検討しましょう。無理な動きをして痛みを生じる場合は食事自体が苦痛になります。また、骨折の原因になるので、無理に動かすことは禁物です。

③ 片方の上肢が動かせない場合

完全マヒや骨折、ギプス固定、上肢の切断などによって食物をすくって口に運ぶ動作ができない場合がこれに当たります。

・一部介助の場合

健側上肢が使える場合は、箸やスプーンを持つ、すくう、口まで運ぶなど、可能な範囲で一部分でも自分で行ってもらうことが大切です。介護者は、利用者のペースに合わせて食器を支えたり上肢の動きをサポートしたりします。

・全介助の場合

以下の手順を基本に、利用者のペースに合わせてゆったりと介助することが大切です。

1）一口分の食物を箸やスプーンですくう。
2）声かけをしながら口を開いてもらい舌の中央に乗せる。
3）咀嚼状態を観察する。
4）嚥下状態を観察する。
5）口腔内の食物残渣を確認する。
6）安全に嚥下ができたら次の一口を運ぶ。

利用者は、隣で介護者が次の一口を持って待っているだけでも焦り、「世話をかけている」と思いがちです。心理的負担をかけないよう、さりげなく介助するよう心がけましょう。

(3)　その他の注意点

マヒのある人は、椅子からずり落ちそうになったり、首の関節が疲れてしまうこともあるため、状態に応じて姿勢保持用のクッションなども活用しましょう。

図表8—10　介護者の座る位置

右側が健側の場合

## 2　臥床状態で食事をする場合（一部介助、全介助）

### (1)　具体的な状態像
① 座位保持ができない人
② 重度のマヒや拘縮がある人
③ 全身性障害のある人
④ 臥床安静を要する状態の人　など

### (2)　状態に合わせた介助方法（一部介助）
① ベッドの中央にオーバーテーブルを準備します。
② 可能な範囲でベッドの上体をギャッチアップします（角度は30〜45度が目安）。3モーター(背中の部分と膝の部分が別々に動き、寝る部分も上下します)のベッドの場合は下肢（膝）も上げます。このとき、両腋下および膝下にクッションなどを当てて姿勢を保持します（図表8−11）。
③ オーバーテーブルの高さを調節し、食べやすいよう食器の位置を調整します。
④ オーバーテーブルにお盆を置き、献立を説明し、その都度声かけをしながら介助します。
⑤ 自力で食べることができる場合でも、見守りましょう。

### (3)　状態に合わせた介助方法（全介助）
① (2)②のようにギャッチアップします。
② 利用者の首が反り返らないように枕を当て、首周りにエプロンをかけます。
③ 介護者は利用者の健側に腰かけ、利用者に見えるように献立を説明し、声かけをしながら一口ずつ介助します（図表8−12）。

### (4)　その他の注意点
臥床状態で食事をすることは、ギャッチアップをしても利用者にとっては不自然な姿勢です。

身体の動きも制限されるため誤嚥の危険性もあり、注意深い観察が必要です。また、介助の際は食べこぼしにも注意しましょう（図表8−13）。

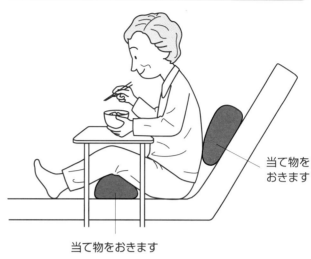

図表8−11　ベッド上で食事する姿勢

当て物をおきます

当て物をおきます

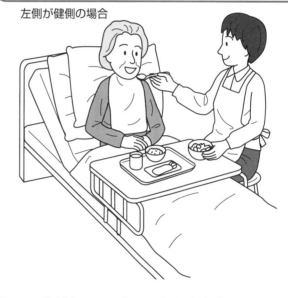

図表8−12　ベッド上 ギャッチアップで食事する場合

左側が健側の場合

## 3　視覚に障害のある人の場合

視覚障害は視力障害と視野障害に分かれますが、いずれの場合でも、香り、箸やスプーンでの手ごたえなどで食べたいものを確認することができます。しかし、その正確な位置をつかめないために誤ってやけどを負ったり、食物をこぼしたりして不快な思いをすることを避けなければなりません。

### (1)　具体的な状態像

①　弱視や白内障の人（わずかでも視力がある人）

②　全盲の人（先天性の人、中途障害の人）

③　視野障害のある人（視覚失認、半側空間無視のある人）

④　色盲の人

### (2)　状態に合わせた介助方法

①　お盆を時計に見立てて配膳し（クロックポジション）、「12時の場所に煮物、3時の場所にお茶があります」と、献立の位置を説明すると理解しやすいです（図表8−14）。

②　実際に利用者に手で触れてもらいながら確認してもらうとより安全です。

③　こぼれやすい液状のものは、ほかの皿と離すなどしましょう。

④　弱視など、わずかでも視力の残っている人には、認識しやすい濃い色の食器を使用するとわかりやすいでしょう。

⑤　視野障害のある人は、視力には問題ないのに左右どちらか半分、中央と周縁のどちらかしか認識できないため、利用者が認識しやすい位置に食器を寄せる工夫や、反対側にも意識を向けてもらえるような声かけをするとよいでしょう（図表8−15）。

### (3)　その他の注意点

視覚障害のある人の場合、聴覚、嗅覚、味覚、触覚に訴える献立の検討が必要です。とくに言葉による説明は簡潔でわかりやすくする必要があります。また騒々しい雰囲気では食事に集中できないため、食事環境や雰囲気づくりにより細やかな配慮が求められます。

**図表8−13　ベッド上 臥位で食事する場合**

健側を向いてもらい、安定した側臥位をとってから介助します

※イラストでは見やすいようにサイドレールを外しています。

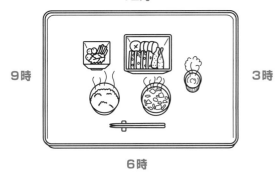

**図表8−14　クロックポジション**

12時

9時　　　3時

6時

「3時」の場所にお茶があります

**図表8−15　右半側空間無視の人への配膳例**

・認識しやすい側に寄せて配置します
・通常通り配膳して声かけをしながら右に意識を向けてもらうことも大切です

第9章−8
3
楽しい食事を阻害する要因と支援方法

## 4　認知機能に障害のある人の場合

認知症や失認・失行、知的障害、精神疾患などの人がこれに当たります。状態もさまざまで、その人に合った声かけや一部介助方法を適切に選択する必要があります。

### ⑴　具体的な状態像

① 食事を認識することが困難な人

（例：目の前にあるものが食事だと認識することが難しい（失認）、箸やスプーンを持っても口に運ぶことが難しい（失行）、食事に集中することが難しい、食物や食具をもてあそぶ　など）

② 食事をしたことを忘れてしまう人（記憶障害）

（例：食べたばかりなのに「食事はまだか」と言う　など）

③ 食べられないものを口に入れる人（異食）

### ⑵　状態に合わせた介助方法

目の前にあるものを食物と認識することが困難でも、食物を近付けて視覚や嗅覚などで食事を認識でき、自然に口を開けてスムーズに咀嚼・嚥下できる人もいます。

また、自然に食事ができるような生活のリズムづくりを検討します。適度な運動を取り入れて空腹を感じられるようにする、好物の話題を出して関心を向けるほか、危険のない範囲で調理に参加してもらうことなどが考えられます。また、周囲に関心が移らないような環境を整えることも重要です。

無理して自力摂取を促しすぎることは逆効果で、ストレスや誤嚥につながります。また、異食の危険性のある場合は、周囲に危険なものを置かないよう、環境面でとくに注意が必要です。

## 5　食事制限のある人の場合

糖尿病、高血圧などの生活習慣病は、食事、運動、休養、飲酒や喫煙といったライフスタイルの影響を大きく受けます。とくに食事については、疾病や症状に応じてカロリーや塩分、脂肪分などが制限される場合が少なくありません。ここでは、代表的な生活習慣病（高血圧、糖尿病、脂質異常症（高脂血症））について、食事を中心とした生活上の注意点を押さえておきましょう。

### ⑴　高血圧

WHO（世界保健機関）では、最高（収縮期）血圧が140mmHg以上、あるいは最低（拡張期）血圧が90mmHg以上を高血圧と定義しています。高血圧は心筋梗塞や脳血管疾患の原因になりやすいため、日頃から塩分の摂りすぎ、ストレス、喫煙やアルコールの摂りすぎなどに注意が必要です。

原則として塩分は1日あたり6g未満に抑えます。そのため、だしや他の調味料で味付けを工夫して、食事を楽しめるような工夫が必要です。

### ⑵　糖尿病

2型糖尿病は、高カロリー、肥満、運動不足、高脂肪食などが原因といわれています。糖尿病になると多尿・多飲、口渇といった症状が出ます。合併症として網膜症、神経障害、腎症を引き起こすことが多く、ADL全般に影響を及ぼします。

糖尿病治療の基本は食事療法です。医師によって、個別のライフスタイルに合わせた適

切なエネルギー量が指示されます。バランスよく、かつ食事の楽しみも味わいながら治療できるよう、献立については栄養士とよく相談して決める必要があります。

日常生活では、アルコールを控え、食物繊維を多めに摂る（脂質の吸収を抑える効果がある）、規則正しい生活リズムを身につけることも必要です。

糖尿病の症状の進行によっては、食事療法と内服治療やインスリン注射などを並行して行うようになります。

### (3) 脂質異常症（高脂血症）

脂質異常症は、自覚症状がない場合が多く、放っておくと高血圧、動脈硬化、糖尿病の原因となり、脳血管疾患、心筋梗塞などを起こす可能性があります。

食生活や運動不足などの生活習慣と遺伝的要因がからみ合って発症するため、予防・治療には肥満の予防、運動、禁煙、食生活の改善などが重要です。

食事内容としては、カロリーコントロール（肥満の防止）、食物繊維を多めに摂る、アルコールや糖分の摂取を控える、規則正しい生活を維持することなどがあげられます。食事については医師の指示を守り、介護者は栄養士、看護師などと連携しながら、生活全体の改善に取り組む必要があります。

## Ⅱ　誤嚥した場合の対応

誤嚥により顔面蒼白（チアノーゼ）になった場合、窒息する可能性があるので、すぐに異物を除去する必要があります。

異物が見える場合は、介護者の指にハンカチなどを巻き、開かせた口の中に入れて、頬の内側に沿ってかき出します。異物が見えない場合には、以下のような方法があります。

### (1) 背部叩打法（図表8—16）

① 立位・座位の場合：上半身を介護者の一方の手で支えて前屈させ、頭を低くした姿勢をとらせます。

臥位の場合：利用者を側臥位にし、介護者の一方の手で肩を支えます。

② 介護者のもう一方の手の根元（手掌基部）で、左右の肩甲骨の中間を力強く数回たたきます。

### (2) ハイムリック法（腹部突き上げ法）（図表8—17）

① 利用者の背部から上腹部に介護者の両手をまわします。

② 片手で握りこぶしを作り、もう片方の手で握りこぶしを包むようにして、上腹部（へそのすぐ上、みぞおちより下方の位置）に当てます。

③ 介護者の手前上方に向かって、圧迫するように突き上げ、肺内の空気とともに異物を

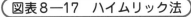

| 図表8—16　背部叩打法 | 図表8—17　ハイムリック法 |
| --- | --- |

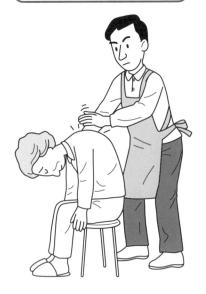

吐き出させます。

（乳児・新生児および妊婦には行わないで下さい。また、腹部の内臓を痛める可能性が
あるため、救急隊にその旨を伝えます。）

## Ⅲ　食事介護における観察ポイントと記録

　これまでにみてきたように、食事は利用者ごとの心身状況や生活状態を反映したものであ
り、まずはそれぞれの利用者の生活像を把握し、個別性に沿った介護方法を検討することが
大切です。そのうえで以下の点を中心に観察し、必要な内容は簡潔に記録に残しておきまし
ょう。

| 観察のポイント | 記録の例 |
|---|---|
| ①　摂取量 | 献立ごとに「主食 2分の1」「副食 3分の2」「味噌汁 全量」など |
| ②　食事の認知状況や意欲 | 無表情でスプーンを口に近づけても開口しない　など |
| ③　食事姿勢（座位等）の安定度 | 椅子からずり落ちそうな姿勢になる　など |
| ④　捕食（すくって口に運ぶ動作）の状況 | すくった後、スプーンから食物がこぼれ落ち、口に入れても食べこぼす　など |
| ⑤　咀嚼・嚥下状況 | よくかまずに飲み込もうとする、むせやすい、むせたときの食物の内容　など |

　摂取量の記録は1日、1週間などで必要なカロリーが摂取できているか、栄養バラン
スがとれているかといった点と関連づけるために不可欠です。3度の食事だけでなく、
間食の摂取状況も含めて観察・記録しましょう。また、便秘や下痢、脱水といった排泄
状況と食事や水分摂取は密接に関連するため、両者のバランスを考えて記録する必要が
あります。

　また、食事姿勢が悪化するとよく咀嚼できなかったり誤嚥したりする可能性がありま
す。また、軽いむせが嚥下障害の前兆ということもあります。摂取量だけでなく、摂取
時の状況も細やかに観察しておくようにしましょう。

今後の学習のための　キーワード

◎飲み込みをよくするため水分を勧める

◎声かけしながら介助する

◎食べこぼしや口腔内に食物がたまっていないか確認する

◎咀嚼・嚥下状態の観察と確認

（執筆：佐々木宰）

第9章—8

3

楽しい食事を阻害する要因と支援方法

# 4　食事と社会参加の留意点と支援

　　心身機能が低下しても、食事の介護では、他者との交流などの社会的な側面を考慮することも大変重要です。また、食事摂取、呼吸のほか、会話や表情を作り、社会参加や他者との交流に不可欠な口腔の機能と口腔ケアも忘れてはなりません。
　　ここでは、
　① 食事介護の社会的側面
　② 口腔機能
について理解してください。

## Ⅰ　食事介護の社会的側面

### 1　食事介護の社会的側面とその具体例

#### (1)　食事をすることの社会的な意味

　家族や気の合う人と会話を楽しみながら食事をすると、より一層おいしく感じられます。一人暮らしの人でデイサービスでの食事が何よりの楽しみと考える人が多いのは、他者と交流しながら食事を摂(と)り、身体だけでなく心にも栄養を補給(ほきゅう)するためです。

　家族などの協力を得ながら、長年の行きつけの店、人気の名店などで外食する機会も作り、生活の活性化につなげていきましょう。

#### (2)　献立(こんだて)や調理方法を一緒に考える

　調理時に、好物やその季節の旬のものを取り入れた献立や調理方法を一緒に考えたり、下ごしらえだけでも自分で行ったりするといった体験を通じて、食事への意欲が一層高まります。また、人それぞれ調理方法にこだわりがあります。このような側面について利用者から主張することは、遠慮(えんりょ)のためかあまりみられません。介護者が意図的(いとてき)にコミュニケーションを図って引き出すことが重要です。

　認知症の人でも、長年の経験や習慣から、下ごしらえや目分量の味付けなどを身体で覚えている人が多いものです。家族などからの情報収集に基づいて、安全に十分留意(りゅうい)しながら、ともに行ってもらうこともよいでしょう。

　また、食材選びや購入は、人それぞれの経済観念を反映します。どのような食材を、どの店で、いくらで購入するかなどを共に考えることも、利用者が主体となれる機会です。

## Ⅱ 口腔機能

### 1　口腔の働きと口腔ケア

#### (1) 口腔の働き

口腔には、社会的側面を含め、以下のようなさまざまな働きがあります。

① 呼吸をする
② 食事を摂る
③ 発声する
④ 表情を作る

#### (2) 口腔ケアの必要性

食物残渣が口腔内にあると、誤嚥や歯周病、口内炎の原因になるほか、口臭の原因にもなり、他者に不快感を与えたり、利用者自身も他者との交流に自信が持てなくなったりします。

また、義歯（入れ歯）を使用している場合でも、表面についた細菌が気道から肺に入り、誤嚥性肺炎を起こす可能性があるほか、臭いの原因になります。

口腔内や義歯を清潔に保つことは、利用者の社会性を維持することになります。口腔ケアや義歯の洗浄を欠かさず行うようにしましょう。

今後の学習のためのキーワード

◎食事や調理の社会的意義（共体験、生活習慣、経済観念）

◎口腔の働き　　◎口腔ケア　　◎義歯の洗浄

（執筆：佐々木宰）

〔参考文献〕
① 介護福祉士講座編集委員会「新・介護福祉士養成講座14　こころとからだのしくみ　第2版」中央法規出版，2010
②「看護学学習辞典 第3版」学習研究社，2008
③ 冨田かをり「基礎から学ぶ介護シリーズ　摂食・嚥下を滑らかに　介護の中でできる口腔ケアからの対応」中央法規出版，2007

第9章—8

4　食事と社会参加の留意点と支援

# 1　入浴と清潔保持に関する基礎知識

入浴と清潔保持に関する基礎知識を学び、利用者が安心して安全な環境で清潔保持ができるように、知識を身につけましょう。
ここでは、
① 入浴の介護
② 清拭の介護
について理解してください。

## Ⅰ　入浴の介護

### 1　入浴の効果

　入浴することで、血流や新陳代謝がよくなり、爽快感を得られるだけではなく、疲労回復や心身がリラックスできるなど、さまざまな効果があります。

**(1) 温熱作用**

　温熱によって、血管が拡張し、血液の循環が促進されます。また、心身がリラックスして、鎮静効果があります。

**(2) 静水圧作用**

　温熱作用により末梢血管が広がり、静水圧作用と温熱作用との相乗効果で血液の循環が促進されます。水圧により、腹部が圧迫されることで、呼吸が活発になります。また、新陳代謝がよくなります。

**(3) 浮力作用**

　浮力によって関節の可動域が拡大します。そのため、お湯に浸かっているときに普段あまり動かせない関節を動かすことで、運動機能のリハビリにつながります。筋肉の負担が軽減し、疲労回復につながります。

### 2　入浴に関する基礎知識

　利用者が安心して安楽に入浴できるように、工夫をする必要があります。介護者は、利用者のマヒのある部位や可動域などの身体機能を把握し、利用者にできることは利用者自身が行うようにして、自立を支援します。

　入浴の介助時は、利用者が羞恥心を感じないよう、不必要な露出を避けて、プライバシーを保護します。

**(1) 利用者への説明と同意**

　利用者に入浴することを説明して、同意を得てから入浴介助を行います。

(2)　健康状態の確認

利用者の表情や顔色を観察します。また、医療職と連携しながらバイタルサインを測定するなどして、健康状態を確認します。

(3)　食前と食後の入浴を控える

食事前の空腹時に入浴すると、脳貧血を起こしやすくなります。また、食事の後、すぐに入浴すると、消化や吸収が妨げられるので、食前と食後の1時間は入浴を控えます。

温浴は腸を刺激し、排便を促進させますので、入浴の前に排泄を済ませ、利用者が落ち着いて入浴できるようにします。また、入浴中にトイレに行くと身体が冷えるので、体温調節機能が低下した高齢者にとっては負担になります。

(4)　浴室と脱衣場の温度設定

浴室と脱衣場の温度差がないように22〜26℃に設定します。浴室と脱衣場に温度差があると、血圧が急激に上昇して脳梗塞を起こすこともあり、危険です。

(5)　末梢から中枢へ

心臓から遠い足先から手、体幹に向かってお湯をかけ、心臓への負担を軽減させます。

いきなり熱いお湯に浸かると、血圧が急激に上昇するので注意が必要です。

(6)　湯温、湯量

お湯の温度は一般的に40℃前後が適しており、血液の循環や新陳代謝を高める効果があります。湯温が42℃以上の高温になると、入浴した直後に一時的に血圧が著しく上昇するので、高血圧の利用者には危険です。

また、高齢になると触覚が鈍くなるので、介護者が先に湯温の確認を行います。その後、利用者も湯温を確認することで、利用者が安心して安全に入浴できるようにします。

・高温浴：湯温が42℃以上

・微温浴：湯温が37〜39℃

なお、静水圧で心臓に負担をかけないように、お湯の高さが心臓より低い位置になるように湯量を設定します。

(7)　入浴時間

大量に汗をかくと血液の循環が活発になるので、エネルギーの消耗も大きくなります。入浴は利用者の体調を確認しながら行います。長湯は、利用者の身体に負担をかけるので注意しましょう。

(8)　全身状態の観察

入浴時は利用者の全身状態を観察できます。介護者は利用者の皮膚状態の観察を行い、異常がある場合は医療職に報告し、連携しながら対応します。

また、虐待の疑いがある場合は、多職種と連携しながら利用者の権利を擁護します。

(9)　保温

入浴後は、気化熱により体温が低下する恐れがあるので、利用者の身体の水気を十分に拭き取り、保温に留意します。

(10)　水分補給

高齢者はのどが渇いても自覚しにくいことが多いので、介護者は利用者が脱水症にならないように水分補給を行います。自分から主張しない利用者には特に気を配ります。

### 3　快適で安全な入浴環境

　入浴のためには、衣服を脱いで浴室まで移動し、身体を洗って浴槽に入るなど、多くの動作が必要になります。また、入浴の際は肌の露出があり、お湯や石鹸などを使うので転倒ややけどなどの危険が潜んでいます。介護者は、利用者がお風呂に入ることを負担に感じないように工夫し、福祉用具を用いるなど安全な環境での入浴を心がけます。

　例えば、利用者がバランスを崩して転倒しないように、手すりや滑り止めマット、シャワーチェアなどの福祉用具を用いたり、滑りにくい床材にするなどの工夫をします（図表9―1・図表9―2）。

---

図表9―1　快適な入浴環境

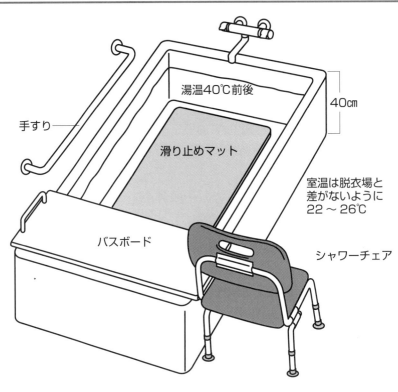

湯温40℃前後

40cm

手すり

滑り止めマット

室温は脱衣場と差がないように22〜26℃

バスボード

シャワーチェア

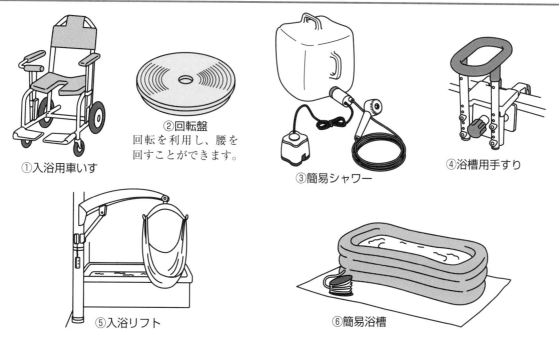

図表9－2　入浴補助具

①入浴用車いす

②回転盤
回転を利用し、腰を
回すことができます。

③簡易シャワー

④浴槽用手すり

⑤入浴リフト

⑥簡易浴槽

入浴リフトを利用する利用者の場合、全介助で日常生活を送っていることが多いです。そのため、体温調節機能など身体機能が低下しています。介護者は入浴前にバイタルサインを測定し、体調を確認することが大事です。入浴時や入浴後に身体が冷えないように保温に留意します。

（1）　脱衣場

　　利用者が安全に着替えられるように椅子を用意し、着替え時の立ち上がり動作を助けるために手すりを工夫します。

（2）　脱衣場と浴室の段差

　　脱衣場と浴室の間に段差があるとつまずきやすいので、段差をなくします。段差がある場合は、洗い場にすのこなどを敷いて脱衣場と高さを合わせます。

（3）　扉

　　浴室の扉は、一般的に、保温や、水滴が脱衣場に落ちないように、浴室側に開く内開きが多いです。しかし、内開き扉は浴室内が狭くなってしまうので、引き戸や折れ戸にして、安全に入浴できるように支援します。

（4）　浴　槽

　　①　浴槽の種類

　　　　浴槽には、和式・洋式・和洋折衷の3種類があります（図表9－3）。

図表9－3　浴槽の種類

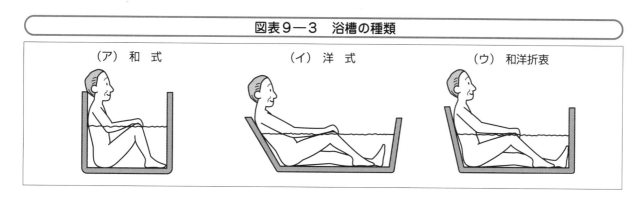

（ア）和　式

（イ）洋　式

（ウ）和洋折衷

㈎　和　式

　　和式浴槽の場合、浴槽が深いため洗い場から浴槽への出入りが難しく、浴槽から立ち上がりにくいです。また、浴槽が狭いため、足を伸ばしにくいです。

㈑　洋　式

　　浴槽が深くないため、洗い場から浴槽への出入りはしやすいですが、浴槽が浅く長いので、浴槽に入ったときに利用者の身体が不安定な状態になります。

㈒　和洋折衷

　　和式と洋式の良さを折衷した浴槽で、洗い場から浴槽への出入りがしやすく、足も伸ばせます。

②　浴槽の高さ

　　洗い場から浴槽内に安全に入るには、浴槽の高さが洗い場の床から40cm程度が適しています。浴槽の縁が高い場合は、洗い場にすのこを置いて高さを調整し、安全に浴槽に入れるようにします（図表9－4）。浴槽が深い場合は、浴槽内に浴槽台をおいて利用者の負担を軽減します（図表9－5）。浴槽内で姿勢が不安定で立ち上がりにくい場合は、浴槽台を足元に縦方向に立てておくと便利です。

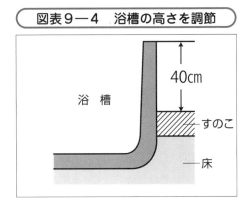

図表9－4　浴槽の高さを調節

浴槽　40cm　すのこ　床

図表9－5　浴槽台

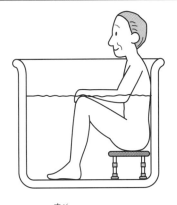
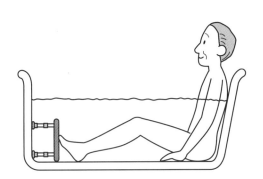

(5)　浴室内の手すり・滑り止めマット等

　　浴槽の中では、お尻が滑りやすくバランスを崩しやすいです。浴槽に入るときや立ち上がるときに手すりがあると、利用者の動作を助け、安定するので便利です。また、浴槽の底に滑り止めマットをお尻から足の下までの位置に敷いておくと、滑りにくくなります。

　　手すりの色は、壁の色に近いと区別しにくいので、区別しやすい色を選びます。

(6)　機械浴槽（図表9－6）

　　ストレッチャーを利用して仰臥位で入浴する場

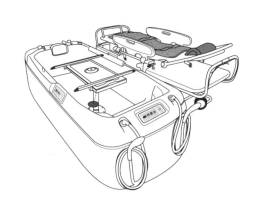

図表9－6　機械浴槽

第9章－9

1　入浴と清潔保持に関する基礎知識

合は、介護者の目線が高く、上からの視線を感じやすいので、不必要な露出がないように胸部から陰部までタオルをかけ、視線に気を配るなど、プライバシーへの配慮が必要です。また、タオルをかけることで、保温効果もあります。ストレッチャーから身体がずれ落ちないようにベルトで固定します。

## Ⅱ 清拭の介護

### 1　清拭の効果

清拭は、入浴できない利用者の清潔を保持するために用います。入浴に比べるとエネルギーの消耗が少なく、利用者に負担をかけ過ぎずに清潔の維持ができます。

また、リンパの流れに沿って末梢から中枢に向かって拭くことで、血液の循環を促進させてマッサージ効果が得られます。清拭時は全身の観察やコミュニケーションを図る機会になり、利用者の苦痛を緩和させる効果もあります。

清拭には、全身清拭と部分清拭があり、介護者は利用者のその日の心身の状態に合わせて、利用者に無理のない方法で行います。

### 2　清拭に関する基礎知識

清拭時は、入浴と同様、利用者が羞恥心を感じないよう、不必要な露出を避けて、プライバシーを保護します。また、利用者が安心できるよう、コミュニケーションをとりながら行います。

(1)　**室温設定**

窓を閉めて、室温を22〜26℃程度に暖かくし、保温に留意します。

(2)　**ウォッシュクロスの温度**

ウォッシュクロスの温度が45℃より低いと、肌に当たったときに冷たくて不快感を与えるので、55℃程度のお湯でタオルを絞り、タオルの温度が50℃程度になるようにして拭きます。

(3)　**全身状態の観察**

清拭時は、入浴と同様、利用者の全身状態を観察できます。介護者は利用者の皮膚状態の観察を行い、異常がある場合は医療職に報告し、連携しながら対応します。

今後の学習のための キーワード

◎温熱作用　　◎静水圧作用　　◎浮力作用

◎入浴環境　　◎清拭　　◎全身清拭　　◎部分清拭

◎全身状態の観察

（執筆：金美辰）

# 2　入浴と整容の用具の活用方法

学習の　手引き

　利用者が安心して快適に清潔を保持するには、利用者の心身の状況に合わせた方法を選び、福祉用具を有効に活用することが必要です。また、肌の露出があり、お湯を使うため、必要な物品を把握して使いやすい位置に置き、できるだけ短い時間で無駄な動きがないように介助します。
　ここでは、
　①　シャワー浴・一般浴（片マヒ利用者）の介助
　②　清拭の介助
　③　手浴・足浴の介助
　④　洗髪・ひげ剃りの介助
について理解してください。

解◇説

Ⅰ　シャワー浴・一般浴（片マヒ利用者）の介助

## 1　シャワー浴

　シャワー浴は、洗い場から浴槽にまたぐことができない場合や、心臓疾患で浴槽に浸かっての入浴ができない場合に用いられます（図表9−7）。

　シャワー浴のときは、皮膚の表面しか温まらないので、体温 調 節機能が低下している高齢者の場合、浴室内の室温を調整し、足浴と併用しながら、こまめにお湯をかけるなど、保温に細心の注意を払います。

〔シャワー浴の介助の手順〕

・利用者にシャワー浴をすることを説明し、同意を得ます。

・浴室内の温度を調整し、シャワーチェアを温めておきます。

・肩や大腿部、陰部にタオルをかけ、不必要な露出を避けて保温に注意します。

・介護者が先に湯温を確認し、利用者も手で湯温を確認します。

・心臓から遠い足先から、手、体幹へとお湯をかけます。

・利用者が自分で洗えるところは自分で洗うように見守り、介護者はできないところを手伝います。

・洗い終わったら、すぐに水気を拭き取り、必要に応

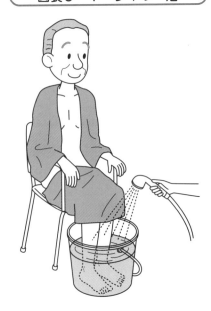

図表9−7　シャワー浴

じて保湿クリームを塗ります。髪は、ドライヤーをかけてブラシで整えます。

・利用者にシャワー浴が終わったことを伝え、体調を確認します。また、水分を補給します。

## 2 一般浴（右片マヒの利用者）の介助

### （1） シャワーチェアから浴槽に入るときの介助（図表9－8）

図表9－8　右片マヒの利用者の入浴介助（浴槽に入る）

①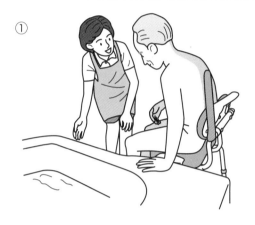

④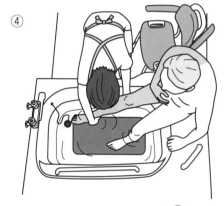

②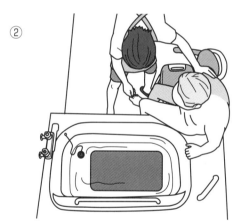

⑤

③

⑥

① 利用者に入浴することを説明し、同意を得ます。

脱衣場と浴室内の室温を調整します。

必要な物品を用意して、使いやすい位置に置きます。

シャワーチェアにお湯をかけて温めておきます。利用者に座ってもらい、臀部（でんぶ）がシャワーチェアについているか、床に足底部がついているか確認します。

介護者が先に湯温を確認し、利用者にも湯温を確認してもらいます。

心臓から遠い足先からお湯をかけます。

② 健側の手（左手）を浴槽の縁に置いて、シャワーチェアから浴槽のほうに重心を移動しながらシャワーチェアから浴槽に移乗（いじょう）します。

③ 介護者は利用者が安全に浴槽に入れるように、片手で利用者の患側の肩（右肩）を支えながら、利用者が健側の足（左足）を浴槽に入れられるように支えます。

④ 健側の足底部が浴槽についているか確認します。

患側の足（右足）が滑（すべ）り落ちないように、膝下部と足首を両手で支（しっか）えながら浴槽に入れます。

⑤ 患側の足底部（右足）が浴槽の床についているか確認します。

利用者は健側の手（左手）で手すりにつかまり前かがみになります。介護者は臀部（でんぶ）を支え、浴槽内に座らせます。

⑥ 介護者は浴槽内で利用者がずり落ちないように、声をかけながら見守ります。

(2) 浴槽（よくそう）から出るときの介助（図表9－9）

① 利用者が健側の手で手すりにつかまり、健側の膝（ひざ）を立てて身体に近付けるように促します。

患側の膝は、介護者が膝下部（しっか）と足首を支えながら立てて、身体に近付けます。

② 利用者は前かがみになり、臀部（でんぶ）を浮かせます。

③ 利用者の臀部が浮いたら、介護者は両手で利用者の臀部を支え、浴槽の縁に座ってもらいます。

④ 浴槽の床に足がついているかを確認し、手すりを持ち替えて、重心を動かしながらシャワーチェアの近くに移動して座ります。

利用者は健側の手で手すりにつかまり、介護者が患側の足の膝下部（しっか）と足首を支えながら、浴槽から出てもらいます。

⑤ 健側の足は、利用者が自分で浴槽から出します。

⑥ 両足の足底部が床についているか確認します。

利用者は健側の肘（ひじ）を伸ばして身体を支えながら、浴槽の縁からシャワーチェアに重心を動かしながら座ります。

図表9－9　右片マヒの利用者の入浴介助（浴槽から出る）

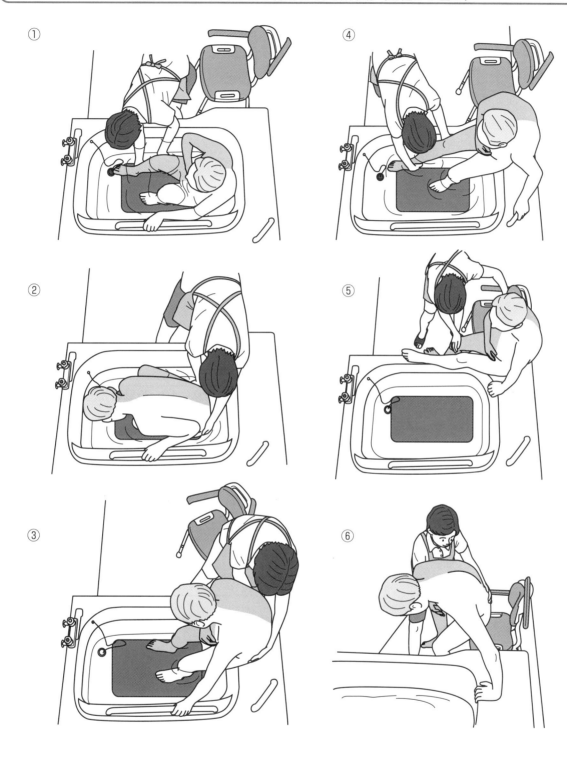

① ② ③ ④ ⑤ ⑥

## II 清拭の介助

利用者の心身の状況に合わせて、全身清拭か部分清拭を選びます。

## 1　必要物品

バケツ2個（55℃程度のお湯が入っているバケツ1個、汚水用のバケツ1個）
ピッチャー（大ピッチャー：取替え用の70℃程度のお湯、中ピッチャー：水）
洗面器、水温計、石鹸または清拭剤
タオル（バスタオル、洗面用タオル、陰部用タオル、臀部用タオル　など）
タオルケット、クッション、着替え類、新聞紙（バケツの下に敷く場合）　など

## 2　全身清拭の介助

・利用者の顔色や健康状態を確認します。
・利用者の体調に合わせた清拭をすることを説明し、同意を得ます。
・排泄状況を把握します。
・窓を閉め、室温を調整し、保温に留意します。
・必要物品を用意し、無駄な動きなく清拭ができる位置に置きます。
・ベッドの高さを調整します。
・掛け布団を扇子折にして足元にたたみ、身体全体にタオルケットをかけ、プライバシーを
　保護するとともに保温します。
・無駄な露出がないように、清拭する部分のみの
　衣類を脱いでバスタオルで覆います（図表9―
　10）。

図表9―10　無駄な露出を避ける方法

・洗面器に55℃程度のお湯を用意し、タオルを絞
　り、ウォッシュクロスにします（図表9―
　11）。
・利用者の身体を拭く前に、介護者が皮膚の薄い
　前腕の内側でタオルの温度を確認します。
・顔→上肢→体幹→下肢→陰部→臀部の順に拭き
　ます。
・手足は末梢から中枢に向かっ
　て拭きます。それ以外は、筋肉
　の方向に沿って拭きます。
・濡れたタオルで拭いた後は、乾
　いたタオルで速やかに水分を拭
　き取って身体が冷えないように
　留意します。
・衣類や寝具を整え、利用者の体
　調を確認します。
・清拭が終わったことを利用者に
　伝えます。
・水分補給を行います。

図表9―11　ウォッシュクロス

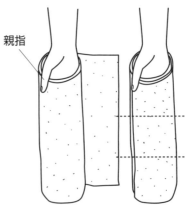

親指

タオルを手に巻いて
親指で押さえます。

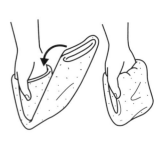

1/3の大きさに折って、タオ
ルの端を手の内側に入れて
タオルを固定させます。

### （1）　顔の清拭

　・利用者ができるところは自分で拭くように促し、見守ります。

・顔は、額→鼻、頬→口の周り→顎の順に数字の3を描くようにして拭いていきます（図表9－12）。

・耳、耳の後ろ、首、うなじも蒸しタオルで面を変えながらきれいに拭きます。
・蒸しタオルで拭き終わったら、速やかに乾いたタオルで水分を拭き取ります。

① 目の清拭
　　高齢者は目に疾患があることが多く、目やになどが溜まりやすいです。目を清拭するときは、目頭から目尻に向かって拭いていきます。蒸しタオルに付いた汚れが原因で感染しないように、一度拭いたら必ずタオルの面を変えて拭きます。
　　また、目やにが固まっている場合は、無理に擦らずに蒸しタオルを当てて少し蒸らしてから拭き取ります。

② 鼻の清拭
　　鼻の粘膜は、外部から微生物が侵入するのを防いでくれる機能がありますので、日頃からきれいに手入れすることで、病原菌から身体を守ることができます。鼻は蒸しタオルで鼻の筋を上下に拭き、鼻の周りを拭きます。
　　高齢者の場合は、鼻毛が伸びていることも多いので、鼻毛専用のはさみで切って整えます。

③ 耳の清拭
　　耳垢が溜まると、聞こえにくくなることがあります。耳の周りと外耳道の入り口を湿らせたタオルできれいに拭き取ります。
　　外耳道から鼓膜までは約25mm程度なので、綿棒で耳を掃除するときは、鼓膜を傷つけないように、耳の奥まで入れずに入り口をきれいにします。

(2)　上肢の清拭（図表9－13）
・介護者は片手で、利用者の手首や肘をしっかり支えながら、心臓から遠い手先から肩に向かって、蒸しタオルが肌から離れないようにして拭いていきます。
・腕は筋肉の方向に沿って拭き取り、肩は骨の丸みに沿わせて拭きます。
・肘も骨の丸みに沿わせて拭き、腋下部も拭きます。腋下部には、臭いの原因となるアポクリン腺があるのできれいに拭きます。
・蒸しタオルで拭き終わったら、拭いた部分をバスタオルで覆い、水分を拭き取って保温に留意します。
・手のひら、指、指間、手の甲もきれいに拭きます。

(3)　体幹の清拭（図表9－13）
① 前部の清拭
・体幹の前部は、肩→胸部→腹部の順に拭いていきます。
・腹部は上行結腸→横行結腸→下行結腸と腸の流れに沿って「の」の字を描くようにして拭くことで、蠕動運動を活性化させて便通を助けます。
・蒸しタオルで拭き終わったら、乾いたタオルで水分を拭き取ります。

② 背部の清拭
・利用者を側臥位にして、背部の清拭を行います。
・マヒがある場合は、健側を下にして、背中を覆う大きさの蒸しタオルで背中や腰部を温めて血流を促進させます。
・蒸しタオルで背骨に沿って上下に拭いてから、背中の両側をらせん状に拭いていきます。
・蒸しタオルで拭き終わったら、乾いたタオルで水分を拭き取ります。
・利用者を仰臥位にします。

(4) **下肢の清拭**（図表9－14）
・拭く側の足のみを出して、膝を立てます。膝下部にクッションを当て、利用者が安楽な姿勢で清拭できるようにします。
・利用者の足底部をベッドに着けた状態で、介護者は片手で利用者の足首を支えながら、足先から膝に向かって拭き、乾いたタオルで水分を拭き取ります。
・拭き終わったらタオルケットで覆い、膝から大腿部に向かって蒸しタオルで拭き、乾いたタオルで水分を拭き取ります。
・膝下部から大腿部の裏側を拭き、乾いたタオルで水分を拭き取ってからタオルケットで下肢を覆い、保温に留意します。

(5) **陰部・臀部の清拭**

　　陰部・臀部の清潔を保つために、パッドやオムツを交換するたびに陰部を清拭するとともに、少なくとも1日に1回は洗浄します。その際、臀部も清拭します。具体的な方法は、第9章―10「3　爽快な排泄を阻害する要因と支援方法」の「Ⅳ　排泄支援の実際　(4)　陰部洗浄・清拭の具体的方法」を参照してください。

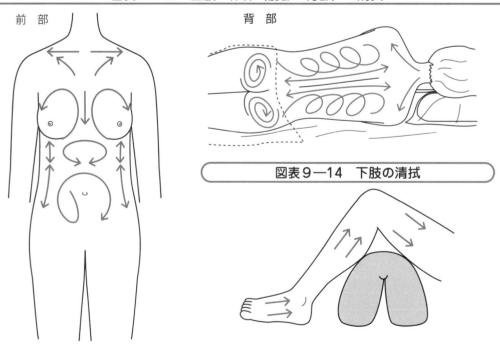

図表9－13　上肢・体幹（前部・背部）の清拭

前部　　背部

図表9－14　下肢の清拭

※図表9－13・図表9－14では、見やすいようにタオルケットを外しています。

## Ⅲ　手浴・足浴の介助

### 1　手浴の介助

　手浴は、清潔の維持やマッサージ効果で血液の循環を促進させます。利用者の体調や健康状態に合わせて、仰臥位やベッド上座位で行います（図表9—15・図表9—16）。利用者が自分で洗えるところは自分で洗うように促し、座位がとれない利用者や寝たきりの利用者は仰臥位で手浴を行って清潔を維持します。

　指間や付け根は汚れが溜まりやすく、マヒがある場合は汚れていても感じにくいので、丁寧に洗います。とくに手が拘縮している場合は、手の内側が汚れやすいので、利用者が健側の手できれいに洗うように促します。

#### (1)　必要物品

> 洗面器、お湯（40℃前後）、ピッチャー
> 石鹸、浴用手袋
> タオル（洗面用タオルなど）
> 防水シーツ、保湿クリーム（必要に応じて）　など

#### (2)　手浴の介助（仰臥位）（図表9—15）

・利用者に手浴を行うことを説明し、同意を得ます。
・使いやすい位置に物品を置きます。
・利用者を安楽な体位にして、ベッドの背を上げることを説明し、同意を得てからベッドを15度程度にギャッチアップします。
・腹部辺りに防水シーツとタオルを重ねて敷き、利用者が手を浸けやすい位置に洗面器を置きます。
・洗面器に手を浸け、温めます。
・（浴用手袋をはめ）石鹸を十分に泡立てて手を洗います。汚れが溜まりやすい指間を手もみしながら丁寧に洗います。

| 図表9—15　手浴（仰臥位） | 図表9—16　手浴（ベッド上座位） |

※図表9—15・図表9—16では、見やすいようにサイドレールを外しています。

・ピッチャーを使って石鹸が残らないように流水で洗い流します。

・洗い終わったら、タオルで水分を拭き取ります。もう一方の手も同様の手順で行います。

・皮膚が乾燥しないように、必要に応じて保湿クリームを塗ります。

・手浴が終わったことを利用者に伝え、体調を確認します。

・ベッドの高さを戻し、物品を片付けます。

## 2　足浴（そくよく）の介助

　足浴は、入浴と同じように身体全体の血行を促し、リラックス効果や安眠効果が得られます。また、ベッド上でも手軽に行えるので、利用者への負担が少ないです（図表9－17・図表9－18）。

　足浴の際、利用者の好きな香りのアロマオイルや入浴剤を使用すると、リラックス効果が高まります。足浴を行う前に、顔色や健康状態を確認します。窓を閉め、室内温度を調整し、保温に留意します。

### (1)　必要物品

> お湯（40℃前後）
> 足浴用のバケツ（仰臥位の場合は洗面器）、ピッチャー、石鹸
> タオル（洗面用タオル、バスタオルなど）、浴用手袋（軍手も可）
> 防水シーツ、保湿クリーム（必要に応じて）　など

### (2)　足浴の介助（仰臥位（ぎょうがい））

・利用者に足浴を行うことを説明し、同意を得ます。

・使いやすい位置に、足浴用の物品を準備します。

・利用者にベッドの背を上げることを説明し、同意を得てから、ベッドを15度程度にギャッチアップします。

・両膝（りょうひざ）を立てて、膝下部（しっか）にクッションを入れ腹部や下肢（かし）の緊張感を和らげて安楽な姿勢にします。

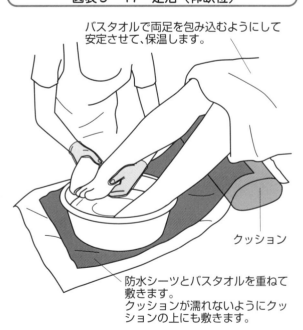

図表9－17　足浴（仰臥位）

バスタオルで両足を包み込むようにして安定させて、保温します。

クッション

防水シーツとバスタオルを重ねて敷きます。
クッションが濡れないようにクッションの上にも敷きます。

図表9－18　足浴（端座位）

バスタオル

・ベッドに防水シーツとバスタオルを重ねて敷きます。
・ズボンが濡れないように膝上まで上げ、バスタオルで膝上を覆います。
・洗面器のお湯を足に少量かけて湯温を確認しながら、両足を入れます。
・利用者のくるぶしが隠れる程度までお湯を入れて、少し温めます。
・（浴用手袋か軍手をはめ）石鹸を十分に泡立てて、足先から足首に向かって洗います。
・足の指間、付け根を丁寧に洗います。
・足底部はくすぐったく感じないように、一定の圧力をかけて力強く洗います。
・洗い終わったらお湯をかけてすすぎ、ベッドに敷いていたバスタオルで両足を覆い、水分を拭き取ります。
・必要に応じて保湿クリームを塗り、靴下を履かせ保温に留意します。

## Ⅳ 洗髪・ひげ剃りの介助

### 1 洗髪の介助

　洗髪は、髪の毛や頭皮の汚れを除去し、頭皮をマッサージしながら洗うことで、血流がよくなり、爽快感が得られます。
　高齢になると皮脂の分泌量は減少しますが、頭皮は皮脂分泌量が多く汚れやすいので、利用者の体調に合わせ、こまめに行います。

#### (1) 必要物品

> ケリーパッド（図表9−19）
> バケツ2個（37〜40℃程度のお湯が入っているバケツ1個、汚水用バケツ1個）
> ピッチャー、ブラシ、シャンプー、リンス、ドライヤー、防水シーツ
> クッション（膝下部に入れる）
> タオル（バスタオル、蒸しタオル、洗面用タオル　など）　など

#### (2) 洗髪の介助（図表9−20）

・利用者に髪を洗うことを説明し、同意を得ます。
・必要な物品を使いやすい位置に置きます。
・ベッドの高さを調整することを伝え、同意を得てから調整します。
・両膝を立てて、膝下部にクッションを入れ、腹部や下肢の緊張感を和らげて安楽な姿勢にします。
・タオルケットをかけて保温に留意します。
・枕を外して、防水シーツとバスタオルを重ねて敷き、ケリーパッドを頭部の下に置きます。
・衣服が濡れないように、首の後ろから顎の下に扇子折にした洗面用タオルをかけます。
・衣類やタオルケットが濡れないように、バスタオルで衣服とタオルケットを覆います。
・髪の毛をブラッシングして汚れを取って、角質を浮かせます。
・湯温を手で確認してから、お湯が顔にかからないように片手でガードしながら、利用者の頭部にかけます。
・利用者に確認し、利用者の要望に合わせて耳栓をしたり、ハンドタオルで目の周りを覆

図表9-19　ケリーパッドの作り方

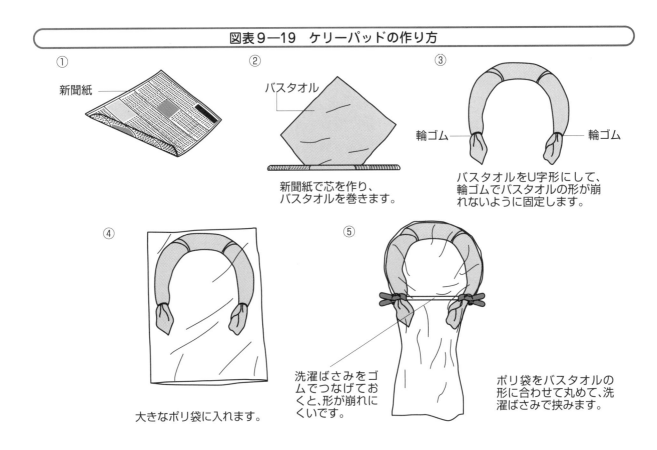

① 新聞紙

② バスタオル

新聞紙で芯を作り、
バスタオルを巻きます。

③ 輪ゴム　　輪ゴム

バスタオルをU字形にして、
輪ゴムでバスタオルの形が崩
れないように固定します。

④ 大きなポリ袋に入れます。

⑤ 洗濯ばさみをゴ
ムでつなげてお
くと、形が崩れに
くいです。

ポリ袋をバスタオルの
形に合わせて丸めて、洗
濯ばさみで挟みます。

図表9-20　洗　髪

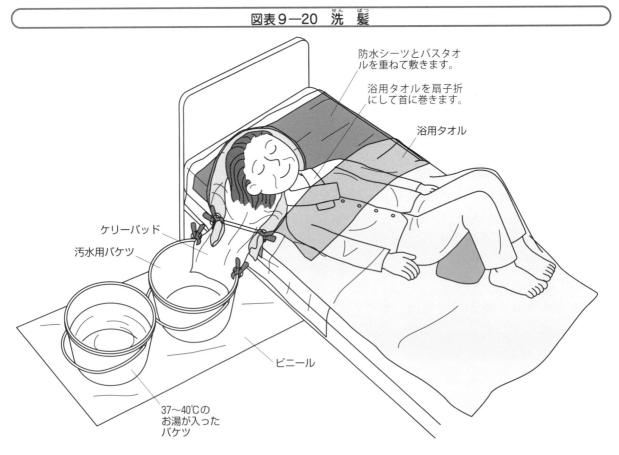

防水シーツとバスタオ
ルを重ねて敷きます。

浴用タオルを扇子折
にして首に巻きます。

浴用タオル

ケリーパッド

汚水用バケツ

ビニール

37〜40℃の
お湯が入った
バケツ

います。

・介護者が手のひらでシャンプーを泡立てて、髪と頭皮を指の腹でやさしく洗います（爪を立てて洗うと頭皮を傷つけるので注意します）。

・蒸しタオルで泡をできるだけ拭き取ります（蒸しタオルで泡を拭き取ることで、少量のお湯で泡を洗い落とせます。また、すすぎの回数が減るので、利用者の負担の軽減につながります）。

・ピッチャーで顔に飛び散らないように気をつけながらお湯をかけて洗い流します。

・ケリーパッドに溜まったお湯をバケツに流します。

・片手で頭部を支えながら、ケリーパッドを外します。

・扇子折にして巻いていたタオルを外し、髪の水分を拭き取ります。

・防水シーツの上に敷いておいたバスタオルで髪の毛の水分を十分に拭き取り、ドライヤーをかけてブラシで髪を整えます。

・利用者を安楽な姿勢にします。

・衣服や寝具を整え、ベッドの高さを調整します。

・洗髪が終わったことを伝え、体調を確認します。

・物品を片付けます。

## 2 ひげ剃りの介助

ひげは1日に約0.4mm程度伸びます。利用者が使っている電動かみそりで手入れします。

・ひげを剃ることを利用者に説明し、同意を得ます。

・必要物品を使いやすい位置に置きます。

・利用者にベッドの高さを調整することを伝え、同意を得てからベッドを調整します。

・利用者の好みに合わせ、泡立てた石鹸やシェービングクリームをつけます。

・利用者の顔のしわを片手で伸ばしながら、皮膚を傷つけないように剃ります。

・剃ったひげを蒸しタオルで拭き取ります。

・ひげを剃り終わったら、利用者に手鏡で確認してもらいます。

・好みの化粧水で皮膚を整えます。

・ひげ剃りが終わったことを伝え、体調を確認します。

・ベッドの高さを戻し、物品を片付けます。

今後の学習のための **キーワード**

◎シャワー浴　◎一般浴　◎手浴　◎足浴
◎端座位　◎仰臥位　◎洗髪　◎ひげの手入れ

（執筆：金美辰）

# 3　楽しい入浴を阻害する要因と支援方法

　　　介護者は、入浴の際に生じやすいリスクを把握し、そのリスクを未然に防ぐために必要な知識を身につける必要があります。未然に防ごうとしても生じてしまった事故に関しては、事故報告や情報の収集、分析を行い、事故の防止対策を講じて事故の再発を予防します。家庭内の不慮の事故死でも、浴槽内での溺死が非常に多いので、介護者は利用者が安全に入浴できるように、声をかけながら見守ります。
　　　ここでは、
　　　① 入浴に際したリスクと対応
　　　② 認知症高齢者の入浴に際したリスクと対応
　　　について理解してください。

## Ⅰ 入浴に際したリスクと対応

　　入浴の際は、部屋から脱衣場までの移動、脱衣場での着脱行為や立ち上がり動作、脱衣場から浴室までの移動、洗身、洗髪、浴槽をまたぐ、浴槽に浸かる、浴槽に浸かって立ち上がるなど、さまざまな動作が必要です。介護者は入浴時に生じやすいリスクを予測して、未然に防ぐようにします。

　　① 入浴前日の睡眠は十分とれているか、顔色、脈拍、血圧、呼吸など、利用者の体調を入浴前に確認し、安全に入浴できるようにします。

　　② 浴室内と脱衣場の温度差により、急激な血圧の上昇で脳出血などの事故につながることがあります。脱衣場には暖房器具を置き、浴室と温度差がないようにします。

　　③ 脱衣場には利用者が落ち着いて着替えができるように、安定感のある椅子を置きます。また、着脱やドライヤーをかけるなどの介護ができる十分な空間が必要です。

　　④ 脱衣場から浴室に安心して安全に移動できるよう、手すりを設置します。

　　⑤ 脱衣場から浴室に入りやすいように、浴室のドアは引き戸にし、車いすのまま通れるようなスペースを確保します。

　　⑥ 事前に湯温を確認し、入浴する直前に再度湯温をチェックし、やけどに注意します。

　　⑦ 入浴は体力の消耗が大きいので、浴槽に長く浸かると立ち上がりにくくなり、転倒する恐れがあります。浴槽の側面に手すりを設置し、浴槽内に滑り止めマットを敷き、立ち上がり動作を助けます。

　　⑧ 洗い場より浴槽が高すぎると浴槽への出入りが難しく危険です。浴槽の高さが40cm程度になるように調整します。

　　⑨ 浴室の床にシャンプーなどの洗剤が残っていると滑る危険も潜んでいますので、十分に洗い流します。

⑩　床のタイルの面積が大きいと滑りやすいので、面の細かいタイルが安全です。また、滑りにくい材質を選び、転倒を防止します。

⑪　浴槽の背もたれは斜めより直角に近い形のほうが立ち上がりやすく、お湯に浸かっているときも滑り落ちにくいです。

⑫　四肢に拘縮がある利用者の身体をストレッチャーに移動させて洗う場合は、バランスを崩して転落しないように見守ります。

⑬　施設のような集団生活では、一人での入浴が難しいので、不必要な露出を避けて、プライバシーを守ります。

⑭　高齢者はのどが渇いたことを感じにくいので、水分補給を促して、脱水症にならないように留意します。とくに自分から主張しない利用者に気を配ります。

⑮　入浴後は浴室と脱衣場を換気し、カビが生えないようにします。カビは、アレルギーの原因になるなど、健康に影響を及ぼすことがありますので、注意が必要です。

## Ⅱ　認知症高齢者の入浴に際したリスクと対応

認知症高齢者が入浴を拒否する場合、理由を明らかにし、その理由に合わせた介護を行います。

①　認知症高齢者の場合、施設に入所している理由がわからない場合や、いつ入浴したかがわからないなど、自分の置かれている状況がわからずに入浴を拒否することがあります。

②　認知症高齢者が入浴を拒否する場合、介護者は無理に入浴させようとせずに、なぜ拒否しているかをアセスメントし、利用者が不安を感じずに安心して入浴できるようにします。

③　入浴は、「脱衣場までの移動」「衣服の着脱」「身体や髪を洗う」「お湯に浸かる」「ドライヤーをかける」など、さまざまな動きが必要です。介護者は利用者がどの場面で拒否が強いかを観察し、拒否する理由に合わせた対応をします。

④　認知症高齢者が熱湯でやけどをしないように、注意を払います。

今後の学習のための　🔑 キーワード

◎入浴に際したリスク　　◎リスク予測
◎認知症高齢者の入浴に際したリスク
◎入浴拒否理由のアセスメント

（執筆：金美辰）

# 1　排泄に関する基礎知識

　人は、不要となった老廃物を体外に排出することができなければ、生命を維持することができません。介護者は、単に排泄という行為のみを援助するのではなく、排泄が行われるまでのからだのしくみを理解するとともに、排泄が人にとってどのような意味を持つものなのかを理解することが大切です。
　ここでは、
　① 排泄の意義
　② 排泄のメカニズム
　③ 排泄障害
　④ 失禁の種類
　について理解してください。

## Ⅰ　排泄の意義

### 1　身体面（生理面）における排泄の意義

　排泄とは、身体の老廃物を体外に出すことをいい、一般的には排尿と排便のことを指します。生きていくために必要な栄養を摂取し、不要な老廃物を体外に排出するという生理現象であり、生命を維持するために必要な行為が排泄です。規則的な排泄を維持することは、健康な日常生活を送るための条件となります。

### 2　心理面における排泄の意義

　排泄は、心理面に大きく影響を受けます。例えば、精神的ストレスなどからトイレが近くなったり、便秘や下痢を引き起こしたりすることは、健常な人にもよく起こることです。また、すっきりと排泄できないことで気分が不快になったり、健康に不安を持ったりすることもあります。気持ちよく排泄できることは、精神的にも満足を与えることにつながります。

### 3　社会的な側面からみた排泄の意義

　一般的に、排泄は「汚いもの」「恥ずかしいもの」「人に見せるものではない」という意識が日本人にはあります。排泄は、その人のプライドや羞恥心に直接関わり、うまく排泄ができない状況や人の手を借りないと排泄ができない状況が生じると、日常生活も不活発となり、閉じこもりがちになることもあります。排泄を自力で行えるということは、日常生活を活発にし、人が生きていくうえで欠かせない社会との関わりも円滑にします。

## Ⅱ　排泄のメカニズム

### 1　排尿のメカニズム

　尿は、腎臓で血液から作られます。腎臓で作られた尿は、腎盂・尿管を経て膀胱に送られ、その量が150〜300mℓになると膀胱内圧が上昇し、その刺激が大脳皮質に伝えられ、尿意を感じます。通常、尿意を感じても尿道括約筋が収縮し、尿道が閉じられた状態であれば尿が漏れ出ることはありません。トイレに移動し排尿姿勢が整うと、排尿の指令が大脳から脊髄神経を介して末梢神経に伝えられ、膀胱は収縮し、尿道括約筋が弛緩して尿道が開き、尿が体外に排出されます（図表10—1）。

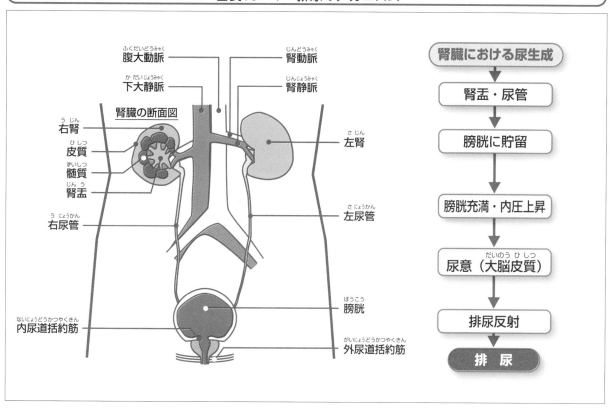

図表10—1　排尿のメカニズム

　水分摂取量等にも影響されますが、通常成人の尿量は1000〜1500ml／日で、回数は個人差もありますが5〜8回／日です。正常な尿は、淡黄色で透明であり、沈殿物や浮遊物はありません。また、体外に排出されるまでは無菌であり、空気に触れ時間がたつと細菌によって尿素が分解され、アンモニア臭を発します。尿の色や臭いは飲食物の影響を受けますが、混濁尿（濁っている尿）や血尿（血液が混ざっている尿）、甘酸っぱい臭い（アセトン臭）などの異臭がする場合は異常です。

## 2　排便のメカニズム

　口から食べた食物は、胃から小腸に送られます。小腸で、胃から送られた消化物をさらに消化し、栄養分や水分を吸収します。この時点では、消化物は粥状ですが、大腸の蠕動運動により直腸まで運ばれる間に水分が吸収され、便が形成されます。Ｓ状結腸から直腸に便が送られ、直腸内圧が高まるとその刺激が大脳皮質に伝えられ、便意を感じます。便意が起こると、反射的に直腸の蠕動、内肛門括約筋の弛緩が起こり、便が体外に排出されますが、外肛門括約筋を意図的に緩め、腹圧をかける動作が加わらなければ、スムーズに排便できません（図表10―2）。便意はしばらく我慢していると直腸の緊張が低下し、やがて消失してしまいます。そのため、便意を感じても我慢することが習慣化すると、便秘になりやすくなります。

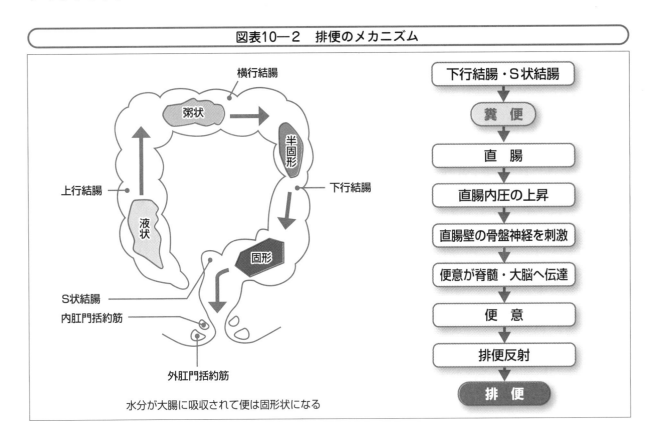

図表10―2　排便のメカニズム

水分が大腸に吸収されて便は固形状になる

　成人の排便量は100～200ｇ／日で、回数は１～２回／日です。正常な便は、褐色で、適度な柔らかさの棒状です。

## Ⅲ　排泄障害

### 1　失禁

　通常、尿意や便意を感じても、排泄をしてよい場所に移動し、準備が整うまでは排泄を我慢することができます。何らかの原因により、この正常な排泄機能をうまく調整することが

できなくなると、尿や便が自分の意思に関わらず排泄されてしまうことがあります。それが衛生的、社会的に問題になる状態を失禁といいます。

## (1) 尿失禁

### ① 腹圧性尿失禁

咳やくしゃみなどをして腹圧がかかると尿が漏れるタイプの失禁をいい、女性や高齢者に多くみられます。女性の場合、尿道が短いことと、出産や加齢により骨盤底筋が緩み、尿道括約筋が締まりにくくなるため、咳やくしゃみなどで腹圧がかかると尿が漏れてしまうことがあります。

### ② 切迫性尿失禁

膀胱内に尿が少ししか溜まっていないにも関わらず、強い尿意を感じ、我慢できずに尿が漏れてしまうタイプの失禁をいいます。脳梗塞や膀胱炎、前立腺肥大症などが原因で、膀胱の収縮筋が過敏になることで起こります。

### ③ 溢流性尿失禁

膀胱に溜まった尿があふれるように漏れ出るタイプの失禁をいいます。主に男性に多く、前立腺肥大症などで尿道が狭くなったり、脊髄損傷などで尿道括約筋を収縮させる神経が損傷し、排尿困難になったりすることが原因で起こります。

### ④ 機能性尿失禁

排尿機能には問題がないのにも関わらず、認知機能や身体機能に障害があり、排泄動作が困難となって尿が漏れるタイプの失禁をいいます。例えば、身体に障害があり排泄動作に時間がかかり漏れ出てしまう、認知症によりトイレの場所や便器の使い方がわからない、尿意をうまく伝えることができずに排尿してしまうなどがこのタイプの失禁です。

### ⑤ 真性尿失禁

尿意がなく、持続的または間欠的に尿が漏れる失禁をいいます。膀胱に尿が溜まることなく、だらだらと漏れる完全尿失禁と、脳血管疾患や脊髄損傷など、排尿に関わる神経の障害のために、膀胱内にある程度尿が溜まると反射的に排尿を起こす反射性尿失禁があります。

## (2) 便失禁

### ① 腹圧性便失禁

腹圧がかかったときに便が漏れ出てしまうタイプの失禁です。肛門括約筋の低下や、肛門を締める神経の損傷などが原因で起こります。

### ② 切迫性便失禁

下痢などで急激に便意を感じ、我慢できずに漏れてしまうタイプの失禁をいいます。過敏性腸症候群など、腸が過敏になっている場合などに起こります。

### ③ 溢流性便失禁

便秘により硬い便の塊が直腸にはまり込み（糞便嵌入）、その便の塊の隙間や直腸壁との間を伝って、下痢状の流動便が流れ落ちるように漏れ出るタイプの失禁です。

### ④ 機能性便失禁

トイレの場所がわからない、トイレまで移動することが困難であるなど、認知機能や身体機能に障害があり、排泄動作が困難となって便が漏れるタイプの失禁です。

## 2　頻尿

　正常な排尿回数は、個人差もありますが成人で5～8回／日とされ、排尿回数が正常より多い場合を頻尿といいます。膀胱容量が減少して尿を溜められない、膀胱が過敏になっている、残尿がある、心理的なものが原因としてあげられます。

## 3　排尿困難、尿閉

　尿道狭窄や前立腺肥大症などによる下部尿路の通過障害、膀胱の収縮力の低下などにより排尿しづらくなる状態を排尿困難といいます。尿がまったく出ない状態を尿閉といいます。

## 4　便秘

　便が腸内に停滞し水分が吸収されて硬くなり、排便に困難と苦痛を伴う状態です。毎日排便があったとしても、少量で硬く、排便に困難を伴う場合は便秘といえます。

## 5　下痢

　便の水分が多くなり、形のない液状の便を排泄する状態をいいます。一般的に排便回数は増加します。下痢が続くと、脱水症状や栄養不足を招き、全身状態に悪影響を及ぼします。

今後の学習のための　キーワード

◎排泄　　◎排尿　　◎排便
◎排泄（排尿・排便）のメカニズム　　◎排泄障害　　◎失禁
◎頻尿　　◎排尿困難　　◎尿閉　　◎便秘　　◎下痢

（執筆：青柳佳子）

# 2　排泄環境の整備と用具の活用方法

　人は、何らかの障害を持つことにより、それまでとくに努力することなく自力で行えていた排泄行為に困難をきたすことがあります。一般的に、排泄は「恥ずかしい」「人に見られたくない」行為であり、誰もが「人の手を借りずに行いたい」と思っているものです。環境を整え、用具を活用することで、できるだけ自力で排泄できるよう援助することは、精神的にも満足を与えます。
　ここでは、
　①　排泄しやすい環境整備
　②　排泄用具の種類と特徴
　③　オムツの弊害
について理解してください。

## I　排泄しやすい環境整備

### 1　トイレの環境

　安心して気持ちよく排泄できるように環境を整えます。また、福祉用具を用いて自立を援助する工夫もしてください。具体的には、以下のようなことに気をつけます（図表10―3）。
　①　常に清潔に保ち、換気・臭気に配慮します。
　②　冬は、居室とトイレの寒暖差を小さくするようにします。小型のヒーターや暖房便座を使用するとよいでしょう。
　③　十分な照明と、消音環境を確保します。
　④　便座への移乗や姿勢保持を楽にするため、身体状況に応じて手すりを取り付けます。
　⑤　できるだけ段差をなくす工夫をします。
　⑥　トイレットペーパーは、座った位置で使いやすい場所に取り付けます。
　⑦　車いすを使う場合は、便座に移乗できる十分なスペースを確保するとともに、車いすと便座の高さが同じになるよう工夫します。
　⑧　排泄後の拭き取りが困難な場合は、洗浄機付き便器を利用します。
　⑨　トイレのドアは、外開きか引き戸が安心です。鍵は、緊急時に外側からも開けられるものがよいでしょう。
　⑩　呼び鈴や、緊急時のブザー等も設置するとよいでしょう。

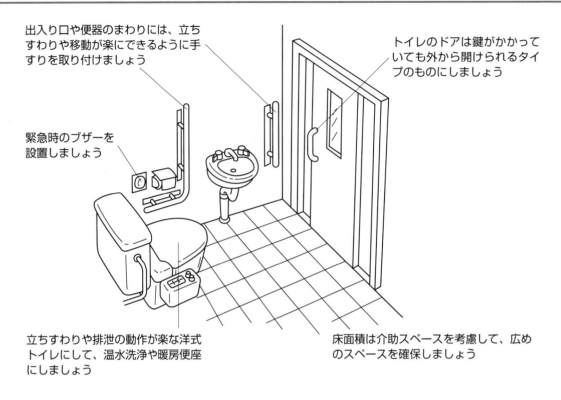

図表10－3　トイレの環境

出入り口や便器のまわりには、立ちすわりや移動が楽にできるように手すりを取り付けましょう

緊急時のブザーを設置しましょう

トイレのドアは鍵がかかっていても外から開けられるタイプのものにしましょう

立ちすわりや排泄の動作が楽な洋式トイレにして、温水洗浄や暖房便座にしましょう

床面積は介助スペースを考慮して、広めのスペースを確保しましょう

## 2　居室での排泄環境

　排泄は、できるだけトイレで行うことが望ましいですが、その人の障害やADLによってはトイレまで移動できない場合もあります。居室で排泄を行わなければならない場合は、以下の点に気をつけます（図表10－4）。

①　カーテンやスクリーンなどを利用して、プライバシーの確保に努めます。

②　音や臭いに対する配慮として、ラジオやテレビをつけたり、排泄用具に紙を敷く、消臭剤を使用するなどの工夫をします。

③　排泄後は、すぐに排泄物の後始末をし、用具は常に清潔に保ちます。

④　トイレットペーパーなどを取りやすい位置に準備します。また、呼び鈴なども置いておくとよいでしょう。

⑤　居室の美観を損なわないように、排泄用具にはカバーをかけたり、家具調のものを選んだりすることも大切です。

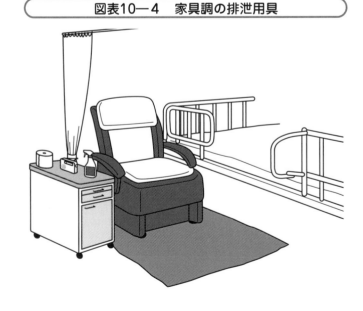

図表10－4　家具調の排泄用具

## Ⅱ 排泄用具の選択と活用方法

### 1 便座

　高齢者や障害がある人は、和式トイレよりも洋式トイレのほうが楽に排泄ができます。簡易型洋式便座をかぶせると、和式トイレも簡単に洋式トイレとして使用できます（図表10—5）。

図表10—5　簡易型洋式便座

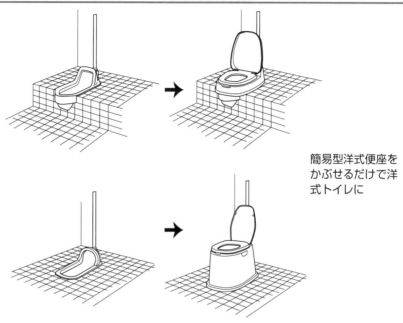

簡易型洋式便座を
かぶせるだけで洋
式トイレに

　便座の高さは、低すぎると立ち上がりが困難になります。座ったときに膝が90度程度で、床に足底がしっかりとついている状態が望ましいでしょう。

　膝に痛みがあるなど、立ち上がりが困難な場合は、便座は少し高いほうが立ち上がりは楽になりますが、高すぎると便座と大腿部との接点に負担がかかり、排泄しづらくなります（図表10—6）。

図表10—6　便座が高すぎる場合

便座と大腿部との接点に
負担がかかります

## 2　ポータブルトイレ

　ポータブルトイレは、歩行が困難でトイレまで移動できないときや、時間がかかって間に合わないとき、夜間の歩行が不安なときなどに、ベッドの近くに置いて使用します。

　ポータブルトイレには、いくつかタイプがあります（図表10—7）。できるだけ安定感があり、立ち上がりやすいように足を引くことができるタイプのものが望ましいのですが、その人の状態や居室の状況、経済的な面から適切なものを選択するとよいでしょう。

　ポータブルトイレの便座は、通常のトイレと同様、座位をとったときに適切な高さとなるようにします。また、ポータブルトイレの便座とベッドの高さは同じくらいになるようにします。

**図表10—7　ポータブルトイレの種類**

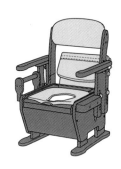
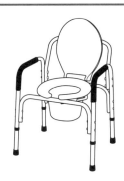

スタンダードタイプ　　　　　　　家具調タイプ　　　　コモードタイプ

## 3　手すり

　排泄をするときは、立位（りつい）を保持したり、座位（ざい）をとるために膝（ひざ）を曲げたり腰をかがめるなど身体的な負担が大きい動作をとりますが、手すりを利用することで、これらの動作時の負担を軽減することができます。その人の状態に合わせて、専門家のアドバイスのもと、適切な場所に適切なものを設置します。

　また、居室でポータブルトイレを使用する場合は、ベッド柵と一体型になった介助バー（図表10—8）を利用すると、立ち上がりが楽になり、ポータブルトイレへの移動もスムーズに行えます。

**図表10—8　介助バー（ベッド用手すり）**

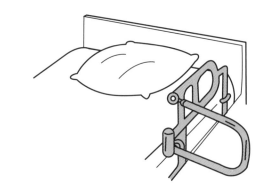

## 4　尿器・便器

身体を起こすことができない人でも、尿意や便意がある場合は、ベッド上で使用できる尿器や便器を使用することで、オムツに頼らず排泄することができます。

### (1) 尿 器

尿器には男性用と女性用があります。通常の尿器は、排尿するごとに後始末をしなければなりませんが、寝たままの姿勢でも自力で排尿ができる場合は、一定の量を溜めることができる安楽尿器や自動吸引式採尿器などを使用すれば、排尿するごとに介護者を呼ぶ必要はなくなります。利用者の状態や、介護者の状況などに合わせて、適切なものを選択してください（図表10—9）。また、利用者のプライバシーを保護するため、外から排泄物が見えないようにカバーを使用するなどの配慮が必要です。

図表10—9　尿器の種類

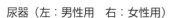

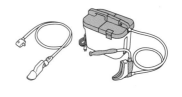

尿器（左：男性用　右：女性用）　　安楽尿器　　自動吸引式採尿器（自動排泄処理装置）

### (2) 便 器

便器には和式、洋式、ゴム製などさまざまなタイプがあります（図表10—10）。和式便器は、先端の角度が鋭角で臀部が乗る部分の高さも低いため差し込みやすいのが特徴です。ただし、臀部が乗る部分の面積が狭く、洋式便器よりも安定感がないため、体格が大きい人には不向きです。

洋式便器は、臀部が乗る部分の面積が広く安定感がありますが、高さがあるため差し込みにくく、腰を上げることが困難な人には不向きです。和式、洋式ともにステンレス製なので、温めてから使用します。

安楽便器は、和式便器と洋式便器の長所を取り入れた和洋折衷型の便器です。プラスチック製で軽いのが特徴ですが、洋式便器よりも安定感はありません。

ゴム製の便器は、中に空気を入れるため柔らかく、臀部への圧迫が少ないのが特徴です。また、腰を上げることができない人や、便器を当てたときの痛みが強い人などに向いています。

図表10—10　便器の種類

   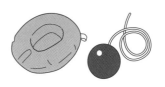

和式便器　　洋式便器　　安楽便器　　ゴム製便器

## 5　失禁ケア用品

　尿失禁がある場合でも、吸収性の高い下着やパッドなどの排泄用品を使用することで、安心して日常生活を送ることが可能です。

　尿失禁用のパンツにもいくつか種類があり、パンツの中にパッドを入れて使用するパンツタイプや、パンツの中で尿を吸収でき防水加工を施したタイプの吸収型パンツ、パンツを下げずにパッドのみを交換できる前開きパンツなど、種類やサイズ、色、デザインなどさまざまなので、好みや状態に合わせて選択してください（図表10─11）。

　また、パッドにもいくつか種類があり、それぞれ吸収量も異なります（図表10─12）。失禁の程度や症状に合わせて適切な排泄用具を選ぶことが大切です。

### 図表10─11　失禁パンツの種類

ポケットにパッドを入れる型　　　パッドなしのパンツ型　　　前開き型

### 図表10─12　パッドの種類

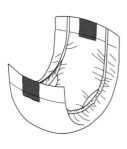

ギャザーがついていて身体にフィットする　　ずれ止めのテープがついているタイプ　　臀部に当たる部分が幅広になっているタイプ　　男性用尿とりパッド

## 6 オムツ

　長期の安静が必要であったり、トイレでの座位保持が困難な場合など、ほかの排泄手段ではどうしても困難な場合、最後の手段としてオムツの使用を検討します。ただし、オムツは自尊心を傷つけるだけでなく、排泄に至るまでの動作が少なくなることで活動性が低下したり、尿便意を喪失させてしまうなど、弊害があります。

　そのため、夜間のみ使用したり、長期の使用を避けるなど、オムツの使用は最小限にする必要があります。また、安易に吸収量が多いものを使用するのではなく、利用者の状況に応じたオムツを選択してください（図表10―13）。

### 図表10―13　オムツの種類

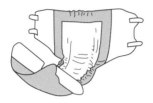

| パンツ型紙オムツ | テープ型紙オムツ | フラット型紙オムツ | オムツカバー |

今後の学習のための キーワード

◎排泄しやすい環境整備　　◎ポータブルトイレ

◎尿器・便器　　◎失禁ケア用品　　◎オムツは最後の手段

（執筆：青柳佳子）

# 3　爽快な排泄を阻害する要因と支援方法

　　排泄は、人の尊厳に深く関わる非常にプライベートな行為です。排泄の世話を他人に委ねる苦痛や困惑、気兼ねなど、介護を必要とする人の心理を理解し、気持ちよく排泄ができるよう、確かな技術で援助する必要があります。
　　ここでは、
　　① 排泄障害が日常生活に及ぼす影響
　　② 排泄を支援する際の基本原則
　　③ 排泄支援の実際
　　について理解してください。

## Ⅰ　排泄に影響を及ぼす要因

　自力で問題なく排泄ができる状態とは、①尿意・便意を感じる、②トイレに移動する、③トイレ・便器を認識する、④衣類を脱ぐ、⑤便器に座る、⑥排尿・排便をする、⑦排泄後トイレットペーパーで拭く、⑧衣類を整える、⑨トイレの水を流し、手洗いをする、といった一連の動作に支障がないことをいい、これらの動作のどこかに困難がある場合は、排泄をスムーズに行うことができません。以上の動作のほかに、食事や水分の摂取量や摂取内容、排泄に関わる臓器や脳神経系の状態も排泄に影響を与えます。

　身体的な面以外にも、不安や緊張など、排泄は心理面にも影響されます。また、環境によっても排泄は左右されます。例えば、汚いトイレよりも清潔なトイレのほうが排泄しやすくなりますし、臭いや音が外に漏れないトイレのほうが落ち着いて排泄ができます。

## Ⅱ　排泄障害が日常生活に及ぼす影響

### 1　身体面に及ぼす影響

　排泄障害は、身体的不快感、疲労、皮膚トラブル、尿路感染症など、身体面にさまざまな影響を及ぼします。夜間の頻尿は睡眠の妨げとなりますし、夜間トイレに行くことや失敗を恐れて水分摂取不足になると、脱水・便秘なども引き起こします。また、排泄に異常があることを我慢して身体状況を悪化させることもあります。

## 2　心理面に及ぼす影響

　排泄は、人の尊厳に深く関わるものです。排泄の失敗は、自尊心を傷つけ自信を喪失させます。また、羞恥心、気兼ね、困惑、苛立ちといった心理状態がストレスとなり、排泄機能に悪循環をもたらすことがあります。

　孤独感、あきらめなどといった感情や、自分でできないことにより排泄そのものに恐怖心や腹立たしさを感じたり、やる気をなくし日常生活が不活発となるなど、生きる意欲を喪失してしまうことも考えられます。

## 3　社会生活面に及ぼす影響

　排泄障害は、外出や人との交流を避けるなど、行動の制約や人間関係を縮小させ、社会活動も不活発になります。経済的負担が増えることや、家族とのトラブルを引き起こすなど、社会面においても影響を及ぼします。

## 4　家族に及ぼす影響

　排泄の介護を家族が行う場合、夜間も介助しなければならないことから睡眠不足となったり、1日に数回の介助が必要なことから、疲労、腰痛、腱鞘炎など家族の身体面にもさまざまな影響を及ぼします。

　また、不安、罪悪感、あきらめ、腹立ちといった心理面や、介護負担の増加、行動の制約、人間関係の縮小、社会参加の断念、経済的負担など社会面にも影響を及ぼします。

## Ⅲ　排泄を支援する際の基本原則

　排泄を支援するうえでは、排泄ケアを受けることで生じる心理的な負担や、人間の尊厳、生きる意欲との関連を理解したうえで援助を行う必要があります。排泄を支援する際の基本原則は、以下のとおりです。

## 1　プライバシーの確保

　排泄は、他人に見られたくない行為です。そのため、排泄を支援するうえではプライバシーを確保することが基本となります。プライバシーの確保は、カーテンやスクリーンで周りから見えない状況にすることだけではなく、不要な肌の露出を避けること、音や臭いに注意を払うことも含まれます。

　また、介護者が発する言葉や態度が、プライバシーを侵害することもあります。周囲に聞こえないような声の大きさや場所、タイミング、説明の方法などを考えながら支援することが大切です。

## 2　自立支援

　排泄は、可能な限り自力で行いたいと誰もが思っている行為です。排泄を自力で行えなくなると自信をなくし、意欲を失うことで、日常生活全体に援助が必要となる状態になってしまうこともあります。そのため、できる限り自力で行えるよう支援することが基本となります。

　その人が、どのような障害を持っているのか、排泄動作を行ううえでどこに困難や不自由があるのかを把握し、できない部分を援助するのと同時に、その人の残存能力にも着目し、どのように援助すれば自力でできるのかを考えて支援することが大切です。

## 3　個人の排泄習慣の尊重

　排泄に対する考え方や様式は、その人の育った環境や文化的背景が大きく影響します。そのため、排泄を支援するうえでは、利用者の生活様式と排泄文化を尊重することが基本となります。また、利用者の排泄リズムやパターンを把握し、待たせることなく支援することが大切です。

## 4　安全面への配慮

　排泄をするためには、トイレへ移動したり、便座へ移乗するなどの動作を行わなければなりません。また、衣類を着脱する際には立位を保持するなど、障害があったり筋力が低下している高齢者にとっては負担となる動作を伴います。そのため、安全を確保し、転倒・転落などの事故防止に努め、安心して排泄ができるよう支援することが大切です。

　また、とくに冬場などは居室とトイレの急激な温度差が血圧の変動を招き、脳梗塞などを引き起こす可能性もあります。排泄しやすい環境を整えるのと同時に、安全に配慮した環境を整備することが大切です。

### Ⅳ　排泄支援の実際

　座位での排泄姿勢は、余分な筋肉の収縮や緊張を必要とせず、腹圧がかけやすい姿勢といえます。また、身体の構造上からみても排泄物が体外に排出されやすく、気持ちよく排泄することができます（図表10―14）。そのため、座位が保持できるのであれば、トイレを使用して排泄することが基本となります。

　排泄を介助するときは、①尿意、便意の訴えがあったときに介助する（または、尿意や便意のサインを察知してトイレに誘導する）、②プライバシーを確保する、③安全を確認する、④残存能力を活用し、できないところを介助する、⑤排泄物や皮膚の異常の有無を確認する、⑥すっきりと排泄できたかを確認する（残尿感・残便感の確認）ことが大切です。

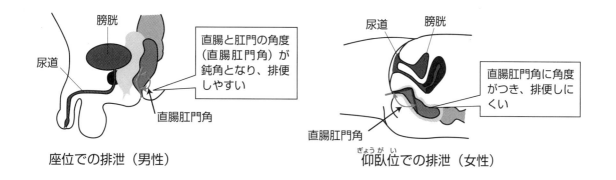

図表10—14　排泄姿勢と直腸肛門角

## 1　一部介助を要する利用者のトイレ内での排泄介助の具体的方法

### (1)　車いすでトイレに行く場合（図表10—15）

① 　車いすを便座の斜め前方につけ、ストッパーをかけます。

② 　フットサポートを開き、移動の妨げにならないようにします。

③ 　利用者は手すりにつかまり、介護者は腰を支えて立位をとってもらいます。

④ 　介護者は、利用者の腰を支えて立ち上がりを援助し、立位を安定させます。

⑤ 　利用者の腰を支えながら、便座に座れるように身体の向きを変えます。

⑥ 　利用者は手すりにつかまり、介護者は立位が安定していることを確認し、衣類を下げます。

⑦ 　利用者に前傾姿勢をとってもらい、介護者は利用者の腰を支えながら、ゆっくりと腰を下ろしてもらいます。

⑧ 　座位が安定していることを確認し、バスタオルなどを掛けてから、その場を離れます。座位が不安定なようであれば、利用者の視界に入らない場所で見守ります。

⑨ 　排泄が終わったら、陰部を拭きます。できるだけ利用者自身に拭いてもらい、自力で拭けない場合は介助します。

⑩ 　手すりにつかまり、立位をとってもらい衣類を整えます。

⑪ 　洗面所で手を洗ってもらいます。

図表10—15　トイレ内での排泄介助（車いす・便座間の移乗）

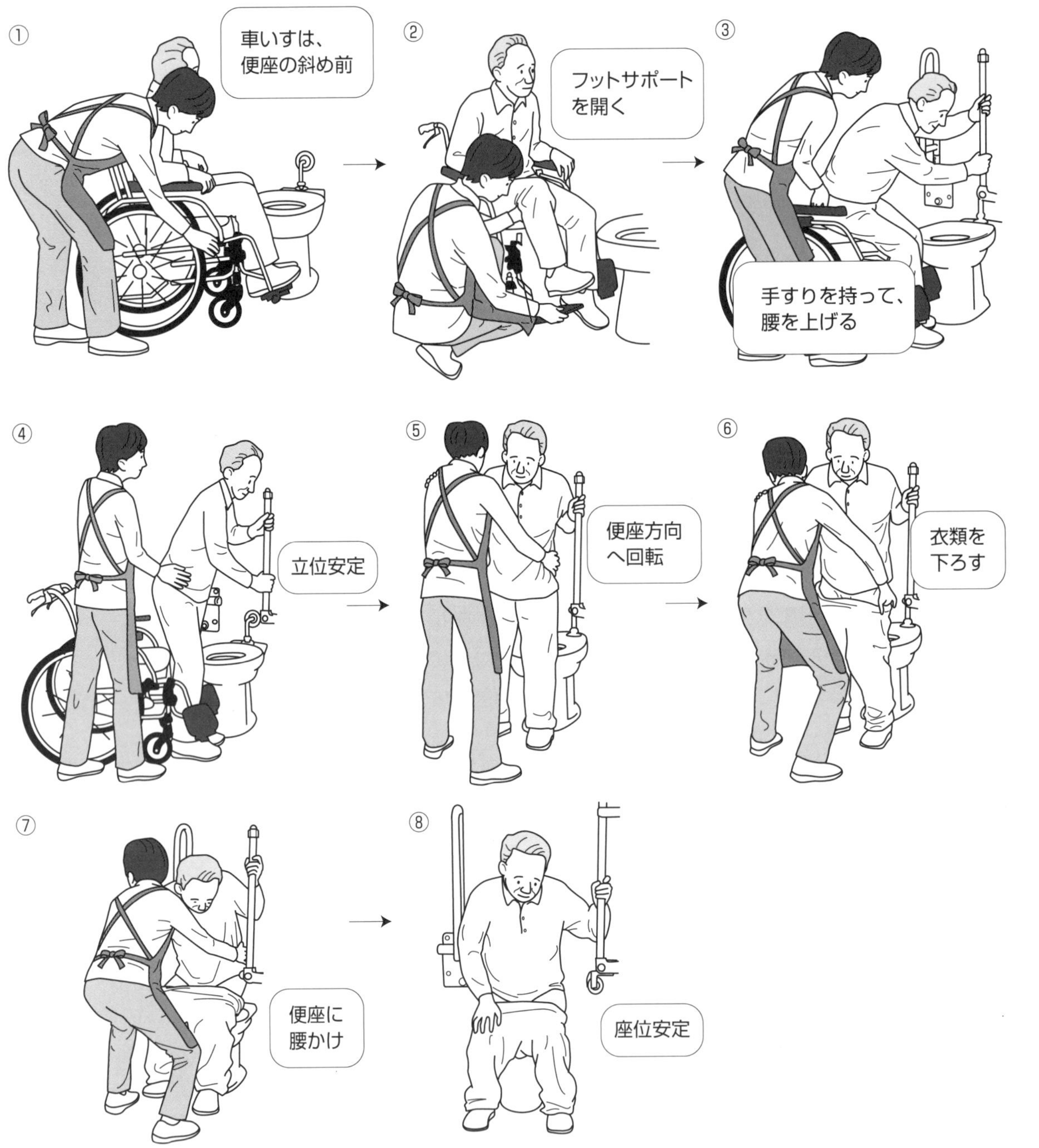

① 車いすは、便座の斜め前

② フットサポートを開く

③ 手すりを持って、腰を上げる

④ 立位安定

⑤ 便座方向へ回転

⑥ 衣類を下ろす

⑦ 便座に腰かけ

⑧ 座位安定

出所：井藤英喜，髙橋龍太郎，是枝祥子監修．写真でわかる生活支援技術，インターメディカ，2011.

## 2　ポータブルトイレの介助

### (1)　片マヒがない場合（図表10—16）

① ポータブルトイレをベッドの足元側に準備します。

② ポータブルトイレの肘かけにつかまってもらい、立位をとってもらいます。

③ 介護者は、利用者の腰を支えながらポータブルトイレに座れるように身体の向きを変えます。

④ 利用者に、両手でしっかりとポータブルトイレの肘かけにつかまってもらい、介護者

は衣類を下げます。

⑤　利用者に前傾姿勢をとってもらい、介護者は利用者の腰を支えながら、ゆっくりと腰を下ろしてもらいます。

⑥　座位が安定していることを確認し、バスタオルなどを掛けてから、その場を離れます。座位が不安定なようであれば、利用者の視界に入らない場所で見守ります。

⑦　排泄が終わったら、陰部を拭きます。できるだけ利用者自身に拭いてもらい、自力で拭けない場合は介助します。また、おしぼりなどで手を拭いてもらいます。

⑧　利用者にベッドやベッド柵につかまってもらい、介護者は利用者の腰を支えて立位をとってもらいます。

⑨　立位が安定したら、衣類を整えます。

⑩　介護者は利用者の腰を支えながら、ベッドに座れるように利用者の身体の向きを変えます。

⑪　ベッドに深く腰かけてもらいます。

---

**図表10―16　ポータブルトイレでの排泄介助（ベッド・便座間の移乗）**

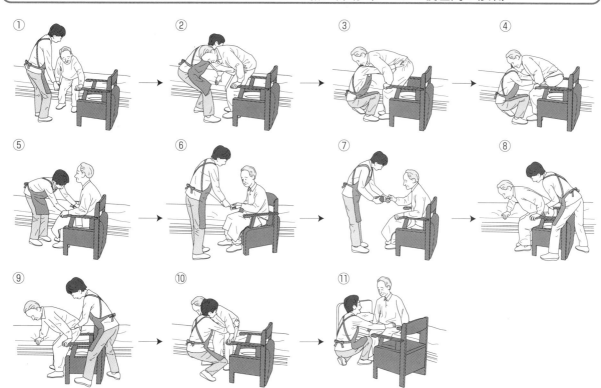

出所：井藤英喜，髙橋龍太郎，是枝祥子監修. 写真でわかる生活支援技術，インターメディカ，2011.

## ⑵　片マヒがある場合

　片マヒがある場合は、健側に移動・移乗することが原則です。ポータブルトイレは車いすのように動かすことはできないので、排泄が終了した後は患側に移動することになりますが、排泄を我慢せずスムーズに移乗するためには、健側にポータブルトイレを準備するほうが望ましいでしょう。ただし、介助バー（ベッド用手すり）などを使用すると患側にポータブルトイレを置いてもスムーズに移動することができます（図表10―17）。

図表10—17　介助バーを使用したポータブルトイレへの移乗介助（左片マヒの場合）

便器への移乗の準備　　　からだの向きの変え方　　　衣服を下ろす介助

出所：川井太加子編「生活支援技術Ⅰ」メヂカルフレンド社，2008，P269〜270（黒川雅代子著）一部改変

## 3　ベッド上での介助

　起き上がることが困難な場合でも、尿意や便意がある場合は、オムツに頼ることなく尿器や便器を使用して介助を行います。尿器や便器を使用することにより尿意・便意を保ち、腹筋の筋力を維持する体操を行ったり、座位保持ができる訓練を行いながら、徐々にポータブルトイレやトイレで排泄ができるよう、段階的に支援していくことが大切です（図表10—18）。

（1）　一部介助を要する利用者の尿器介助の具体的方法

① 　防水シーツなどを敷き、ズボンや下着を下ろし、バスタオルなどの掛けものを掛けます（プライバシーの保護、保温のため）。

② 　両膝を立て、足を少し広げてもらいます。

③ 　腹圧をかけやすいように上体を少し高くします（30度程度）。

④ 　尿器を当てます（冷感を与えないように、尿器を温めるかカバーを使用します）。
　　男性の場合は、尿器に陰茎が正しく入っているかを確認します。女性の場合は、尿器の受け口（先端部分）を会陰部（膣口と肛門の間）に当て、尿が飛散せず尿器の中に流れるように、縦長に折ったトイレットペーパーを陰部に当てます。

⑤ 　膝を閉じてもらい、尿器を固定します。また、自分でできる場合は、利用者に持ってもらい尿器を固定します（尿器の底がしっかりとベッドに付くように注意します）。困難な場合は、介護者が介助します。

⑥ 　ブザーや呼び鈴を手の届くところに置き、排泄が終わるまでその場を離れます。介助が必要な場合は、排泄が終わるまでしっかりと尿器を支えます。

⑦ 　終了後は、尿がこぼれないように注意しながら尿器を外し、陰部を拭きます。

⑧ 　衣類を整え、ベッドを元の状態に戻し、利用者の手をおしぼりで拭いて終了します。

図表10—18　尿器の介助

簡単な陰部洗い

尿器の当て方

男性の場合

女性の場合

**(2)　一部介助を要する利用者の便器介助の具体的方法**

① 温めるか、カバーをかけた便器を用意します。便器の底にトイレットペーパーを敷きます（消音と飛び散りへの配慮とともに、後処理がしやすくなります）。

② 防水シーツなどを敷き、ズボンや下着を下ろし、バスタオルなどの掛けものを掛けます（プライバシーの保護、保温のため）。

③ 両膝を立て、足を少し広げてもらい、便器を当てます。このとき、利用者が腰を上げられるようであれば協力してもらいます。

図表10—19　女性の場合

④ 排便時は排尿もみられるため、男性の場合は尿器を当てます。女性の場合は、陰部に縦長に折ったトイレットペーパーを当てます（図表10—19）。

⑤ 腹圧をかけやすいように、ベッドのギャッチアップ機能を使って上半身を少し高くします（30度程度）。

⑥ ブザーや呼び鈴を手の届くところに置き、排泄が終わるまでその場を離れます。

⑦ 排泄が終わったら、ベッドを水平に戻します。

⑧ 陰部を拭いてから便器を外します。利用者ができる場合は、自分で拭いてもらいます。

⑨ 衣類を整え、利用者の手をおしぼりで拭いて終了します。

**(3)　オムツ交換の具体的方法**

〈一部介助利用者のパッド交換の具体的方法〉

① トイレ、またはポータブルトイレに移乗する際、腹圧などで排尿がみられる場合は便座に移乗してからパッドを取ります。

②　排泄終了後、お湯（37〜39℃程度）で陰部を洗浄するか、温かいタオルなどを使い清拭します。陰部洗浄後や清拭後は、乾いたタオルを使い水分を拭き取ります。

③　皮膚の状態を観察し、パッドを当てます。立位をとってから、適切な位置にパッドが当たっているか確認し、下着とズボンを上げます。

④　パッドが違和感なく当たっているか確認します。

〈全介助を要する利用者の布オムツ交換の具体的方法〉（図表10—20）

①　布オムツとオムツカバーをセットします。このとき、男性の場合は前を厚く、女性の場合は後を厚くします。また、オムツがオムツカバーからはみ出ないように注意します。
　　ズボンと下着を下げ、不必要な露出を避けるためバスタオルなどの掛け物を使用しながら行います。

②　オムツを開き、陰部をお湯（37〜39℃程度）で洗浄します。排泄物を内側にくるむようにして縦のオムツを丸めます。また、皮膚に異常等がないか観察しながら行います。

③　利用者を介護者側のほうを向く形で側臥位にし、臀部全体を清拭します。陰部を洗浄、清拭した後は、乾いたタオルなどで水分を拭き取ります。

④　向こう側にある横のオムツを内側に丸めながら、利用者の身体の下に入れます。

⑤　新しいオムツを半分広げます。

⑥　利用者を仰臥位にしてから古いオムツを外し、新しいオムツを広げます。

⑦　縦のオムツの端を、利用者の鼠蹊部に沿わせるようにして当てます。

⑧　横のオムツを腹部に当てます。このとき、オムツの上端が下腹部に向かうように斜めに当てます（オムツを腸骨で固定するとともに、利用者が座位をとったときに腹部を圧迫しないため）。その後、余った縦のオムツを腹部のほうに折り返し、オムツカバーを当てます。このときも、横のカバーは上端が下腹部に向かうように斜めに当てます。

⑨　オムツカバーから、布オムツがはみ出ていないことを確認します。また、腹部には掌が入るくらい、大腿部には指1本が入るくらいの余裕をもたせます。オムツの装着感を確認し、衣類を整えます。

図表10—20　布オムツ交換の具体的方法

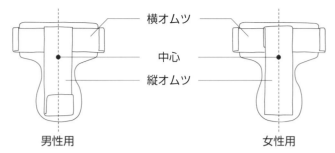

横オムツ

中心

縦オムツ

男性用　　　　　　　　　　　　女性用

出所：社会福祉・介護福祉講座編集委員会「新大学社会福祉・介護福祉講座　介護技術論」第一法規出版，2009

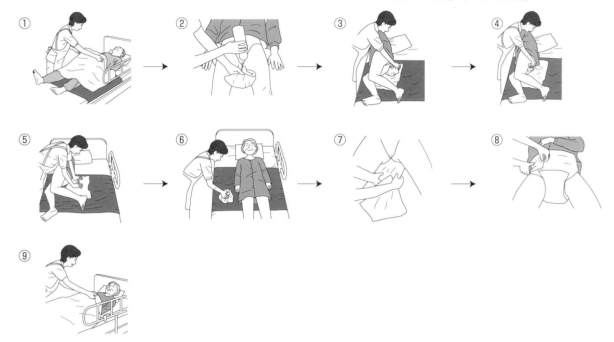

出所：井藤英喜，髙橋龍太郎，是枝祥子監修．写真でわかる生活支援技術，インターメディカ，2011．

〈全介助を要する利用者のテープ止め紙オムツ交換の具体的方法〉

　テープ止め紙オムツの交換は、布オムツの交換と基本的には同じです。注意する点は、紙オムツのギャザー部分を鼠蹊部に沿わせるように当てることと、下側のテープが斜め上に、上側のテープが斜め下に向くように当てることです。

## (4)　陰部洗浄、清拭の具体的方法

　パッドやオムツを使用し、陰部が汚れやすい状況にある人は、尿路感染症などを引き起こしやすい状況にあります。そのため、パッドやオムツを交換するときには温かいタオルで清拭するとともに、最低でも1日1回（排便時はその都度）陰部洗浄等を行い、清潔を保持する必要があります。

〈清拭の方法〉

①　腹部を清拭するときは、腸の走行に沿って「の」の字を書くように拭きます。

②　臀部は、汚れを広げないように外側から内側に向かって、円を描くように拭きます。

③　陰部は、女性の場合、細菌などが尿道口から侵入するのを防ぐため、前から肛門に向かって拭きます。男性の場合は、陰茎と陰嚢、陰嚢と皮膚が接触している部分の汚れや、陰嚢の裏側の汚れを拭き取ります。

④　清拭後は、皮膚に残った水分を乾いたタオルなどで拭き取ります。これは、皮膚に残った水分が蒸発する際に気化熱を奪われ、寒さを感じたりエネルギー消費が増したりするためです。

〈陰部洗浄の方法〉

①　防水シーツを敷き、便器や紙オムツなどを利用してベッドを汚さないように準備します。

②　女性の場合は、お湯で濡らしたガーゼなどに石鹸をつけ、陰唇を開きながら図表10—21の順番で洗い、最後に肛門を洗います。

　　男性の場合は、お湯で濡らしたガーゼなどに石鹸をつけ、包皮をずらして石鹸で洗います。また、陰嚢を伸ばしながら、陰嚢の裏側も忘れずに洗います。

③　ぬるま湯（37〜39℃程度）で十分にすすぎ、乾燥したタオルで水分を拭き取ります。

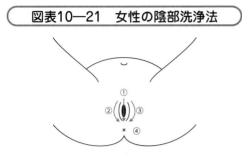

図表10—21　女性の陰部洗浄法

出所：介護福祉士養成講座編集委員会「生活支援技術Ⅱ　第2版」中央法規出版, 2010

## 4　尿失禁の把握と対応

尿失禁には種類があり、訓練や治療により改善できる場合もあるので、医療職と連携しながら、失禁のタイプに応じた対応をする必要があります（図表10—22）。また、不適切な対応をすることにより失禁の状態を悪化させてしまうこともあるので、以下の点に注意しながら対応することを心がけてください。

①　認知症などで尿意を訴えられない場合は、しぐさや表情などから排尿サインを察知します。

②　排泄リズムを把握し、定期的にトイレに誘導します。排泄動作がわからない場合などは、一つひとつの動作を区切りながらわかりやすく説明します。

③　着脱しやすい衣類を選択し、スムーズに排泄動作が行えるように配慮します。

④　失禁は、老化に伴い誰にでも起こり得る状態であることを理解し、利用者の不安を取り除くとともに、羞恥心に配慮した対応を心がけます。

図表10—22　失禁の種類と対処方法

| 種類 | 切迫性尿失禁 | 溢流性尿失禁 | 腹圧性尿失禁 | 機能性尿失禁 |
|---|---|---|---|---|
| 内容 | 尿意切迫感（急に起きる我慢できない強い尿意）があり、トイレに行くまで間に合わないで漏れるタイプ。膀胱が勝手に収縮してしまう。 | 排尿困難のため、尿を出しきれず膀胱内に残尿がたまり、溢れ出るタイプ。 | 腹圧が急にかかったときに漏れるタイプ。咳やくしゃみ、重い物を持ち上げたりすると起こり、安静臥床中は漏れない。 | 排尿動作が適切に行われず漏れてしまうタイプ（例：トイレまで遠くて間に合わない、着脱できない衣服やオムツの着用、便座に座れない、尿意を伝えられない、認知症によりトイレの場所がわからない・便器の使い方がわからない等の判断ができない）。尿道、膀胱機能は正常である。 |
| 主な原因 | 脳血管疾患、前立腺肥大症、膀胱炎等。 | 男性はとくに前立腺肥大症、その他神経因性膀胱等。 | 骨盤底筋の緩みによって尿道が閉まらずに起こる。女性に多い。 | 運動機能低下や認知症。 |
| 対処法 | 薬物治療、膀胱訓練等。 | 原因疾患の治療、清潔間欠導尿、留置カテーテル。 | 骨盤底筋訓練、尿失禁治療用具による治療、手術療法等。 | 機能訓練、環境整備、排尿誘導。 |

出所：介護福祉士養成講座編集委員会「生活支援技術Ⅱ　第2版」中央法規出版，2010　一部改変

## 5　便秘の予防と便秘時の介護

（1）**食生活**
　① 規則正しい食生活を送り、1日に必要な量をきちんと摂取します。
　② 食事には、繊維質の多い食品を取り入れます。また、腸内環境を整える発酵食品などを取り入れるなど、食事内容を工夫します。
　③ 1日に1000～1500mlの水分摂取量（食事以外）を保持できるように、1日に何回か水分を摂取する習慣をつけます。

（2）**排泄習慣**
　① 朝食後にトイレに行く習慣をつけます（朝食後は、胃に食物が入る刺激により腸蠕動が活発になるため）。
　② 便意を我慢しない生活を送れるよう配慮します。
　③ 座位で排便ができるように配慮します。

（3）**運　動**
　① 適度な運動は、食欲を増進し、腸の動きを良くします。
　② 腹筋や骨盤底筋群を強化する運動を行います。

(4)　その他

　　温湿布で腹部を温めたり、腸の走行に沿って「の」の字を書くように腹部マッサージを行います。

## 6　下痢への対応

① 　便と利用者の症状の観察をします。

② 　安静と保温に努めます。

③ 　下痢は、水分と電解質が失われるため脱水症状を起こしやすくなります。そのため、脱水症状の有無を確認するとともに、脱水予防のため、白湯や室温のスポーツドリンクなどで水分補給をします。

④ 　食事は消化がよく、腸に刺激の少ない食品にします。

⑤ 　下痢の水様便は、肛門周囲の皮膚に炎症を起こしやすいので、皮膚の観察を行うとともに、排便後は洗浄するなど肛門周囲を清潔に保ちます。

⑥ 　病原性大腸菌やサルモネラ菌などによる感染症の拡大防止に努めます。

◎車いすの利用者へのトイレ介助　　◎ポータブルトイレの介助

◎ベッド上での介助　　◎オムツ交換の具体的方法

◎清拭の方法　　◎陰部洗浄の方法

（執筆：青柳佳子）

〔引用・参考文献〕

① 　介護福祉士養成講座編集委員会「新・介護福祉士養成講座14　こころとからだのしくみ第2版」中央法規出版，2010

② 　小板橋喜久代・松田たみ子「最新介護福祉全書12　こころとからだのしくみ」メヂカルフレンド社，2008

③ 　住居広士「介護福祉士養成テキストブック13　こころとからだのしくみ」ミネルヴァ書房，2009

④ 　介護福祉士養成講座編集委員会「新・介護福祉士養成講座7　生活支援技術Ⅱ第2版」中央法規出版，2010

⑤ 　柴田範子「介護福祉士養成テキストブック6　生活支援技術Ⅰ」ミネルヴァ書房，2009

⑥ 　川井太加子「最新介護福祉全書第5巻　生活支援技術Ⅰ基本編」メヂカルフレンド社，2008

⑦ 　泉キヨ子・天津栄子「根拠がわかる老年看護技術第2版」メヂカルフレンド社，2010

⑧ 　小林小百合「根拠と写真で学ぶ看護技術1　生活行動を支える援助」中央法規出版，2011

⑨ 　小川典子・浅野いずみ・仲川一清「ホームヘルパー2級課程テキスト13　演習基本介護技術」介護労働安定センター，2011

⑩ 　井藤英喜・高橋龍太郎・是枝祥子「写真でわかる生活支援技術－自立を助け、尊厳を守る介護を行うために－」インターメディカ，2011

⑪ 　社会福祉・介護福祉講座編集委員会「新大学社会福祉・介護福祉講座　介護技術論」第一法規出版，2009

# 1　睡眠に関する基礎知識

　人の１日の生活は、休息と活動を繰り返すことから成り立っています。そして、健康な生活を送るためには、十分な睡眠をとることが必要となります。ここちよい眠りを支援するためには、まず睡眠に関連したこころとからだの仕組みを理解することが大切です。
　ここでは、
① 　睡眠の基礎知識
② 　睡眠の役割
③ 　睡眠障害の種類
について理解してください。

## Ⅰ　睡眠の基礎知識

### 1　日常の生活のパターン

　人は、夜になると眠くなり、朝になると目覚めるというような１日の生活パターンを持っています。しかし、この睡眠と覚醒（かくせい）のパターンは、成長・発達に伴い変化します（図表11－1）。

　睡眠時間は、新生児期では18～20時間といわれています。幼児期では、12～14時間で、この頃から睡眠は夜にまとまるようになり、夜の睡眠時間で足りない分は昼寝などで補われます。成人期では睡眠時間は７～９時間であり、高齢期では５～７時間といわれていますが、高齢になると眠りが浅く夜中に何度も目を覚ましたり、熟睡感（じゅくすい）が得られにくく、昼寝や居眠り（い）（ねむ）などで不足分が補われます。

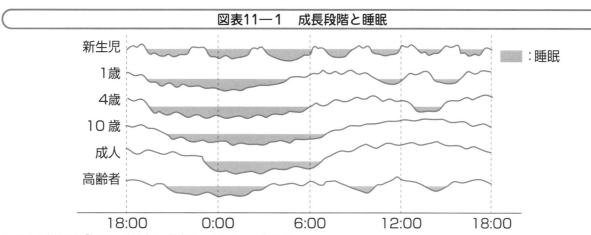

図表11－1　成長段階と睡眠

出所：大熊輝雄「睡眠の臨床」医学書院，1977　一部改変

## 2　睡眠の仕組み

　睡眠を調節しているのは、メラトニンというホルモンです。メラトニンは、松果体という脳にある器官から分泌され、光の刺激によって分泌量が抑制されると覚醒レベルが上がります。また、朝の光を浴びてから15〜16時間経つとメラトニンの分泌量が増加し、覚醒レベルが低下して睡眠の準備を始めます。

　眠りには、浅い眠り（レム睡眠）と深い眠り（ノンレム睡眠）があり、その周期は90〜100分で、一晩に4〜5回繰り返されます。レム睡眠のときは、眼球がキョロキョロと急速に動く急速眼球運動（rapid eye movement）がみられるため、この頭文字を採ってレム（REM）睡眠といわれます。レム睡眠中は、筋肉は弛緩していますが、脳は比較的活発に活動しており、夢をみていることが多いのが特徴です。また、ノンレム睡眠のときは、脳の活動が低下し、外界からの刺激ではなかなか目覚めないほどの深い眠りについています。心拍数、呼吸数、血圧などが穏やかになり、自律神経が安定した状態を示します。

## Ⅱ　睡眠の役割

　睡眠をとらずにいると、日中に眠気が生じたり、集中力や判断力などが低下するなど、日常生活にさまざまな影響を及ぼします。睡眠は、身体を休め、疲れを取るために必要なものですが、それ以外にもいくつか重要な役割があります。

① 成長ホルモンの分泌

　睡眠中に、身体の組織の成長・修復を促進する成長ホルモンが分泌されます。

② 免疫力を高める

　睡眠が深くなると、免疫系の働きが活発になります。

③ 情報の整理

　起きている間に脳に集められた情報は、睡眠中に整理され、また、新しいことを覚えて記憶するためにも睡眠は重要であるといわれています。

## Ⅲ　睡眠障害の種類

### 1　高齢者の睡眠の特徴

　睡眠時間は、年齢とともに変化していきます（図表11−2）。一般的に、高齢になると若い頃と比べて寝床に入ってから眠りにつくまでの時間が長くなり、第3〜第4段階の深い眠りが減少し、浅い睡眠の第2段階が増加します。総睡眠時間も短くなり、何か物音がするとすぐに目覚めて眠れなくなることや、朝早く目覚めてしまうのも高齢者の睡眠の特徴です。

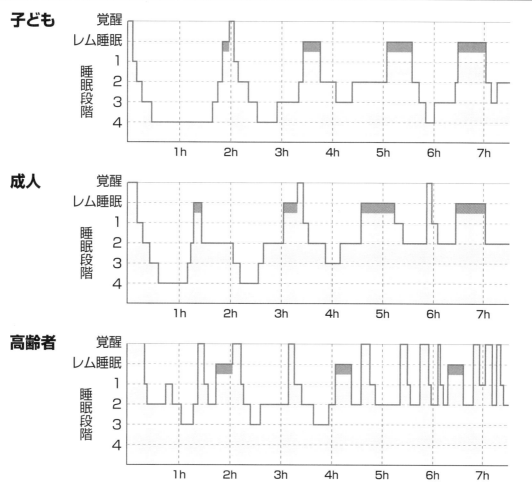

図表11−2　加齢による睡眠段階の変化

出所：大川匡子「臨床精神医学講座13　睡眠障害」中山書店，1999

## 2 睡眠障害の種類

睡眠障害には、以下の4つがあります。

### (1) 入眠障害

寝ようとしても眠りにつくまでに時間がかかる不眠症状のことです。身体の痒みや騒音、不安や緊張などが原因となることが多く、眠りにつくまでに1時間以上かかり、本人も苦痛を感じている場合は入眠障害といえます。

### (2) 中途覚醒

いったん眠りについても、夜中に何度も覚醒し、再び眠りにつこうと思ってもなかなか寝つけない不眠症状です。頻尿やストレス、飲酒などが原因となります。

### (3) 早朝覚醒

十分な睡眠がとれていないのに、朝早く目が覚めてしまい、その後眠ることができない不眠症状です。早い時間に眠ってしまったり、うつ病がある場合などにもみられます。

### (4) 熟眠障害

十分な睡眠時間をとっているのに、ぐっすりと眠った感じがせず、疲労感が残っているような不眠症状です。睡眠中に呼吸リズムが不規則になったり、呼吸が停止する睡眠時呼

吸障害や、中途覚醒が原因となります。

今後の学習のための
キーワード

◎睡眠と覚醒のパターン　　◎メラトニン

◎レム睡眠とノンレム睡眠　　◎睡眠障害

（執筆：青柳佳子）

# 2　睡眠環境と用具の活用方法

ここちよく眠るためには、環境を整えることが大切です。また、寝具にもさまざまな種類があり、快適な睡眠を確保するためには、季節や好み、その人の障害に合わせて適切なものを選択する必要があります。
ここでは、
① 寝室の環境整備
② 寝具の種類と選び方
③ ここちよく眠るための生活
について理解してください。

## Ⅰ　よく眠るための寝室（環境整備）

### 1　温度と湿度

　ここちよく眠れる室温は、16〜19℃であり、1年を通じて16〜26℃、湿度は50〜60％に保つとよいでしょう。夏場は、室温が28℃を超えると睡眠の質は低下します。また、人体と寝具の間の環境を「寝床内気候」といいますが、掛け物の中の温度は32〜34℃、湿度は45〜55％となるよう、掛け物を調整します。

### 2　光

　眠りには、メラトニンというホルモンが関わっています。強い光を浴びると、メラトニンの分泌は抑制されて入眠しにくくなるので、就寝前にくつろぐ部屋の照明は明るすぎないように注意します。寝室を真っ暗にすると、かえって不安を感じる人もいます。また、夜間トイレに起きたり、転倒の危険性がある場合も真っ暗にすると危険です。10〜30ルクス（ルクスとは明るさを数値で示す照度のことで、その単位です。照度が高いほど明るいといえます）程度な明るさにするか、足元灯などを活用するとよいでしょう。

### 3　音

　大きな音は睡眠の妨げになるので、扉や窓で音を遮断できるようにします。また、心を癒す音楽を聴くことでリラックスし、眠りを誘うこともあります。

### 4　臭い

　悪臭は、睡眠の妨げになります。たまっているゴミや汚れものなど、臭いの原因となるものは片付け、換気をして臭いを取り除きます。

**Ⅱ　快適に休養するための寝具の意義と知識**

　ここちよく眠るためには、寝室の環境を整えること以外に、適切な寝具を選び管理することも大切です。寝具は、その人の身体機能や生活習慣、好みによって選択します。また、人は寝ている間にコップ1杯から1杯半（約200〜300mℓ）の汗をかくといわれています。

　そのため寝具は吸湿性・放湿性がよいものを選ぶとともに、清潔で乾燥した状態を保つ必要があります。

## 1　ベッド・布団

### (1)　ベッド

　布団と比べて、座位や立位がとりやすく、自立性を高めることができます。また、寝たきりの高齢者や障害などによりベッド上で過ごすことが多い人の場合、背上げや膝上げ、高さの調整などができるギャッチアップ機能が付いたベッドを使用すると、介護の負担を軽減することができます。ただし、ベッドで寝ることに慣れていない高齢者などには、違和感があり落ち着かず、転落の危険につながる場合もあります。

　また、ある程度のスペースが必要なので、狭い部屋に置くと活動の妨げになったり、置き方によっては日常生活動作が困難となる場合もあります。

　ベッドには、家庭用のベッドと介護用のベッドがあります。家庭用のベッドは、高さを変えたりサイドレール（ベッド柵）を取り付けたりすることができません。介護用ベッドには手動式と電動式があります。手動式ベッドは、ギャッチアップ機能の操作を手動で行うもので、電気がなくても動かすことができるという利点があります。しかし、ベッドを動かすハンドルが足元にあるため、利用者は動かすことができず、また、介護者も介護のたびに足元に移動して動かさなければならないという欠点があります。電動式は、ギャッチアップ機能の操作を電動で行うもので、コントローラーを手の届くところに置くことで、利用者も介護者も容易に操作することができます。ただし、理解力が低下している利用者の場合は、コントローラーを手元に置いておくことで危険を伴う場合もあるので、注意が必要です。

### (2)　布　団

　長年、布団を使い慣れている人には安心感があります。また、床に直接敷くため、転落の危険がある人などの場合には安心です。這って移動できる人の場合には、布団のほうが、活動範囲が広がる場合があり、ベッドに比べて場所も取らないという利点があります。ただし、立ち上がり動作や車いすへの移乗動作は困難で、介護者も床面からの立ち上がりを支援しなければならないため、負担が増します。

## 2　マットレス・敷布団

　マットレスや敷布団は、柔らかすぎると身体が沈み込んで動きづらく、腰痛がある場合には悪化させてしまうこともあります。逆に、硬すぎると、骨の突出した部分を圧迫してしまいます。ここちよいと感じる硬さには個人差があるので、身体の状態に合わせて適度な硬さのものを選んでください。また、睡眠中は寝返りを打つので、適度な幅があるものを選択し

ます。布団の場合、寝床内の熱は掛け物より敷布団からより多く逃げるので、冬場などは敷布団を重ねたり、マットレスと組み合わせたりするとよいでしょう。

## 3　シーツ

　マットレスや敷布団（しきぶとん）を包み込むことができる大きさの物を選びましょう。また、肌触りがよく、吸湿性（きゅうしつせい）に優れ、洗濯に耐えるものがよいでしょう。

## 4　掛布団（かけぶとん）・毛布

　掛布団（かけぶとん）や毛布は、軽くて大きめのもの、保温性がよいものを選びます。また、肩から足元までを保温できる長さと幅が必要です。掛布団は、カバーを掛けて使用します。

## 5　枕

　枕は、頸椎（けいつい）を支えているので呼吸機能にも影響します。また、高すぎたり低すぎたりする枕は、肩こりの原因にもなります。高さは脊椎（せきつい）と頭が水平になる程度から、首の角度が15度上がるくらいのものがよいといわれています。硬さや素材は、本人の好みに合わせるとともに、寝返りを打ったときに頭部が落ちないような幅があるものを選びます。

## 6　寝具の管理

　睡眠時のここちよさを確保するだけでなく、感染症予防のためにも寝具を清潔にすることは大切です。寝床は、夜眠るときにだけ使用し、日中は離床して過ごすことが望ましいのですが、介護が必要な人のなかには日中も寝床で過ごさなければならない人もいます。
　人は発汗（はっかん）以外にも、目には見えませんが皮膚や呼気（鼻や口から吐く息）から水分や老廃物（ろうはい）（ぶつ）を排出しており（不感蒸泄（ふかんじょうせつ））、寝床の中は湿（しめ）った状態になりやすく、また落屑（らくせつ）（表皮（ひょうひ）の角質層（かくしつそう）が大小の角質片となってはげ落ちたもの）や食べこぼしなどによって不衛生になりがちです。そのため、1週間に1度は布団を干して乾燥させてください。日光に当てることで紫外線による殺菌効果も得られます。また、シーツや枕カバーはこまめに取り換え、洗濯・乾燥したものを使用するようにします。

◎ここちよく眠るための寝室の環境
◎快適に休養するための寝具　　◎感染予防

（執筆：青柳佳子）

# 3　快い睡眠を阻害する要因と支援方法

学習の手引き

　質の高い睡眠は、体調を整え、日中の活動を活発にします。しかし、心配ごとやストレス、身体の痛みなどがあるとぐっすりと眠ることができません。介護者は、利用者が安眠できるように支援していく必要があります。
ここでは、
①　睡眠を阻害する要因
②　心身の苦痛の軽減
③　安楽な体位
④　褥瘡予防
について理解してください。

解説

## Ⅰ　睡眠を阻害する要因

### 1　加齢による変化

　一般的に、睡眠は年齢とともに変化します。高齢になると眠りにつくまでの時間が長くなる、眠りが浅くなる、総睡眠時間も短くなる、朝早く目覚めてしまうといった特徴がみられます。

### 2　環境要因

　環境が整っていないと、ぐっすりと眠ることができません。室温や湿度、照明の明るさ、音や臭い、寝具などによって睡眠は影響を受けます。また、布団を急にベッドに変えたり、転居などによって環境が変化したりしても、眠れなくなることがあります。

### 3　心理的要因

　睡眠は、心理面の影響を受け、不安や緊張などがあると寝つきが悪くなったり、中途覚醒が増えたりします。高齢期には、退職、家族や親しい友人との死別などの喪失体験、環境の変化などが心理的ストレスになることがあります。また、病気をきっかけに健康に不安を感じたり、死に対する不安や恐怖が生じるなどの心理的ストレスによって、不眠が生じる場合があります。

## 4　身体的要因

　痛みや痒みなど、身体的な要因によっても睡眠は阻害されます。また、頻尿が原因で眠れなくなることもあります。生活リズムの乱れも不眠の原因となります。

### II　安眠のための介護の工夫

　睡眠を促すためには、前述したような睡眠を阻害する要因を取り除くことが必要です。

## 1　睡眠環境の調整

　在宅で生活している人の場合、踏み切りや線路、幹線道路が近くにあって音が気になったり、店舗のネオンなどが明るく感じるときは、窓やカーテンで音や光を遮断できるようにします。また、寝室とトイレの距離、夜間移動する場合の障害物の除去など、安全面にも配慮します。

　施設で生活している場合、4人部屋などの多床室ではプライバシーが守れないことにより不眠を引き起こすことがあるので、カーテンなどを利用して、プライバシーを守ることが必要です。また、同室者のいびき、介護者の話し声や歩く音などにも配慮してください。

　その他、温度や湿度、光、音、臭いに対する配慮は前述したとおりです（第9章—11「2 睡眠環境と用具の活用方法」を参照）。

## 2　心理的ストレスの軽減

　心理的要因によって不眠である場合は、利用者が抱える心配ごとや不安などの心理的ストレスを軽減する必要があります。ストレスの原因を完全に取り除くことは困難ですが、介護者が側に寄り添い、話を聞き理解しようとする態度で接することで、安心感を持ってもらえることもありますし、話をしたことで気分が落ち着くこともあります。また、就寝する前には、できるだけリラックスできるように支援することも大切です。

　就寝前に入浴する場合は、ぬるめの湯（38〜40℃）に浸かることで副交感神経（睡眠時などリラックスしているときに働く神経です。筋肉が緩んで血管が広がり新陳代謝を促進するので、疲れた身体を修復してくれます）の働きが亢進し、リラックスすることができます。入浴ができない場合でも、足浴を行うことで安眠を促すこともできます。また、心を癒す音楽やリラックス効果のあるアロマオイルなども、気分を落ち着かせる効果があります。

## 3　身体的要因の緩和

　痛みや痒みなど、身体的要因によって不眠である場合は、原因となる苦痛を取り除きます。何らかの疾患が原因で痛みや痒みが生じている場合は、医療職との連携が必要になります。

　老人性の皮膚掻痒症は、皮膚が乾燥し、化学繊維の衣類を着用することや、温まることによって痒みが増します。そのため、入浴後はすぐに保湿剤を使用するとともに、寝るときの

衣類は皮膚に対する刺激の少ない綿や絹素材にし、身体を締め付けないゆったりとしたものを着るようにします。また、長時間同じ姿勢で寝ていることで、身体に痛みが生じる場合は、定期的に身体の向きを変えたり、安楽な姿勢（図表11—3）で眠れるよう体位の調整を行います。とくに、臥床して過ごすことが多い場合には、褥瘡予防のためにも2時間ごとに体位変換を行います。

## (1) 仰臥位

仰向けに寝ている状態を仰臥位といいます。仰臥位は、支持基底面積（身体の床に接している部分が形成する面積）が広く、一番安定した姿勢といえます。仰臥位をとるときは、腹部の緊張を和らげるため、膝の下にビーズマットやクッションを入れます。足先にはクッションを当てて、尖足（足首が底側に曲がり変形した状態）を予防します。

また、手指が軽く持ち上がるように、肘の下にビーズマットやクッションを当てます。腰に痛みを感じる場合は、薄い枕を腰部に当ててください。

## (2) 側臥位

横向きに寝ている状態を側臥位といい、右横を向いている場合を右側臥位、左横を向いている場合を左側臥位といいます。側臥位をとるときは、身体が「く」の字になるように腰を後ろに引き、膝を軽く曲げます。背中にビーズクッションなどを当てて、姿勢が崩れないようにします。また、ビーズクッションを抱えるように当て、胸部の圧迫を軽減します。両下肢が重ならないように注意し、上側の下肢の下にビーズクッションなどを当て、支持基底面積を広くします。片マヒがある場合は、マヒ側が上になるようにしてください。

## (3) 半座位（ファーラー位）

上半身を30〜60度に起こした姿勢を半座位といいます。ベッドのギャッチアップ機能を利用して上半身を上げますが、このときベッドの屈曲部分と臀部の位置が合っていることを確認してください。また、上半身を起こす前に膝の下にビーズクッションなどを当てて、膝を曲げます。左右に傾いてしまう場合は、骨盤を支えるように脇にビーズクッションを当てます。また、肘の下にビーズクッションを当てて前腕部を支えます。

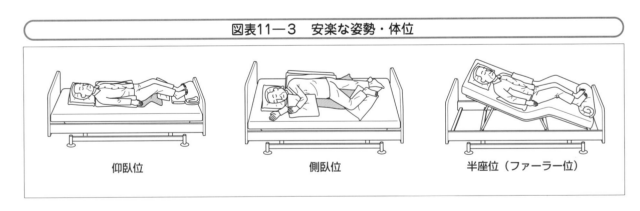

図表11—3　安楽な姿勢・体位

仰臥位　　　　　側臥位　　　　　半座位（ファーラー位）

## 4　生活リズムの調整

## (1) 規則正しい生活

ここちよく眠るためには、1日の生活リズムを整えることが大切です。毎日同じ時刻に起床し、決まった時間に就寝するなど、規則正しい生活を送ることで体内時計のリズムを正常に保つことができます。

### （2）　食事と運動

　規則正しい食事を摂(と)ることで、体内時計が正常に働くようになります。とくに、朝食は脳と身体を目覚めさせるためにきちんと摂りましょう。また、日中は、適度な疲労感が得られるくらいの運動を行います。ただし、激しい運動などは、逆に眠気を妨げるので注意が必要です。

### （3）　光の利用

　朝、太陽の光を浴びることで、すっきりと目覚めることができます。また、午前中は太陽光を１〜２時間ほど浴びるとよいでしょう。太陽の光を浴びることにより、日中のメラトニンの分泌(ぶんぴつ)を抑制し、夜間の分泌を増加させることができます。

### （4）　昼　寝

　昼寝をする場合は、午後１〜３時の間の15〜20分程度にします。昼食後の短い昼寝は、脳と身体の疲労を回復させ、午後の活動性を高めることができます。ただし、長すぎる昼寝や夕方にかかる遅い時間の昼寝は逆効果です。

今後の学習のためのキーワード

◎睡眠を阻害する要因　　◎心身の苦痛の軽減

◎安楽な姿勢　　◎生活リズムを整える

（執筆：青柳佳子）

〔引用・参考文献〕

①　介護福祉士養成講座編集委員会「新・介護福祉士養成講座14　こころとからだのしくみ第２版」中央法規出版，2010

②　小板橋喜久代・松田たみ子「最新介護福祉全書12　こころとからだのしくみ」メヂカルフレンド社，2008

③　住居広士「介護福祉士養成テキストブック13　こころとからだのしくみ」ミネルヴァ書房，2009

④　介護福祉士養成講座編集委員会「新・介護福祉士養成講座７　生活支援技術Ⅱ第２版」中央法規出版，2010

⑤　柴田範子「介護福祉士養成テキストブック６　生活支援技術Ⅰ」ミネルヴァ書房，2009

⑥　川井太加子「最新介護福祉全書第５巻　生活支援技術Ⅰ基本編」メヂカルフレンド社，2008

⑦　泉キヨ子・天津栄子「根拠がわかる老年看護技術第２版」メヂカルフレンド社，2010

⑧　小林小百合「根拠と写真で学ぶ看護技術１　生活行動を支える援助」中央法規出版，2011

⑨　小川典子・浅野いずみ・仲川一清「ホームヘルパー２級課程テキスト13　演習基本介護技術」介護労働安定センター，2011

⑩　井藤英喜・高橋龍太郎・是枝祥子「写真でわかる生活支援技術—自立を助け、尊厳を守る介護を行うために—」インターメディカ，2011

⑪　水戸美津子「看護観察のキーポイントシリーズ　改定版 高齢者」中央法規出版，2006

⑫　社会福祉・介護福祉講座編集委員会「新大学社会福祉・介護福祉講座　介護技術論」第一法規出版，2009

⑬　山岡喜美子・荏原順子「リーディングス介護福祉学15　介護技術」建帛社，2005

# 1　終末期に関する基礎知識

生活の場で、死を迎える人の割合が増えています。苦痛なく最期が迎えられるように援助する「終末期ケア」において、介護従事者の役割は大きくなっています。
ここでは、
① 終末期ケアとは
② 住み慣れた場所で最期を迎えるための終末期ケア
について理解してください。

## Ⅰ　終末期ケアとは

　終末期ケアとは、人生の最期を支えるケアであり、安楽に最期が迎えられるように環境を整え、援助することをいいます。高齢者の場合、いつから終末期といえるのか明確に定義することが難しく、介護が必要になった段階から、「終末期」を意識する度合いを少しずつ増やしていくと考えるのが現実的です。

　人は、誰でも最期を迎えます。高齢になるにしたがって、最期を迎える可能性が高くなります。2021（令和3）年は、死亡者数は140万人を超え、その約半数は85歳以上です（図表12—1）。

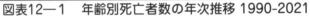

### 図表12—1　年齢別死亡者数の年次推移 1990-2021

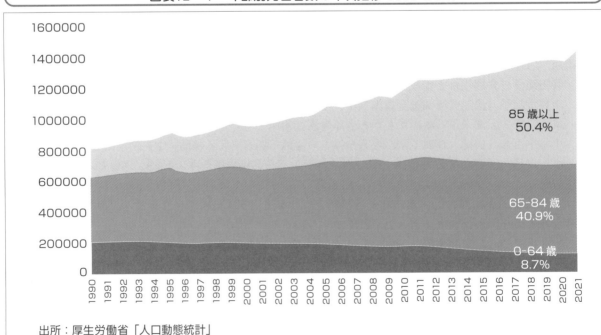

出所：厚生労働省「人口動態統計」

また、死亡の場所をみると、2021（令和3）年には病院で死亡する人は死亡者数全体の約4分の3で、その割合は微減し、老人ホームで亡くなる人の割合が微増しています。2021（令和3）年は、病院と診療所を合わせて74.8％、自宅が13.2％、特別養護老人ホーム、老人保健施設、有料老人ホームを合わせて9.9％となっています（図表12—2）。

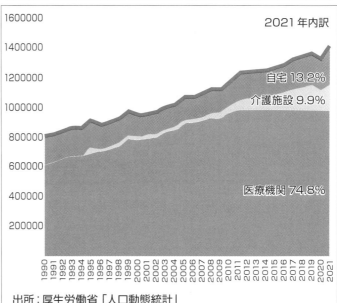

図表12—2　死亡の場所別死亡者数年次推移 1990-2021

2021年内訳
自宅 13.2%
介護施設 9.9%
医療機関 74.8%

出所：厚生労働省「人口動態統計」

## Ⅱ　住み慣れた場所で最期を迎えるための終末期ケア

平成20年の「終末期医療に関する調査」（厚生労働省）によれば、一般国民の6割以上の人が、終末期を「自宅で療養したい」と希望していますが、同じく6割以上の人が「自宅で最期まで療養するのは実現不可能」と考えていることが報告されています。その理由として、半数以上の人が「家族に負担をかける」「急変した時の対応が不安」をあげています。家族に迷惑をかけることなく安心して最期を迎えたいという思いが、病院での最期を希望することにつながっているのだとすれば、自宅でも家族への負担が少なく安心して最期を迎えられる環境を作ることによって、希望どおり自宅で最期を迎えられる人が増える可能性があります。

施設に入居している高齢者にとって、「住み慣れた場所」は、老人ホーム、グループホーム、高齢者住宅などの施設です。このような生活の場で最期を迎える人は、今後も増えることが予想されています。

自宅や施設における終末期ケアでは、生活を支える介護従事者が大きな役割を担うことになります。終末期ケアは、死に近づいていくプロセスに関わるため、医療の世界の出来事であるかのように捉え、「介護従事者にできることはない」と思ってしまう人もいるかもしれません。しかしながら、医療的アプローチだけでは、高齢者の最期の生活を支えることはできません。最期まで気持ちよく過ごせるよう、その人の周辺環境を整え、必要な生活援助を提供することは不可欠であり、それが介護従事者の役割として求められているのです。

今後の学習のための

◎終末期ケア　　◎終末期医療に関する調査

🔑 キーワード

（執筆：島田千穂）

# 2　生から死への過程とこころの理解

　　　　　終末期の状態変化には、大きく３つのパターンがあります。終末期に提供できる介護は、通常の介護の延長線上にありますが、心理的・身体的変化に応じて苦痛を和らげるケアを提供する必要があります。
　　　ここでは、
　　　① 高齢者の死に至るパターンとケアの特徴
　　　② 終末期の身体的状態と苦痛を和らげるケア
　　　③ 終末期の心理状態
　　について理解してください。

## Ⅰ　高齢者の死に至るパターンとケアの特徴

　高齢者の終末期のプロセスは、大きく３つのパターンで整理されています（図表12—3）。

### (1)　死の直前に急速に機能低下

　一つ目は、死亡直前の時点まで、認知機能やその他の身体機能がある程度維持され、最期に急速に低下するパターンで、末期がんの場合がこれに該当します。

　このようなパターンでは、終末期と診断できた時点で認知機能が保たれていることから、本人の意思を確認しながら終末期ケアが提供できます。しかしながら一方で、終末期であることをどのように伝えるか、または伝えないかを本人や家族の状態に合わせて判断しなければなりません。本人や家族が終末期であることを受け止める過程を支え、本人の思いの表出を助け、その実現を手助けすることが、大きな仕事になります。

### (2)　悪化と回復を繰り返し、少しずつ機能低下

　二つ目は、もともと呼吸器や循環器の慢性疾患を持っていて、その疾患による症状の悪化と回復を繰り返しながら、少しずつ全身機能が低下し、最期を迎えるパターンです。

　この場合には、「普段の状態」と違う状態を「何か変だ」と早期に察知する観察力が求められます。症状悪化の兆候を早く見つけ、早く治療が開始できるような援助が必要です。

### (3)　加齢に伴い緩やかに機能低下

　三つ目は、とくに大きな疾患はなく、認知症の進行や生理的な老化に伴って少しずつ身体状態が悪くなり、最期を迎えるパターンです。生活の場で最期を迎える方に多いです。

　この場合も、小さな発熱や感染症を繰り返す場合が多くあります。日常の状態観察と、悪化のサインを見逃さず対処して、苦痛を増大させないケアが必要になります。

　このパターンでは、終末期の診断が難しく、いったん「終末期」と診断された後に以前の状態まで回復し、機能低下した状態のまま１年以上生活される方もいます。典型的なパターンでは、嚥下機能の低下をきっかけに、食事量が減少し、いわゆる「枯れるように」

生命力を使い果たして、最期を迎えるというコースをたどります。

　このようなケースでは、栄養と水分を人工的に補給（ほきゅう）するかどうか、難しい判断が迫られる時期があります。一般的には、医療的にみてこれ以上回復する可能性が小さいと判断された場合に、本人・家族の意思を重ね合わせながら、人工栄養（主に胃ろう）や補液（ほえき）（点滴）をするかどうか、最終的な方針をケアチームで決定します。

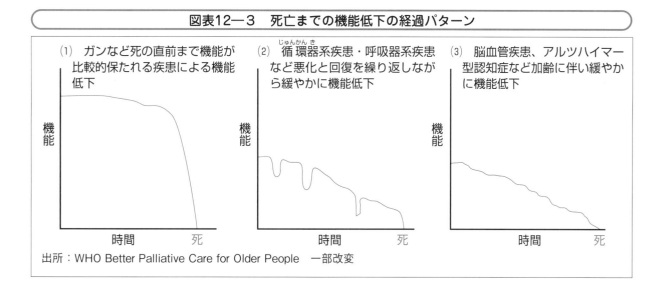

図表12—3　死亡までの機能低下の経過パターン

(1) ガンなど死の直前まで機能が比較的保たれる疾患による機能低下

(2) 循環器系疾患・呼吸器系疾患など悪化と回復を繰り返しながら緩やかに機能低下

(3) 脳血管疾患、アルツハイマー型認知症など加齢に伴い緩やかに機能低下

出所：WHO Better Palliative Care for Older People　一部改変

## II　終末期の身体的状態と苦痛を和らげるケア

終末期には全身状態が衰弱し、機能が低下します。観察できる症状をいくつかあげます。

### 1　嚥下機能

　高齢者が終末期に入ったことを表す指標の一つに、嚥下機能の低下があります。嚥下とは「飲み込む」ことで、嚥下機能が低下すると口から栄養を摂取することが困難になります。嚥下機能はほかの機能と同様、加齢とともに少しずつ低下します。

　人は、物を飲み込むとき、十分に噛み（咀嚼し）、口腔内に食塊を作り、舌で喉元（咽頭）に送り込むと、嚥下反射が起きて、自然に飲み込むことができるようになっています（図表12—4）。喉は、食道と気道の両方の入り口があるため、食塊を気道に送り込まないように、飲み込むときに喉頭蓋で気道をふさぎ、食塊が食道にしか行かないように反射が起きます。食道の先には胃があり、そこで食物は消化されて人が生きるエネルギーになるのです。

　嚥下機能が低下すると、食塊が食道に十分な力で送り込まれず喉元に残ったり、間違って気道に入ったりします（誤嚥）。食塊が気道に入ると、窒息します。少しずつ入ってしまうと肺に炎症が起こり、誤嚥性肺炎になります。どちらも高齢者の終末期にリスクが増大します。

　誤嚥は、提供する食事の形態や食事介助の方法を工夫することによって減らすことができます。また、嚥下機能に合わせた食事介助を行うことによって、機能を維持できる場合があります。食事介助中の状態を観察し、その人に合った方法を工夫することは、終末期ケアにおける介護従事者の大事な仕事の一つです。

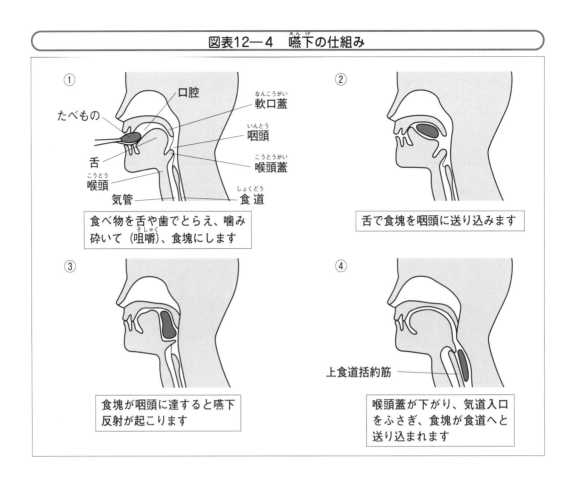

図表12—4　嚥下の仕組み

① 口腔　軟口蓋　たべもの　咽頭　舌　喉頭蓋　喉頭　気管　食道

食べ物を舌や歯でとらえ、噛み砕いて（咀嚼）、食塊にします

② 舌で食塊を咽頭に送り込みます

③ 食塊が咽頭に達すると嚥下反射が起こります

④ 上食道括約筋

喉頭蓋が下がり、気道入口をふさぎ、食塊が食道へと送り込まれます

## 2　皮膚の状態

　高齢者は、一般的に皮膚が弱く乾燥しやすいですが、終末期ではとくにそれが顕著になります。また、内出血や皮膚剥離が起こりやすくなります。栄養状態も悪くなるので、褥瘡ができることもあります。

　乾燥とは逆に、むくみが見られる場合もあります。むくみが見られるときは、摂取する栄養や水分量に見合った排泄ができなくなっています。経管栄養や点滴が適量でない場合、または腎臓などの機能障害が生じている場合に見られます。肺に水が溜まり、苦しそうな呼吸になることもあります。

　最期が近づいてくると、冷感や熱感が強くなる場合があります。布団や室温を調節して、本人が快適に過ごせるような環境づくりをしましょう。

## 3　呼吸の状態

　肺炎など肺の疾患を有する場合は、苦しそうな呼吸になることや、発熱を伴うことがあります。治療は欠かせませんが、並行して、ケアの工夫によってこれらの症状を緩和させることができます。肺の音を聞き、側臥位で左右どちらがより苦痛が少ないかをアセスメントして、体位変換を工夫したり、体位ドレナージ（体の位置を工夫して痰を出しやすくする方法）で自然な排痰を促し、吸引の回数を減らすことなどがあります。

　息を引き取る間際になると、通常の反応として下顎呼吸がみられます。下顎が大きく動き、

肩を上下させるような動きになるので、あらかじめ知識がないと慌ててしまいますが、最期を迎える直前の一般的な症状です。いよいよ最期の心の準備が必要なサインともいえます。

### 4　口腔内の状態

終末期には、口腔内の働きが悪くなり、唾液の分泌量が減少するため、細菌が発生しやすい環境になります。また、嚥下機能が低下するため、就寝中に唾液が喉元に溜まり、気道に流れ込む誤嚥が発生しやすくなり、口腔内の細菌が肺炎を起こす原因になることがあります。

経管栄養で、食事の経口摂取をしていない人は、さらに唾液分泌量が減少しやすく、口腔内に細菌が発生しやすい環境になっています。食事をしなくても、口腔ケアは必要です。

また、終末期は、とくに口腔内が乾燥しやすくなります。口腔ケアによって乾燥を和らげるとともに、誤嚥しない程度の少量の水分（果汁、お茶、水など）でガーゼや口腔ケア用のスポンジを湿らせ、水分を含ませる方法や、お茶を口腔内にスプレーして湿らせるという方法もあります。

## Ⅲ　終末期の心理状態

認知機能が保たれ、コミュニケーション力が残る形で最期を迎えることが多い末期がん患者の心の状態は、さまざまな形で記述され、理解されるようになってきています。キューブラー・ロス（スイス出身の精神科医で、著書に『死ぬ瞬間』がある）は、終末期の心理状態を、否認・怒り・取引・抑うつ・受容の5段階で説明しました。最近では、終末期にある本人が気持ちをつづった手記や、医療職が終末期ケアの事例を紹介している著作物が出版されています。

高齢者の終末期では、認知機能が低下し、言語によるコミュニケーションは成り立たない状態にあることがほとんどです。本人が終末期の気持ちを語ることや書き残すことはできない状態であり、言語以外のコミュニケーションを活用して、その人自身の思いを探索するしかありません。

思い残していることは何か、家族との関係はどうか、その人にとって何が快適なのか、好きな音楽、好きな食べ物、過ごしたい環境は、人によって違います。どのような環境がよりよいのか、関係性の深い家族や友人から情報を集め、心理状態を推測していくことになります。

◎終末期プロセス　　◎嚥下機能の低下　　◎皮膚剥離

◎下顎呼吸　　◎口腔内の乾燥　　◎キューブラー・ロス

◎認知機能の低下

（執筆：島田千穂）

# 3　苦痛の少ない死への支援と他職種との連携

> 　　　　　終末期ケアにおける介護従事者の役割は、終末期の生活を支える介護の提供と、継続的な状態観察です。状態観察によって異変に気づいた場合は、看護職や医師など、必要な関係職と連携することが重要です。
> 　ここでは、
> ①　ケアプランに基づいた介護
> ②　介護従事者の役割と他職種との連携
> ③　全身状態の観察
> ④　誤嚥の防止と嚥下状態の観察
> ⑤　心理状態の観察
> ⑥　介護従事者の基本的態度
> について理解してください。

## Ⅰ　ケアプランに基づいた介護

　終末期ケアは、医師による医学的な診断、介護に携わる介護職・看護職の観察、そして本人や家族の希望を組み入れたケアプランに基づいて、チームでサービスを提供します。医療職や介護従事者の思いだけで進めていくことはできません。本人や家族の意向の確認は、在宅であればケアマネジャーか訪問看護師、施設であればケアマネジャー、相談員、看護職が行うのが一般的です。終末期の生活に対する考え方は変わる可能性があり、それに合わせてケアの方針を変更するため、タイミングをみて、何度も確認します。

　介護従事者は、本人や家族の身近な立場で、生活をよく理解している専門職です。自分の価値観を交えないようにして、本人や家族の意向の表明を支えていくことが求められます。

## Ⅱ　介護従事者の役割と他職種との連携

　終末期で必要とされる介護内容は、それまでのケアと大きく変わることはありません。安静にできる環境を基本として、状態が安定していれば、日中は車いすで食堂に移動し、みんなと一緒に食事をしたり、レクリエーションの場に参加したり、ポータブルトイレで排泄を続ける人もいます。

　終末期ケアにおいて介護従事者は、終末期の生活を支える介護を提供し、継続的に状態観察する役割を担います。

　観察によって異変に気づいた場合は、それに対処するとともに、看護職や医師など、必要な関係職と連携します。

## Ⅲ　全身状態の観察

　介護従事者は、勤務日までの個別のケースの経過について、記録や申し送りを把握したうえで、介護にあたります。終末期ケアではとくに、その日に起こり得る状態変化と対処方法を事前に確認できるよう、通常のケア以上に看護職と密接な連携をとり、情報を共有して、個別のケースごとに看護職から指導や助言を受ける必要があります。

## Ⅳ　誤嚥の防止と嚥下状態の観察

　医学的に嚥下機能を評価する方法がありますが、ここでは、誤嚥しないように食事介助する方法と、介護従事者の目で誤嚥していないかどうかを確認する方法について学びます。

### 1　誤嚥させない食事介助の方法

　食事を始める前に、本人の覚醒状態を確認します。終末期になると、傾眠（周囲の刺激で覚醒するものの、すぐに意識が混濁する状態）が多くなり、食事の時間に声をかけても目が覚めないことがあります。その場合には食事時間を変更し、覚醒時に食事を提供するようにします。

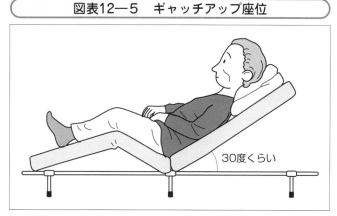

図表12−5　ギャッチアップ座位

30度くらい

　覚醒していることを確認したら、少し声を出してもらいましょう。声を出すことで、舌や喉の周りの筋肉が動き、嚥下反射のための準備体操になります。
　座位が不安定な場合、食事介助時は、座面と背もたれがそのままの角度で後方に倒れるティルト型の車いすか、ベッドをギャッチアップして使います。上体を30度くらい起こし、頭の下にクッションなどを入れてさらに頭を起こします（図表12−5）。食道は気道の下（背中側）になるため、重力で食塊を送ることができ、誤嚥が少なくなります。
　通常の食事介助よりも注意すべき点は、スプーンの一口量の管理です。大きなスプーンで介助すると、一度に飲み込むことができず、誤嚥の原因になります。一般的にはティースプーン1杯程度を口に入れます。舌の機能が低下している人の場合は、できるだけ飲み込みやすい奥の方の位置に置きます。食事の形態は、ゼリーやムースで固める、トロミ剤でとろみを付けるなどして、飲み込みやすい形態にしてから提供します。

### 2　嚥下の確認

　まず、一口ごとに飲み込めているかどうかを確認します。嚥下反射が起きるときは、外から見ると喉が動きます。自分が飲み込むときに喉がどのように動いているかを鏡などで確認してみてください。嚥下機能が低下した高齢者では動き方が小さい人もいますが、一口ごとに喉の動きを確認しましょう。食物が口腔内からなくなっていても正しく食道に嚥下できているかどうかはわかりません。また、口の中に溜め込んだ状態のまま、2口目、3口目を口に運んでしまうと、1回に飲み込める量を超えてしまいます。なかなか飲み込めずにいるときは「ごっくん」と声をかけ、それでも飲み込めないときは、しばらく休憩し、改善しないようであれば食事を中止したほうがよいでしょう。

　また、食事（ムース、ペーストなど）とお茶やゼリーなど、食感の違う食物を交互に口に運んで介助することで、口腔内に少量の食物が残留することを防ぐことができます。

　終末期は、食事を長時間継続すると身体的に負担になります。嚥下状態が悪く、なかなか食事が進まないときは、食事に長時間かけることでさらに誤嚥のリスクが高まります。状態によっては、食事を中止するという選択肢があることをつねに念頭においておきましょう。

## Ⅴ　心理状態の観察

　高齢者が終末期に入ってから、自分の思いを語るケースは多くありません。終末期にどう過ごしたいか、事前に書類を作成するなどのさまざまな取り組みがされていますが、一般的には、事前に希望を伝えている人は少ないでしょう。そのような場合は、介護に携わるなかで、その人の思いを汲み取っていかなければなりません。何となく元気がない、表情が暗い、握る手の力が弱い、目に力がない、など、普段の状態と比較することによって今の状態を観察することができます。

　家族との関係性が、本人の心理状態に影響を与えることがあります。終末期における家族関係は、それまで生きてきた過程における関係性が凝縮されており、一概に一般論で「冷たい」と非難したり、「愛情がある」と賛美したりすることはできません。介護従事者としてできることは、本人が望んでいると推測されることや、本人の普段の状態と違う反応を家族に伝えることだけです。そのことが結果として家族との関係性を変容させ、本人の苦痛を緩和する援助になります。また、遺される家族にとっても、本人との限られた時間の使い方によって死後の悲嘆からの回復を援助することにつながります。

## Ⅵ　介護従事者の基本的態度

　多くの介護従事者は、死にゆくプロセスに関わる経験をしていないため、その過程に携わることについて怖いという気持ちや、関わりたくないという気持ちを持つ人もいるかもしれません。しかしながら、人は誰でも死にます。高齢者に関わる以上、死に関わらないわけにはいかないのです。

　高齢者の最期は、時間の流れのなかに厳然とある死であると表現できます。死の時期は、

その人の最後に残された生命力によって決まります。周囲の人にできることは、できるだけ安楽に過ごしてもらうことだけです。一般的に「延命」は忌避されますが、高齢者の終末期で何が延命に当たるのかを定義することは難しいのです。本人がどのように時間を使いたいと思っているのかを推測して、長い時間が必要な人は死の時期を引き延ばす必要があるかもしれません。それに苦痛を伴うと考えられる場合には、そうしてまで死の時期を引き延ばす必要があるのかを考えなければなりません。

　介護従事者は、自分の価値観を自覚しながら、本人や家族の生活にとって何をするのがよいのか、白紙の状態で考えられることが要求されます。死は避けるべきことではなく、生きてきた時間の最期を締めくくる出来事です。

　もし、ケア終了後に後悔しているなら、ケアを振り返り、なぜ悔いを残しているのかを明確にする作業が必要です。死を迎えた瞬間の出来事ではなく、終末期ケアのプロセス全体を振り返ってみてください。死を避けることができたのではないかという視点ではなく、人生の最期としてふさわしい終わり方ができたのかという視点で、関わった多職種間で話し合うことによって、後悔を次のケアへの教訓とすることができます。

今後の学習のためのキーワード

◎終末期のケアプラン　　◎全身状態の観察

◎誤嚥させない食事介助　◎心理状態の観察

（執筆：島田千穂）

〔参考文献〕
① 東京都健康長寿医療センター看護部「写真でわかる高齢者ケア　高齢者の心と体を理解し、生活の営みを支える」インターメディカ，2010
② 井藤英喜・高橋龍太郎・是枝祥子「写真でわかる生活支援技術　自立を助け尊厳を守る介護を行うために」インターメディカ，2011
③ 石飛幸三「『平穏死』のすすめ　口から食べられなくなったらどうしますか」講談社，2010
④ 大津秀一「死ぬときに人はどうなる10の質問」致知出版社，2010
⑤ 徳永進「こんなときどうする？　臨床のなかの問い」岩波書店，2010
⑥ E.キューブラー・ロス　鈴木晶（訳）「死ぬ瞬間　死とその過程について」中央公論新社，2010
⑦ 清水哲郎・岡部健・竹ノ内裕文「どう生きどう死ぬか　現場から考える死生学」弓箭書院，2009
⑧ 櫻井紀子「高齢者介護施設の看取りケアガイドブック　『さくばらホーム』の看取りケアの実践から」中央法規出版，2009
⑨ Better Palliative Care for Older People. WHO Europe.
（http://www.euro.who.int/__data/assets/pdf_file/0009/98235/E82933.pdf）

# 1 介護過程の基礎的理解

介護とは、家族でも行える簡単なものではなく、利用者の状況を把握するアセスメントをもとにした介護計画の作成、それをもとにした技術の裏付けのある介護の実施と評価という「介護過程」が基本となります。科学的な根拠から課題を明確にし、それを解決していくことが、利用者の尊厳の保持や自立につながります。
ここでは、
① 科学的思考と介護過程
② 介護過程の展開に必要な構成要素
について理解してください。

## Ⅰ 科学的思考と介護過程

　介護は、人間の長い歴史のなかで培われてきた行為であり、職業です。介護職員のなかには、非常に熟練した技術や感受性、洞察力を持ちながら仕事をこなし、経験的に「こつ」や「勘」に優れている人がいます。初心者がこれらの「こつ」や「勘」を同じレベルまで学び取るには、経験者の傍らで長い年月をかけて学ばなければなりません。このように経験的に積んだ「こつ」や「勘」といった熟練した技術を伝授したり、単に語り継いでいくという方法では、介護の質の向上にはつながりません。

　介護とは、意図的な行為です。意図的とは、介護を提供するまでの道筋を科学的思考に基づいて説明できる過程だからです。そして、科学的思考に基づいて介護を提供するプロセスが「介護過程の展開」です。介護は、「家族も行うことができる簡単なもの」あるいは、「何度か経験すればできるようになる」、「こつや勘さえあればよい」というものではありません。

　ここでは、「介護過程の展開」の方法について記述しますが、それ以前に「介護とは何か」「生活とは何か」「人間とは何か」という概念があり、その上に思考と行動があることも理解しておかなければなりません。

　介護には、技術が重要です。例えば、「オムツの交換ができる」「着替えの介助ができる」「車いすでの移動ができる」、あるいは「この人にはこのような手順で…」等と先輩に教わり、その方法を取り入れて行うなどさまざまです。しかし、そこには介護技術の的確さだけではなく、「なぜ、その介護方法で行ったのか」という判断の根拠を示すことが求められます。そのうえで、利用者にとって安全で自立を支援した介護方法を用い、尊厳をもって介護行為を実践することが大切です。理論を実際の行為として自分で行うことが実践です。

　そのためには、介護を必要とする人の現状を把握し、どのような介護を提供することがよいのかを考え、考えた方法で介護を提供し、評価するという一連の思考過程（介護過程）を誰もが行えるようにならなければなりません。

　介護者一人ひとりが介護実践を論理的に思考することにより、的確な判断ができ、介護の課題が明確になることで、その他多くの人々からも理解されて、説得することもできるようになります。そのためには、介護を必要とする人の個別の情報を得て、その情報を組み合わせたり、解釈をして、それによってどのようなことが起こるのか仮説を立て、その課題に向けて必要な介護を組み立てていく思考（科学的思考）ができることが大切です。

## Ⅱ　介護過程の展開に必要な構成要素

　介護過程は、①アセスメント、②介護計画、③実施、④評価の４つの構成要素で成り立っています（図表13－1）。それぞれの内容は違いますが、お互いに関連性を持っています。

### 1　アセスメント

　介護は単に利用者が困っているから行うものではなく、業務マニュアルに沿って効率よく行うことでもありません。介護の必要性を余儀なくされた人は、それまでにそれぞれの人生を歩み、一人ひとり個別性を持っています。介護職が利用者の状況を把握し、介護の必要な根拠を明らかにするのがアセスメントです。アセスメントの第一歩は、まず介護の必要な高齢者あるいは障害のある人の全体像をさまざまな視点から把握し、得られた情報からどのような介護が必要なのか（課題）を判断し、その根拠を明確にすることです。利用者の現状が把握できていない状態で、介護行為を行うのは危険です。

図表13－1　介護過程の構成要素と連携

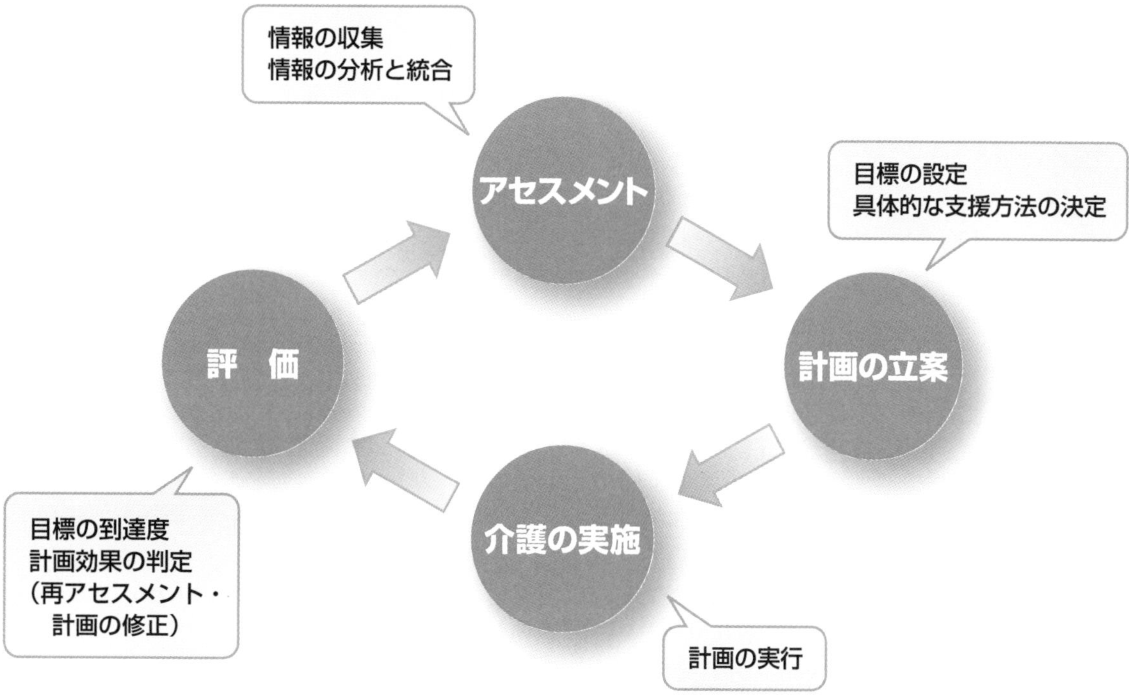

情報の収集
情報の分析と統合

アセスメント

目標の設定
具体的な支援方法の決定

計画の立案

評　価

目標の到達度
計画効果の判定
（再アセスメント・
計画の修正）

介護の実施

計画の実行

　ここでいう、さまざまな視点とは、利用者の基本的な情報（氏名、性別、年齢、家族構成、家族関係、生活歴、要介護度、地域の活動、サービス利用に至った理由など）と、現在の日

常生活動作（ADL）や手段的日常生活動作（IADL）についての現状を把握することです。多くの項目について把握することになりますが、利用者の個別性を把握するには必要な内容です。

現状を把握する方法には、観察、面接、測定、記録によるものなどがあります。このうち、初めに行うのは観察です。観察とは、自分の目の前にいる利用者に対し、利用者が表現している言動をありのままに見て、周りの状況や利用者の思い、考えといった真意をすばやく察知することです。つまり、観察とは単に「Watch＝見守る」だけではなく、「Observe＝特別の目的のためにみる」ということです。

観察の際に気をつけることは、先入観や偏見を持たないことです。仮に介護者が先入観を持っていた場合、介護者には先入観を持っている自分に気づく「自己覚知」が必要でしょう。そして、観察によって得られた課題とは、利用者の望む生活を実現または継続するために解決しなければならないことを意味します。

## 事例1　アセスメントを考える①

イラストを見ながらアセスメントをしてみましょう。イラストに描かれている人は皆さんの目の前にいる利用者さんだと思ってください。イラストの状況から、下記の4つの視点について考えてください。

> ごちそうさまでした…。お腹はすいているんだけど…。

①現状は…である、（介護職の考えや感じたことは含めない（主観的な内容）。介護職が観察したり、聞いたりしたことにより得た情報をもとに、利用者の言動について、ありのままの事実を記載する）

②このままでは…の可能性がある、

③原因は…かしら、

④改善のためには…する必要がある。

> ②、③では、①の現状に対し、介護内容の検討や変更も行わず、そのままにしておいた場合、どのような結果になってしまうのかを予測して原因を考えます。つまり、介護職が判断する内容になります。

このイラストから現状（事実）を、以下の2点として考えてみましょう。
①肉を残していること
②利用者は「お腹がすいている」と言っていること

> 主菜（献立の中で主となる総菜）の記述だけでは、何を残したのかがわかりません。介護職の想像や「こうであろう」などと勝手に決めつける（展開例では、「食事摂取量が少ない」ことを示しています）ことなく、事実をありのままに記載します。

【展開例1】

| ①現状は…である | ②このままでは…の可能性がある | ③原因は…かしら | ④改善のためには…する必要がある |
|---|---|---|---|
| ・食事の摂取量が少ない<br>・主菜を食べていない<br>・お腹がすいていると言う | ・体力の低下や栄養不足になる<br>・ADLの低下につながる | ・肉が嫌い<br>・義歯があっていない<br>・内科的問題<br>・食欲がない | ・義歯のチェック<br>・好き嫌いなどへのアセスメント<br>・主治医へ相談 |

> 「ADLの低下につながる」と主菜との直接的な因果関係はありません。拡大解釈をしています。

　以下は、これを他者に説明するつもりで文章に整理したものです。吹き出しにある部分は、行き過ぎた文章になっています。

> 現状には記載されていません。
> 介護職の主観が入っています。

> 　一人で食事をしており、表情もさえない。肉はほとんど残っているが、食事に対する感謝の気持ちは持っている。このままでは、たんぱく源の摂取不足が懸念され、低栄養の状態になる恐れがある。残している原因は、肉が嫌いなのか、口腔機能によるものか、精神機能の低下によるものか、または、一人で食事をしている環境が考えられる。改善のためには食事環境の見直しや口腔機能の改善、社会生活などによる精神機能の低下予防があげられる。

> 事実の中には口腔機能の状態はありません。拡大解釈をしていることになります。

【展開例2】

| ①現状は…である | ②このままでは…の可能性がある | ③原因は…かしら | ④改善のためには…する必要がある |
|---|---|---|---|
| ・肉を残している<br>・お腹がすいていると言う | ・肉を食べないことにより、たんぱく質等の不足で低栄養や栄養の偏りの可能性がある<br>・たんぱく質は体のさまざまな組織を作る材料になっている<br>・赤血球や筋肉、免疫細胞、血管などを作る材料であることから、たんぱく質の不足は低栄養につながり、さまざまな病気につながる可能性がある | 　お腹がすいているのに肉を食べないのは、<br>・肉が嫌いなのか<br>・美味しくなかったのか<br>・見えなかったのか<br>・体の調子が悪かったのか<br>・お腹がすいているが、食欲がないのか | ・肉を食べられない原因を把握する必要がある。 |

　展開例1のように、事実をどのように判断したか、①〜④までを他者に説明するつもりで文章に整理したものです。

> 判断したこと

> 　空腹なのに肉が残っているので、残した原因について確認する必要がある。その理由は、毎回残すのが続くようであれば、たんぱく質等の不足による低栄養や栄養の偏りの可能性がある。また、たんぱく質は体のさまざまな組織を作る材料になっており、例えば、赤血球や筋肉、免疫細胞、血管などを作る材料である。このことからも、たんぱく質の不足は低栄養につながり、さまざまな病気につながる可能性がある。

> 持っている知識を使い、判断材料にしています。

　展開例1と2の違いについて、どのようなことに気がつきましたか。展開例1のように事実をありのままに捉えていないと、次の解釈が、どんどん本人の状況からずれていくことがわかります。また、他者に説明するつもりで文章化すると、自分がどのように判断したのかが明瞭に現れます。
　展開例2は、観察したありのままの事項に対し、一般論や定説（上記の例では、たんぱく質を摂取しないことの体への影響）とされる介護の知識ルールを適用することにより、結論（解釈分析から導いた結論）が導き出される考え方（介護の課題）になっています。

思考という働きは、「観察や記憶によって頭の中に蓄えられた内容をいろいろ関係づけ、新しい関係を作り出す働き」といわれています。事実と事実との関係から、一つの結論を導き出す働きのなかで、介護の一般論から利用者の個別性（その時の事実関係を分析する）を適用して、一般的法則（例・食事介助で誤嚥しないように留意する点）を理解することが大切です。事実をどのように受け止め、どのように解決していくかの過程を分析していくことがアセスメントです。

### 事例2　アセスメントを考える②

事例1のアセスメントの課題は、ごく限られた情報から考えてみました。複数の情報がある場合は、情報と情報がどのように関連しているのか、このままではどのような状況になる可能性があるのか、原因はどこにあるのか、解決するためにどのような介護が必要なのかを考えることが求められます。次の事例から考えてみましょう。

90歳、食事の際の姿勢が悪い、せっかちな性格で焦って食べる（家族からの報告）、介助なしで自力で摂取が可能である、総義歯が少し緩めである。

上記には複数の情報があります。この情報からどのような介護が必要であるか、その根拠を説明してください。

【展開例】

「食事の際の姿勢が悪く、せっかちな性格で焦って食べ、義歯が合っていない」ことから、誤嚥の危険性がある。誤嚥は、これらの理由からだけではなく、加齢（90歳）による嚥下力や咀嚼力の低下からも考えられる。現在、自力で摂取できているが、今後、加齢による低下が予測されるため、現状を維持しつつ、咀嚼力、嚥下力の状況の見守りと食事摂取量についての観察が必要である。また、義歯の適合は咀嚼に重要であることから、家族との面談も必要である。

## 2　介護計画

アセスメントで必要な介護（課題）を導くことができたので、次の段階は介護計画の作成です。計画には、介護目標と目標を達成するための方法が含まれます。目標は、利用者の現状とかけ離れた内容になっていないか吟味する必要があり、留意点は次のとおりです。

(1)　**介護目標**
① 設定した期間において、現実的で到達可能であること
② 観察または測定可能であること
③ 何を目指しているか明確であること

目標設定ができると、それを達成するための具体的な支援内容について考えます。介護は、専門職の複数の人が関わり、チームで行うケアです。人によって異なる介護行為が行われた場合、混乱するのは利用者です。ケアを共有し、統一した支援内容であるためには、誰が見てもわかるような具体的内容を提示することが求められます。したがって介護内容は次のことに注意します。

(2)　**具体的な支援内容の決定**
① いつ、どこで、誰が、どのように、何をするのかを記述する
② 個別性を尊重し、時間や頻度など利用者の状況に合わせる

③　わかりやすい表現で記述する

　介護職は介護の実施中、実施後について、利用者の尊厳、利用者のリスク、自立支援、身体的変化の4つの領域についての観察を含めた内容を考えていきます。

　食事介助をする支援内容は、高齢になると唾液（だえき）の分泌が悪くなる、咀嚼力（そしゃく）・嚥下力（えんげ）が低下する、水分補給（ほきゅう）量は適量か、むせないで飲み込めるかの判断、むせる場合の危険性という知識の上に、口の周りが汚れていないか（尊厳）、とろみが必要か（リスク）、正しい姿勢でテーブルは適切な高さか（リスク）、食欲の有無、食事摂取（せっしゅ）量の確認（身体）など観察項目も含めた内容を検討していきます。誰が見てもわかりやすい表現で、支援内容が実施できるような具体的な内容であることです。

## 3　計画内容に沿った実施

　実施は、計画に沿って利用者に介護を提供する行為です。自分自身が行っている行為や言動に対し、利用者がどのような反応（感じたこと、考えたこと、思ったこと）を示しているのかを客観視する必要があります。また、記録も必要であり、記録として記載されることで、介護の可視化（かしか）につながります。アセスメントから実施まで、介護の理論を基盤（きばん）として行ってきた介護行為は、「介護の実践」と言えるでしょう。実践した内容は、次に評価・修正をする必要があります。

## 4　評価・修正の留意点

①　介護計画に沿って実施しているか
②　介護方法は具体的であるか
③　介護目標のどの段階にいるか

　評価を終えた場合は、アセスメント、あるいは介護計画の修正が行われ、複数の専門職の力が必要とされる難しい課題がある場合には、カンファレンス（会議）などを行います。あるいは、それが業務内容を改善する機会になったりすることもあります。このように「根拠を明確にする、利用者の個別の状態に合った計画を立案する、評価を行うこと」等が、今後の介護の質の向上はもとより、研究的な事例（例・施設内研修などの場で実践効果を発表すること）への発展にもつながっていきます。

今後の学習のための
キーワード

◎アセスメント　　◎介護計画　　◎介護の実施　　◎評価

（執筆：佐藤富士子）

# 2　総合生活支援技術演習（事例による展開）

　　　下記の事例（事例1＝玉置静さん・84歳・女性・要介護4、事例2＝松風春雄さん・76歳・男性・要介護1）について、①衣服の着脱の介助、②移動の介助、③食事の介助、④排泄の介助、⑤入浴の介助の5つの場面について日常生活の支援を行う場合、具体的にどのような介護方法で行えばよいでしょうか。また、それはなぜそのような介護が必要なのでしょうか。その根拠について考えてみましょう。

　　　介護方法とは、介護職が利用者に介護を実践する介護技術であり、根拠とは、介護方法を考えた理由です。つまり、介護職がどのように判断したのかについて、知識をもとに記述します。

## Ⅰ　事例1　玉置静さんへの介助

### ●玉置静さん（仮名・84歳・女性・要介護4）の場合

**【健康状態】**

　アルツハイマー型の認知症が進行し、身の回りのことを認知できず、発語もなく、歩く、立つ、座ることもできない状態です。尿意、便意の訴えもなく、ほぼ寝たきり状態です。マヒはありませんが、四肢の関節に拘縮がみられ、特に膝関節と肘関節は軽度に曲がった状態になってからほぼ2年になります。

**【1日の様子】**

　午前7時に目覚め、オムツや着替えの介助を受けています。介助を受けているとき、眉間にしわを寄せて嫌な表情をすることがあります。午前8時には朝食（ペースト食）、口腔ケアの介助を受けています。以前は総義歯を付けていましたが、サイズが合わなくなり現在は入れていません。食後、午前10時頃まで車いす上で過ごしています。その後は昼食までベッドで臥床し、昼食前にオムツ介助、そのあと、昼食、その後車いすで過ごし、夕食というリズムで1日を過ごします。

**【ポイント】**

　認知症の進行により自分の要望を訴えることや意思表示ができないこと、寝たきり状態の生活を余儀なくされていることから、寝たきり状態をそのままにした場合に発生するさまざまなリスクについて考えてみてください。そして、その視点が、どのように記載されているか、どのような知識を用いて判断をしているかに注意して、展開例をみてください。

## 1　衣服の着脱の介助（起床後の着替え）

【場面】　玉置さんは午前7時に目覚め、着替えの介助を受けています。ベッド上で前開きのパジャマから日常着へ着替える介助を行います。

〔展　開　例〕

| どのような介護方法で行いますか。留意しなければならないことを含め、具体的に記述します。 | なぜその方法を行うのか、その理由を記述します。 |
|---|---|
| (1)　朝のあいさつをし、顔色や様子に特に変化がないかを確認します。パジャマから日常着に着替える旨を説明し、同意を得ます。 | ○玉置さんのように認知症があり、1日の大半をベッド上で過ごされる場合は、朝・昼・夜の区別がつきにくく、生活リズムが崩れやすくなります。朝の着替えを習慣的に行うことで、身体を覚醒させ、規則正しい生活リズムを作るよいきっかけになります。寒くないようにするとともに、プライバシーや羞恥心に配慮する必要があります。 |
| (2)　着替える前に、開いている窓やカーテンを閉め、室温が適切であるか確かめます。 | |
| | ○玉置さんは発語が困難なので、介助者が顔色や様子を観察し、体調の変化や気持ちを読み取り、異常を早期に発見する必要があります。 |
| (3)　着替えの衣服を準備します。玉置さんの好みを考慮しながら、ややゆったりしたブラウスと伸縮性のあるズボンを選びます。 | ○四肢の関節に拘縮がみられるため、伸縮性のある素材のものや、ややゆったりした衣服を選びます。着やすさは玉置さんへの負担を軽減し、介助者にとってもケアを安全にすることができます。 |
| (4)　パジャマの上着のボタンをはずし、拘縮の少ない手から先に袖を脱ぎます。脱いだ服は汚れた面を内側にまるめこむようにして身体の下に入れ込みます。 | ○マヒや拘縮がある場合は、脱ぐときは健側、着るときは患側から行うことで、着脱への苦痛の軽減につながります（脱健着患）。 |
| (5)　側臥位にし、もう片方の袖を脱ぎます。脱いだ衣服は洗濯かごなどへ入れます。<br>＊発赤や湿疹などがないか、皮膚の状態を確認します。 | ○寝たきりの場合、臥床状態で同一部位にかかる圧力は、体重の40％が臀部にかかるといわれています。圧力がかかると局所の循環障害を引き起こし、褥瘡ができやすくなります。注意して観察することが早期発見につながります。 |
| (6)　ブラウスに片袖を通し、もう片方の身ごろは内側にまるめこむようにして身体の下に入れ込みます。 | |
| (7)　仰臥位に戻し、まるめこんだ衣服を引き出して袖を通し、ボタンをはめて、衣服のしわをのばします。 | |
| (8)　ズボンを両膝まで下ろしてから、片足ずつ踵を支えながら脱ぎます。 | |

| ⑼　脱いだときと逆の手順で、ズボンに片足ずつ通します。 | |
| --- | --- |
| ⑽　衣服のしわをのばし、着替えが終了したことを告げます。<br>＊表情に変化がないか観察します。 | |

【メモ】

.......................................................................
.......................................................................
.......................................................................
.......................................................................
.......................................................................
.......................................................................
.......................................................................
.......................................................................
.......................................................................
.......................................................................
.......................................................................
.......................................................................
.......................................................................
.......................................................................
.......................................................................
.......................................................................
.......................................................................
.......................................................................
.......................................................................
.......................................................................
.......................................................................
.......................................................................
.......................................................................

## 2　移動の介助（車いすへの移乗）

【場面】　昼食前のオムツ介助が終了した後、ベッド（仰臥位<sub></sub>）から車いすに移乗します。玉置さんの移乗介助の方法については、介助者が２人で行う方法も考えられますが、ここでは介助者が１人で行う方法（ベッドサイドで座位をしてからの全介助での移乗）を考えてみます。

〔展　開　例〕

| どのような介護方法で行いますか。留意しなければならないことを含め、具体的に記述します。 | なぜその方法を行うのか、その理由を記述します。 |
| --- | --- |
| （1）　これから昼食のため、車いすに移乗し、食堂に行くことを説明します。例えば、「今日のメニューは○○ですよ」などと、生活に楽しみが感じられるように工夫して声かけをします。 | ○玉置さんはアルツハイマー型の認知症により、発語ができない状態ですが、眉間にしわを寄せて嫌な表情をする時があるなど、場面によっては非言語的な意思表示ができる場合があります。このような玉置さんの「できる活動（能力）」があるため、返答がなくても声かけをしていく必要があります。 |
| （2）　車いすをベッドサイドに用意し、掛け物をはずし、車いすをベッドサイドの15〜20度の付近にセッティングしておきます。その他、膝掛けやタオル、季節によっては上着など羽織るものも準備します。 | ○今回は標準型の車いすを使用しますが、玉置さんの座位が取りにくい状態になっている場合は、リクライニング型の車いすを選択してもよいでしょう。 |
| | ○玉置さんのように、自ら暑い、寒いを訴えることが困難な利用者に対しては、室温や衣類での調整などを介助者が配慮する必要があります。どのような介助でも同じことですが、できる限り利用者の負担をなくし、安全で安楽な介助を行う場合、介助前に必要な物品を使用しやすいように配置しておくことは必要不可欠です。 |
| （3）　表情を観察しながら両腕を体幹の上にのせ、身体を小さくまとめます。声かけをしながら身体を触った際に、熱感の有無や顔色など健康状態を把握します。 | ○小さくまとめることで、利用者も介助者も安全で安楽な移乗を行うことができます。ボディメカニクスの原則を守ることは必須です。また、玉置さんは自身の身体状況を訴えることができないため、身体を触れたりする介助者の五感を用いて健康状態を確認することが大切です。 |
| （4）　介助者の一方の手を玉置さんの首元から入れ、玉置さんの遠い方の肩甲骨周辺を支えます。 | ○介助者が玉置さんの首元に手を入れる際は、ボディメカニクスの原則、腰痛防止の観点から、できる限り介助者は玉置さんの身体に近づき、重心を落として介助をすることが必要です。 |
| （5）　介助者のもう片方の手を玉置さんの両下肢の下に入れます。 | |

(6)　玉置さんの臀部を中心に、上半身をゆっくりと起こしながら、同時に両下肢をベッドサイドに下げ、座位の状態にします。玉置さんは膝、肘関節に拘縮があるので、サイドレール（ベッド柵）等に身体をぶつけないように配慮します。

○臥床状態にある人を急に起こすと、起立性低血圧によるめまいなどが起きることがあります。玉置さんは、自己の体調を訴えることができないので、予防のためにもゆっくりと起こします。

(7)　玉置さんは自力で座位を保つことが困難であるため、介助者が必ず身体を支え、転落等の事故がないように注意します。介助者は重心を上げながら玉置さんの身体を持ち上げ、身体を回転させながら車いすに移乗します。

○移乗介助の際、介助者は膝を曲げ、重心は低く両足を開いて支持基底面を確保し、玉置さんとできる限り身体を近づけて介助することで、移乗時に不安定な状態になりにくく、転倒・転落の防止はもちろん、介助者の腰痛防止にもなります（ボディメカニクスの原則）。介助者が玉置さんの上肢を両腕で包むように支持することで、移乗時にサイドレール（ベッド柵）や車いすなどに上肢がぶつからないように保護する意味があります。

(8)　車いす上での表情や四肢等の怪我の有無、座位の状態を確認します。車いすの座面に深く座っていない場合は、深く座るようにし、必要な時はクッション等を活用して姿勢保持を行います。また、必要な時は姿勢を整えます。

○よい姿勢を保持することは車いすからのずり落ち等の事故を防げる他、移乗・移動後の生活場面である食事介助時でも、誤嚥を予防したりすることができます。

(9)　上着や膝掛け等を用いて、衣類の調整を行い、声かけをしながら、車いすを動かして食堂に移動し、健康状態等を再度確認します。

○玉置さんは自ら訴えをすることが困難ですので、季節、気温に合った衣類の調整を行います。また、車いすで食堂に移動する際は、声かけをしながら行うことで玉置さんの不安や負担を少なくします。

【メモ】

......................................................................................

......................................................................................

......................................................................................

......................................................................................

......................................................................................

......................................................................................

......................................................................................

......................................................................................

......................................................................................

......................................................................................

......................................................................................

......................................................................................

## 3　食事の介助（食事・口腔ケア）

【場面】　午前8時、玉置さんは排泄や洗顔を済ませて、朝食のため、車いすに移乗して食堂に移動します。全介助で食事をする場合の介助方法について考えます。

〔展　開　例〕

| どのような介護方法で行いますか。留意しなければならないことを含め、具体的に記述します。 | なぜその方法を行うのか、その理由を記述します。 |
|---|---|
| (1)　玉置さんから見えやすい位置に配膳し、おしぼりで手を拭きます。<br><br>(2)　献立（こんだて）の説明をします。 | ○認知症の進行により、食事に対する認識ができない、手を使うことが困難、返答が困難であっても、尊厳をもって、食事であることの説明や手を拭くことは大切です。 |
| (3)　初めに吸い飲みに入れた水分を口角（こうかく）から挿し入れ、少量ずつ勧めます。 | ○ほぼ寝たきり状態にある玉置さんの口腔の状態は、唾液分泌が少なく乾燥状態にあると思われます。水分で口腔内を潤すことは誤嚥の予防につながります。 |
| (4)　一口量をスプーンに乗せ、説明しながら口に運び、舌の上に乗せます。 | ○ペースト食は、使用した食材と異なる形態をしていることが多いため、説明や嗅覚（きゅうかく）による確認がいっそう必要です。 |
| (5)　咀嚼（そしゃく）、嚥下（えんげ）状態を観察し、しっかり飲み込んだことを確認してから次のスプーンを運びます。その際、口腔内に残渣がないか、よく観察します。 | ○声かけに対する反応が少ないと、口腔内に食べ物があっても咀嚼していない場合があります。これは、ペースト食が喉（のど）に流れていくことで起こる嚥下反射が考えられるので、誤嚥する危険性があります。玉置さんの意識状態と咀嚼・嚥下のペースに合わせて介助することが大切です。 |
| (6)　食事の終了後は、口のまわりを拭きとって下膳（せっしゅ）します。摂取量を確認し、嚥下状態や食事に要した時間等を観察します。 | ○食事に要する時間が長いと、利用者に疲れが生じ、体力を消耗させてしまうことがあります。無理に全量を摂取せず、栄養士等と連携し、1日に必要な食事量を間食などで補うなどの方法を検討することもよいでしょう。 |
| (7)　口腔ケアに必要な物品を準備します。<br><br>(8)　洗面所または食卓で、スポンジブラシなどを使用しながら口腔内の汚れや食物残渣を除去します。<br><br>(9)　口のまわりを拭いて清潔にし、口腔内の状態を観察します。 | ○玉置さんは自歯がなく義歯（だぎし）も使用していませんが、口臭予防や、舌や口蓋（こうがい）、頬（ほお）の内側への刺激による唾液分泌の促進（そくしん）、口内炎や誤嚥性肺炎の防止の効果があるので、食後の口腔ケアは必要です。 |

### 4　排泄の介助

> 【場面】　昼食前のオムツ交換の介助をします。玉置さんの場合は、テープ型の紙オムツ交換の介助を行う方法です。

〔展　開　例〕

| どのような介護方法で行いますか。留意しなければならないことを含め、具体的に記述します。 | なぜその方法を行うのか、その理由を記述します。 |
|---|---|
| (1)　臥床している玉置さんに排泄を介助する旨を伝え、表情を観察し、掛け物をとります。 | ○玉置さんは認知症が進行し、自ら身体的不調等を言葉で訴えることができません。そのため、表情等を観察し、普段の様子と変わりがないかを確認する必要があります。<br><br>○介助を受けているときに眉間にしわを寄せて嫌な表情をする時があることから、オムツを交換したり、側臥位になることは、玉置さんにとって嫌なことである可能性があります。そのため、表情を確認しながら一つひとつの動作について声かけを行う必要があります。 |
| (2)　右側臥位にして、ズボンを脱がせます。<br>＊右側臥位にするときは、左下肢を右下肢の上に乗せるようにして組ませ、左腸骨部と左肩を支えて側臥位にします。<br>＊右上肢が体幹の下にならないよう、右上肢の位置に気をつけます。<br>＊側臥位にするときは、表情を観察します。 | ○四肢の関節に拘縮があり、寝返りをうつなど自らの力で身体を自由に動かすことができません。側臥位になるときに、上肢が体幹の下になっても自ら訴えることができません。右上肢の位置に注意する必要があります。 |
| (3)　仰臥位に戻し、紙オムツを開き、汚れた紙オムツは内側に丸めておきます。<br>＊排泄物の観察をします。<br>（排便の有無・量・形状・色・臭い等）<br>（排尿の有無・色・量・性状・臭い等） | ○ベッド上での生活を余儀なくされており、身体を動かす機会も少ないことや、腸の蠕動運動の低下などから便秘になりやすいと考えられます。そのため、特に排便の有無や量・形状などを観察する必要があります。<br><br>○水分を自力で摂取することができず、口渇感を訴えることもできないこと、高齢者の体内水分量は成人より少ないことから、脱水症状を引き起こしやすいと考えられます。そのため、排尿では、特に色や量を観察する必要があります。 |

(4)　陰部を洗浄します。

(5)　腹部と陰部を清拭します。
＊尿道口から肛門部に向かって清拭します。
＊陰部周辺の皮膚の状態を観察します。

(6)　右側臥位にし、臀部や腰部を清拭します。
＊排泄物の観察をします（観察視点は(3)と同様）。
＊臀部や腰部、腸骨部の皮膚の状態を観察します。
＊側臥位にする時の留意点は(2)と同様です。

(7)　汚れた紙オムツを内側に丸め、新しい紙オムツを敷き、身体の下に入れます。

(8)　紙オムツのギャザーを鼠蹊部に沿わせるように当てます。

(9)　下側のテープは斜め上に向けて止め、上側のテープは斜め下に向けて止めます。

(10)　ズボンを上げ、衣類にしわがないことを確認します。

(11)　仰臥位に戻し、衣類を整え、掛け物をかけ、排泄介助が終了したことを告げます。

○常時オムツを使用しており、排泄物による汚染や蒸れなどで陰部や臀部が不衛生になりやすく、皮膚のトラブルを起こしやすい状態にあると考えられます。さらに、自ら身体を動かすことができないため、同一姿勢で過ごす時間が長く、骨の突出した部位が体圧により圧迫され、湿潤やズレなどにより褥瘡ができやすい状態にあると考えられます。そのため、陰部や臀部にただれや発疹等の異常がないかを観察するとともに、骨の突出した部位（仙骨部や腸骨部など）に褥瘡による発赤がないかも観察する必要があります。

○衣類やシーツのしわは褥瘡の原因となるため、オムツ交換終了時には衣類やシーツにしわがないかを確認する必要があります。

【メモ】

....................................................................
....................................................................
....................................................................
....................................................................
....................................................................
....................................................................
....................................................................
....................................................................
....................................................................
....................................................................
....................................................................
....................................................................
....................................................................
....................................................................
....................................................................

## 5　入浴の介助

【場面】　昼食の後に、車いすで過ごされている玉置さんの機械浴介助を行います。脱衣場までは、車いすで移動します。

〔展　開　例〕

| どのような介護方法で行いますか。留意しなければならないことを含め、具体的に記述します。 | なぜその方法を行うのか、その理由を記述します。 |
|---|---|
| (1)　体温測定や表情を観察し、入浴できる状態であることを確認します。玉置さんに入浴することを伝えます。 | ○玉置さんは、自分の意思を言葉で伝えることが困難です。介助者は、玉置さんの体温測定や顔色、表情を観察し、入浴可能な状態にあるかを判断する必要があります。入浴は全身状態を観察できる機会なので、オムツかぶれの有無、皮膚状態（仙骨部等）を特に注意して観察する意識が大切です。また、反応がない状態であってもコミュニケーションを十分とり、尊厳をもって対応することが求められます。 |
| (2)　車いすに移乗し、浴室へ移動します。 | |
| (3)　臥床のまま入浴のできる機械浴を選択し、衣類を脱いで、胸部から陰部にかけてタオルをかけます。 | ○ほぼ寝たきりの玉置さんが安全に入浴するために、機械浴を選択します。寒い、恥ずかしいなどの訴えが困難なので、不必要な露出がないようにタオルを掛けるなど、プライバシーへの配慮が必要です。また、タオルをかけると保温効果も得られます。 |
| (4)　湯の温度（40℃前後）を調整します。 | ○入浴による温度感覚は個人差が影響するため、本人にとって気持ちよいと感じる湯温がよいといわれます。介助者は、玉置さんが認知症の進行により湯に対する感覚の低下があると考え、一般的な中温浴（41～39℃）に調整する必要があります。 |
| (5)　足先から身体の中心に向けて湯をかけます。 | ○いきなり熱いお湯をかけると、血管が収縮し血圧上昇につながります。心臓から遠い足先から心臓に向かってお湯をかけ、心臓への負担を軽減する必要があります。 |
| (6)　せっけん等を用いてやさしくこすり、全身を洗います。特に手の指、足の指、腋の下などは丁寧に洗います。側臥位で背中を洗うときは、転倒のないように注意します。 | ○高齢者の皮膚表皮は全体として薄くなり、血管はもろくなって、少しの外力で容易に皮膚剥離や出血を起こすので、やさしくこする必要があります。 |
| (7)　入浴後は身体の水分をしっかり拭き取り、着替えの介助をします。 | ○濡れたままの身体をそのままにすると気化熱を奪われ、寒さを感じます。入浴後は素早く水分を拭き取り保温に留意します。自分の意思を伝えることが困難な場合は特に配慮が必要です。 |
| (8)　保湿用のローション等を塗布する。 | ○表皮の角層の水分は加齢により減少し、乾燥肌（ドライスキン）になり、痒みを感じたりします。入浴後は、保湿のためのローション等を塗布することも必要です。 |
| (9)　表情に変化がないか観察し、入浴介助が終わったことを伝え、水分補給を促します。 | ○玉置さんは、自ら口渇感を訴えることや、水分を摂取することができません。高齢になると体内の水分量が少ないので、脱水症の予防のために水分補給を行います。 |

## Ⅱ　事例2　松風春雄さんへの介助

### ●松風春雄さん（仮名・76歳・男性・要介護1）の場合

【健康状態】

　脳梗塞で左不全マヒ（利き手は右）になってから半年が経過しました。軽度の構音障害はありますが、会話や意思伝達には問題ありません。現在、リハビリテーションでは短下肢装具を装着し、歩行訓練をPT（理学療法士）が行っています。それ以外の生活の場面では、車いすを利用するように医師に言われており、本人も納得しています。

【1日の様子】

　午前6時に起床し、トイレ、日常着への着替え、午前7時30分に朝食（一般食）、歯磨き（74歳から総義歯）、髭そり、髪をとかすという朝の行為を一部の介助を受けながら行っています。身の回りの行為が終わると、「気を引き締めて今日も頑張るぞ」と力強い声で言っています。その後、リハビリ室で歩行訓練、昼食を済ませ、夕方までの間に入浴や自分の好きなことをして過ごしています。午後9時30分には一部の介助を受けて寝間着に着替えてベッドに入り、夜間不眠を訴えることもなく朝まで睡眠しています。

【ポイント】

　左不全マヒを抱えながら日常生活活動作を自立できるようにするための支援と同時に、転倒などマヒがあることによるリスクが考えられるので、安全を考慮した方法をどのように考えているか、どのような知識を用いて判断をしているかに注意して、展開例をみてください。

【メモ】

## 1　衣服の着脱の介助（起床後の着替え）

【場面】　松風さんは午前6時に起床、着替えの介助を受けています。ベッド上で丸首タイプのパジャマから日常着へ着替える介助を行います。

〔展　開　例〕

| どのような介護方法で行いますか。留意しなければならないことを含め、具体的に記述します。 | なぜその方法を行うのか、その理由を記述します。 |
|---|---|
| (1)　朝のあいさつをし、体調や気分を確認します。松風さんに着替えの介助を行うことを説明し、同意を得ます。 | ○松風さんは片マヒではなく左不全マヒという点に注意して、できる能力（残存能力）を活用しながら介助を行います。 |
| (2)　着替える前に開いている窓やカーテンを閉め、室温が適切であるか確認します。 | ○これから行う介助の内容を事前に説明することで、松風さんからの協力が得られやすく、効率よく行えます。 |
| (3)　着替えの衣服を準備します。衣服の選択は本人の意向を確認しながら、スウェット上下を用意し、松風さんに同意を得ます。 | ○衣服選びの基本は、①本人の好み、②なるべく本人が着やすい素材や形のもの、③用途などに合わせて選びます。松風さんは着替えの後、歩行訓練の予定があるので、動きやすい服装であることが求められます。 |
| (4)　松風さんにベッドサイドで座位の姿勢になってもらいます。足底が床面についているか、足は肩幅に開いているかなど座位姿勢が安定しているかを確認します。 | ○足底を床面にしっかりとつけると姿勢が安定し、着脱を安全・安楽に行うことができます。 |
| (5)　パジャマの前身頃と後ろ身頃をたくし上げ、肘を抜いてから健側の手を脱ぎます。次にパジャマを頭から引き抜きます。パジャマを前腕の方にずらしながら患側の手を脱ぎます。 | |
| (6)　健側の手でスウェットの上着を持ち、患側の手→頭→健側の手の順に通します。 | ○頭→患側→健側の方が負担が少ない場合もあります。 |
| (7)　手すりなどを使用して立ち上がり、パジャマのズボンを大腿部あたりまで下げます。安定座位に戻り、健側、患側の順にズボンを脱ぎます。 | ○立ち上がりはバランスを崩して転倒する恐れがあるので、手すりにしっかりつかまっているか確認し、立位が安定してからズボンの上げ下げを行います。 |
| (8)　患側の足を上にして膝を組み、スウェットのズボンを患側の足に通します。組んだ足を戻し、健側の足にズボンを通します。 | ○足を組むことで、余計な摩擦を減らしスムーズに着脱ができます。 |

| | |
|---|---|
| (9)　手すりなどを使用して立ち上がり、ズボンを腰まで引き上げます。安定座位に戻り、松風さんにズボンの着心地を確認します。 | |
| (10)　患側の足を上にして膝を組み、たぐりよせた靴下を患側のつま先からあわせて履きます。組んだ足を戻し、健側の足に靴下を履きます。 | |
| (11)　衣服にしわがあればのばし、松風さんに着心地を確認します。パジャマを片づけます。 | |

【メモ】

............................................................................
............................................................................
............................................................................
............................................................................
............................................................................
............................................................................
............................................................................
............................................................................
............................................................................
............................................................................
............................................................................
............................................................................
............................................................................
............................................................................
............................................................................
............................................................................
............................................................................
............................................................................
............................................................................
............................................................................
............................................................................
............................................................................
............................................................................

## 2　移動の介助（車いすへの移乗）

【場面】　松風さんの日常着への着替えが終わりました。これからベッドから車いすへの移乗の一部介助を行います。

〔展　開　例〕

| どのような介護方法で行いますか。留意しなければならないことを含め、具体的に記述します。 | なぜその方法を行うのか、その理由を記述します。 |
| --- | --- |
| (1)　ベッドサイドに座っている松風さんに、介助者は腰を落とし、目線を合わせて声かけをしながら、体調確認を行います。 | ○松風さんは構音障害があるものの、会話ができますので、本人の発語を促しながら話をして体調確認を行います。夜間の睡眠状態も確認します。 |
| (2)　これから車いすに移乗し、朝食のため食堂に行くことを説明し、一部介助することの説明と同意を行います。 | ○移乗動作に一部介助が必要な場合は、ただ単に声かけをして介助方法の説明をするのではなく、「今日もいい天気ですよ」等、生活に楽しみが感じられるように工夫して声かけをすることが大切です。 |
| (3)　安全な座位がとれているか確認し、車いす等の準備をします。 | |
| (4)　ベッドサイドに浅く腰掛けてもらい、車椅子のアームサポートをつかみながら、前傾姿勢になり、立ち上がってもらいます。<br>＊松風さんが立ち上がりやすいように、ベッドサイドに浅く腰掛けてもらうように説明します。<br>＊健側である右上下肢を活用し、松風さん自身で浅く座れるように説明します。マヒ側である左半身は介助者が手前に引き介助します。<br>＊浅く腰掛けた後には、しっかりと両足が床面についているか確認します。特に左足に装着している短下肢装具の位置には十分に注意します。 | ○両足がしっかりと床面についているか、姿勢が安定しているかを確認することは、松風さんが安全に、安定して次の動作に移るためにも重要なことです。<br><br>○起床後間もないのでふらつき等がないように、松風さんの状態を観察することで、転倒、転落の防止に努めます。<br><br>○松風さんのマヒ側を手前に引く際は、松風さんに健側へ傾いてもらってから、介助者がマヒ側の腰を持ち上げ、ベッドと下肢の接触面を少なくしてから手前に引くようにすることで、利用者にとっても、介助者にとっても負担が少なく介助することができます。<br><br>○浅く座った松風さんの膝の角度が90度よりやや足を引いた状態が立位のしやすい座位となります。次の動作を考えて姿勢を整えるようにします。 |

(5) 介助者は、松風さんのマヒ側に立ち、重心を落として、片方の手は松風さんのマヒ側の足の膝に、もう片方の手は松風さんの腰に手を当てます。
＊声かけをしながら、松風さんがお辞儀をするように前かがみになりながら、立ち上がるようにします。
＊立ち上がったら、めまいやふらつきがないか体調確認を行います。

○立ち上がる前、介助者が松風さんのマヒ側の足の膝に手を当てているのは、膝折れ防止のためです。また、立ち上がる際に前かがみになるのは、臀部を浮かせやすく、体重が前にかかり、立ち上がりやすくするためです。

(6) 松風さんの右足（健側）を軸にしながら、身体を回転させて、ゆっくりと車いすに座ります。
＊立位後、介助者は松風さんの腰部を軽く支えながら、右足を中心に身体を回転させて車いすに座ろうとする松風さんを支えます。車いすに座る際には、急激な動作にならないように車いすのシートに座るまで介助者は腰部を支えます。

○ベッドから車いすに移乗する場合、立ち上がりながら腰を回転させ、車いすに座る方法もありますが、松風さんの場合はリハビリテーションでは歩行が可能な状況ですので、生活のなかで身体機能を活用する観点から、しっかりと立ち上がり、その後、身体を回転させて車いすに座るという方法が効果的です。

○できる限り、松風さん自身の力で立ち上がり、身体を回転させ、座ることができるように、介助者は支える手の力の入れ方も、調整しながら介助します。同時に、介助者は松風さんの身体状況から、移乗時の転倒のリスクを予測しなければなりません。身体を回転させながら、車いすに座る場面は、身体のバランスを崩しやすいため、転倒には十分に注意しながら介助を行います。

(7) 座位の状態を確認しながら、必要があれば、深く座り直します。
＊松風さん自身に座り心地を確認しながら、安定した座位がとれているか観察します。
＊深く座り直す場合は、健側は松風さん自身で動かしてもらい、マヒ側は介助者が介助します。
＊マヒ側の足をフットサポートに乗せる場合も、可能な限り松風さんの健側上肢でマヒ側の足を持ち上げてもらうようにしましょう。

○松風さんは、その身体状況から自力で車いすを操作することができると推測できます。そのため、車いすの自走ができる安定した座位を確保する必要があります。
○日常動作のなかで可能な限り、松風さんのできる能力（残存能力）を発揮してもらうためにも、車いすのフットサポートにマヒ側の足を乗せるという動作においても、本人の力（健側上肢）を活用するようにします。

(8) 健康状態を確認しながら、食堂へ移動してもらえるように説明します。
＊上着や膝掛け等を用いて、衣類の調整を行います。
＊松風さんとの会話や表情を観察しながら、健康状態等を再度確認します。

○松風さんが自力で車いすを動かして食堂に行こうという気が起こるような声かけを行うことで、活動意欲を高めていきます。

【メモ】
..............................................
..............................................

### 3　食事の介助（食事・口腔ケア）

> 【場面】　松風さんは、午前中のリハビリテーション訓練を終えて、昼食を摂るために車いすを自力操作して食堂へ向かっています。松風さんがテーブルについて、おいしく食事をし、口腔ケアを終えるまで、どのような介助や見守りが必要か考えてみます。

〔展　開　例〕

| どのような介護方法で行いますか。留意しなければならないことを含め、具体的に記述します。 | なぜその方法を行うのか、その理由を記述します。 |
|---|---|
| (1)　滑り止めマットや底部が滑り止め加工されている食器を使用します。 | ○松風さんにとって、日常生活動作の自立は今後の生活を左右することなので重要なことです。準備された食事の介助だけでなく、できるだけ自分で摂取できるための工夫として、自助具を使用することも大切です。 |
| (2)　清潔で適度な採光や音楽など、リラックスして食事ができる環境を整えます。 | ○食事は、親しい人やリラックスできる雰囲気のなかで、料理を味わい、時間を楽しみながら、あるいはおしゃべりしながら摂取することで、食も進み、唾液の分泌も促進され、消化吸収に役立ちます。食事は、カロリーを摂取するためのものではありません。介護の場においても、その人の好みに合わせた環境に配慮する必要があります。 |
| (3)　左不全マヒがあるので、食べやすい位置に配膳します。 | |
| (4)　車いすから食卓の椅子に移乗します。右手をテーブルに置いて右半身を軸にしながら立ち上がります。立位が安定したら車いすをはずし、背後から静かに椅子を入れ、深く腰かけるようにします。 | ○リハビリ訓練は日常生活動作を拡大することを目的としています。本人の意欲も強いので、生活の場においても健側の上下肢を活用することは大切です。食事の場合でも車いすから食卓の椅子へ、食後は再び車いすへ移乗することで本人のできる範囲を拡大できる支援につながります。 |
| (5)　両足底が床についているか、椅子に深く腰かけているか等座位の安定を確認し、テーブルの高さは腕を乗せて自由に動かせるものにします。 | |
| (6)　食事中の見守りをします。食事中は、右手で自助具をうまく使っているか、食べ物をしっかり噛んでいるか、飲み込んでいるか、口腔内に食物がたまっていないか、自分のペースで食べられているかなどを観察し、必要に応じて声かけや一部介助をします。 | ○マヒのある人は、食べ物を口に入れて、口唇を閉じ、咀嚼・嚥下するという嚥下運動にも障害があります。マヒ側の頬に食物が溜まりやすく、誤嚥する危険性が高いため、見守りが必要です。 |
| (7)　食後、摂取量や摂食状況、口の周りや衣服についた食べこぼしなどを確認し、下膳します。 | |

(8)　食後は車いすに移乗し、洗面台で口腔ケアを行います。松風さんは総義歯なので、自分で外してもらい、歯ブラシで口腔内をきれいにします。マヒ側の頬の内側がきれいになっているかを確認します。総義歯は介助者が洗浄します。

(9)　洗浄した総義歯を入れ、口の周りを拭きます。

○総義歯がなければ、咀嚼だけではなく、発音にも影響し、他者との会話も困難になります。総義歯を清潔にし、さらに口腔内も清潔にすることは、誤嚥性肺炎の予防にもつながる大切な行為です。

## 【メモ】

........................................................................
........................................................................
........................................................................
........................................................................
........................................................................
........................................................................
........................................................................
........................................................................
........................................................................
........................................................................
........................................................................
........................................................................
........................................................................
........................................................................
........................................................................
........................................................................
........................................................................
........................................................................
........................................................................
........................................................................
........................................................................
........................................................................
........................................................................
........................................................................
........................................................................

## 4　排泄の介助

【場面】　トイレでの排泄介助を行います。車いすから便座に移乗します。

〔展　開　例〕

| どのような介護方法で行いますか。留意しなければならないことを含め、具体的に記述します。 | なぜその方法を行うのか、その理由を記述します。 |
|---|---|
| (1)　車いすを便座の斜め前、右手で手すりが持てる位置に置き、ストッパーをかけます。 | ○松風さんは左不全マヒがあるので、健側である右側に移乗するほうが移乗しやすく安全であると考えられます。そのため、便座が右側に来るような位置に車いすを置く必要があります。 |
| (2)　フットサポートから足を下ろします。この時、右足を下ろすなど、できるところは自分で行ってもらいます。 | ○「気を引き締めて今日も頑張るぞ」と力強い声で言っていることから、松風さんは自分でできることは、なるべく自力で行いたいと考えている可能性があります。そのため、右上肢でできることは、自力で行えるか確認し、できないようであれば介助するよう心がける必要があります。 |
| (3)　車いすに浅く腰かけ、手すりにつかまってもらい、両下肢を軽く引き、前傾姿勢で立位をとってもらいます。この時、介助者は左手を松風さんの左膝に手を当て、右手で腰を支えて立ち上がりを補助します。 | ○浅く腰かけ、両下肢を軽く引き、前傾姿勢をとることで立位はとりやすくなります。また、左下肢の膝折れにより、立ち上がり時にバランスを崩す可能性があるため、膝に手を当て、膝折れを防止します。 |
| (4)　立位が安定したら、右足を軸にして便座に座れる向きに身体を回転してもらいます。この時、介助者は松風さんの腸骨部を支えて補助します。 | ○松風さんは、リハビリで歩行訓練を行っていますが、医師から、日常生活では車いすを使用するよういわれていることから、身体を安定して動かすことができるほどの筋力がついていないことが考えられます。そのため、身体の向きを変えるときや、便座等に腰掛けるときなどは、転倒を防止するために介助者が補助する必要があります。 |
| (5)　しっかりと手すりにつかまっていてもらい、ズボンと下着を下ろします。 | |
| (6)　お辞儀をするように臀部を突き出し、ゆっくりと便座に腰掛けてもらいます。この時も介助者は、松風さんの腸骨部を支えて便座に腰掛ける動作を補助します。 | |
| (7)　座位の安定を確認したら、バスタオルなどをかけて、介助者はその場を離れます。この時、右手でトイレットペーパーをカットできないようであれば、介助者がカットして手渡します。 | ○できるだけ自力で行いたいという気持ちがあっても、右手だけでトイレットペーパーをカットすることが困難である可能性があるため、確認をする必要があります。また、要介護度は1であり、午前中はリハビリ、午後は好きなことをして過ごしていることから、安定した座位は保持できると考えられるため、排泄中はその場を離れてプライバシーを保護する必要があります。 |

| | |
|---|---|
| (8)　排泄終了後、車いすを松風さんの右斜め前に置き、立位が安定していることを確認したら、下着とズボンを上げます。便座への移乗と同様に、車いすに座る動作を補助します。<br><br>(9)　フットサポートに足を乗せ、洗面所で手を洗ってもらいます。 | ○便座に移るときと同様、左不全マヒがあるので、健側である右側に移乗する方が安全であると考えられます。そのため、車いすは松風さんの右側に置く必要があります。ただし、右側に車いすを置けない場合は、右手で手すりにつかまってもらい、右足を軸にして身体を回転させ、車いすを松風さんの後ろに置くようにします。 |

## 【メ モ】

. . . . . . . . . . . . . . . . . . . . . . . . . . . . . . . . . . . . . . . . . . . . . . . . . . . . . . . . . . . . . . . . . . . . . . . . . . . . . . .

. . . . . . . . . . . . . . . . . . . . . . . . . . . . . . . . . . . . . . . . . . . . . . . . . . . . . . . . . . . . . . . . . . . . . . . . . . . . . . .

. . . . . . . . . . . . . . . . . . . . . . . . . . . . . . . . . . . . . . . . . . . . . . . . . . . . . . . . . . . . . . . . . . . . . . . . . . . . . . .

. . . . . . . . . . . . . . . . . . . . . . . . . . . . . . . . . . . . . . . . . . . . . . . . . . . . . . . . . . . . . . . . . . . . . . . . . . . . . . .

. . . . . . . . . . . . . . . . . . . . . . . . . . . . . . . . . . . . . . . . . . . . . . . . . . . . . . . . . . . . . . . . . . . . . . . . . . . . . . .

. . . . . . . . . . . . . . . . . . . . . . . . . . . . . . . . . . . . . . . . . . . . . . . . . . . . . . . . . . . . . . . . . . . . . . . . . . . . . . .

. . . . . . . . . . . . . . . . . . . . . . . . . . . . . . . . . . . . . . . . . . . . . . . . . . . . . . . . . . . . . . . . . . . . . . . . . . . . . . .

. . . . . . . . . . . . . . . . . . . . . . . . . . . . . . . . . . . . . . . . . . . . . . . . . . . . . . . . . . . . . . . . . . . . . . . . . . . . . . .

. . . . . . . . . . . . . . . . . . . . . . . . . . . . . . . . . . . . . . . . . . . . . . . . . . . . . . . . . . . . . . . . . . . . . . . . . . . . . . .

. . . . . . . . . . . . . . . . . . . . . . . . . . . . . . . . . . . . . . . . . . . . . . . . . . . . . . . . . . . . . . . . . . . . . . . . . . . . . . .

. . . . . . . . . . . . . . . . . . . . . . . . . . . . . . . . . . . . . . . . . . . . . . . . . . . . . . . . . . . . . . . . . . . . . . . . . . . . . . .

. . . . . . . . . . . . . . . . . . . . . . . . . . . . . . . . . . . . . . . . . . . . . . . . . . . . . . . . . . . . . . . . . . . . . . . . . . . . . . .

. . . . . . . . . . . . . . . . . . . . . . . . . . . . . . . . . . . . . . . . . . . . . . . . . . . . . . . . . . . . . . . . . . . . . . . . . . . . . . .

. . . . . . . . . . . . . . . . . . . . . . . . . . . . . . . . . . . . . . . . . . . . . . . . . . . . . . . . . . . . . . . . . . . . . . . . . . . . . . .

. . . . . . . . . . . . . . . . . . . . . . . . . . . . . . . . . . . . . . . . . . . . . . . . . . . . . . . . . . . . . . . . . . . . . . . . . . . . . . .

. . . . . . . . . . . . . . . . . . . . . . . . . . . . . . . . . . . . . . . . . . . . . . . . . . . . . . . . . . . . . . . . . . . . . . . . . . . . . . .

. . . . . . . . . . . . . . . . . . . . . . . . . . . . . . . . . . . . . . . . . . . . . . . . . . . . . . . . . . . . . . . . . . . . . . . . . . . . . . .

. . . . . . . . . . . . . . . . . . . . . . . . . . . . . . . . . . . . . . . . . . . . . . . . . . . . . . . . . . . . . . . . . . . . . . . . . . . . . . .

. . . . . . . . . . . . . . . . . . . . . . . . . . . . . . . . . . . . . . . . . . . . . . . . . . . . . . . . . . . . . . . . . . . . . . . . . . . . . . .

## 5　入浴の介助

【場面】　夕食前に松風さんに入浴を勧めました。一般的な和式の浴槽（よくそう）に入る松風さんの入浴の介助を行います。

〔展　開　例〕

| どのような介護方法で行いますか。留意しなければならないことを含め、具体的に記述します。 | なぜその方法を行うのか、その理由を記述します。 |
| --- | --- |
| (1)　松風さんに入浴の希望を聞き、同意を得ます。入浴前に顔色を観察し、バイタルサインを測定するなど、健康状態を確認します。 | ○入浴は、新陳代謝（しんちんたいしゃ）を活発にし、温熱刺激により心身をリラックスさせ、疲れがとれるなどの効果があります。しかし、食事直後の入浴は、皮膚の血管が拡張し、皮膚への血流量が増加するので、逆に内臓（ないぞう）への血流量が減少してしまい、消化管での吸収にとって不都合な状態になります。したがって、食後の1時間は入浴を控える必要があります。 |
| (2)　入浴する前に排泄を済ませます。 | ○温浴は腸を刺激し、排便を促進（そくしん）させますので、入浴の前に排泄を済ませ、松風さんが落ち着いて入浴できるようにします。また、入浴中にトイレに行くと身体が冷えるので、体温調整機能が低下する高齢者にとっては負担になります。 |
| (3)　脱衣場と浴室内の温度差がないように脱衣場の室温を22～26℃に調整します。 | ○室温が低いと皮膚温を下降させ、末梢（まっしょう）血管の収縮によって血圧が上昇し、心筋梗塞（しんきんこうそく）や脳血管疾患（のうけっかんしっかん）の誘因（ゆういん）になるといわれます。松風さんは高齢であること、脳梗塞（のうこうそく）の既往（きおう）があることから、特に血圧の変動には注意が必要です。浴室と脱衣場の温度差による血圧変動は避けなければなりません。 |
| (4)　介助者が先に湯温を確認します。 | |
| (5)　脱衣場で衣服を脱ぎ、タオルをかけます。シャワーチェアは松風さんの健側に置き、車いすから浴室のシャワーチェアに移動します。 | ○シャワーチェアは健側に配置することで、車いすからシャワーチェア、シャワーチェアから浴槽（よくそう）へ、健側の上下肢を活用することができ、「できることは自分でする」ことによって本人の自立への意欲にもつながると思われます。 |
| (6)　松風さんにも健側の手で湯温を確認してもらいます。 | ○マヒによる患側は、皮膚感覚が健側より鈍い（にぶ）ので、好みの湯の温度は健側で確認してもらいます。 |

| | |
|---|---|
| (7)　介助者は、松風さんの安全に配慮しながら、シャワーチェアから浴槽へ入ることを手助けします。 | ○松風さんは、リハビリでは歩行の訓練中なので、入浴においても移乗やシャワーチェアや浴槽への出入りは、できる部分は自分で行うことが必要です。ただし、入浴は、裸の状態であることや石鹸、シャンプーなどの使用により、床がすべるなど転倒の危険性が高い場所であることへの配慮が必要です。 |
| (8)　浴槽から出る時は、健側の手（右手）で手すりに掴まり、前かがみになって臀部を浮かせます。臀部が浮いたら、介助者は両手で臀部を支え、浴槽の縁に座ってもらいます。<br><br>(9)　浴室から脱衣場に移動し、身体の水分をしっかり拭き取ります。<br><br>(10)　体調を確認し、入浴介助が終わったことを伝え、水分補給を促します。 | ○浴槽内は足を伸ばしたまま真上に出ようとしても立ち上がることはできず、また、持ち上げるなどの行為は危険性が高いので、立ち上がりの基本（足を引いて、前かがみなる）動作をすると、重心が前にかかり、浮力もかかって臀部を浮かせることができます。 |

監修および事例執筆：佐藤富士子
執筆
　①衣類の着脱の介助：菅野衣美
　②移動の介助　　　：藤江慎二
　③食事の介助　　　：佐々木宰
　④排泄の介助　　　：青柳佳子
　⑤入浴の介助　　　：金美辰

【メモ】

## 第9章 こころとからだのしくみと生活支援技術（22問）

### 問　題

Q1 「意欲」とは、何かの行動を引き起こす原動力のことで、気持ちの問題であり、体力とはとくに関係性は認められない。

Q2 体温の測定方法には、①腋窩体温（腋の下）、②口腔内体温（口の中）、③直腸体温（肛門の中）があるが、3つの中では腋窩体温が一番温度が高い。

Q3 骨は、骨を作る細胞（骨芽細胞）と、骨を壊す細胞（破骨細胞）が作用して、絶えず新しい骨が作られている。

Q4 全身に配置される臓器や器官の働きを調節するのが末梢神経であり、末梢神経から伝わってきた刺激の情報を受け取って反応し、これらを統合して対処するのが体性神経である。

Q5 皮膚では、紫外線によってビタミンDが合成されている。

Q6 家事援助とは、衣食住の生活維持と向上を目指して援助することで、社会的交流や活動、自己実現を目的としている。

Q7 訪問介護員は、利用者から介護保険の保険給付対象外のサービスを求められた場合、簡単なもので定められた時間内に終わる内容であれば、快く対応しなければならない。

Q8 パン・カステラは、嚥下を助ける食品である。

Q9 シーツのしわは、褥瘡の原因となる。

Q10 工事が必要ない手すりの設置は、介護保険制度による住宅改修の対象ではない。

Q11 介護保険制度による福祉用具の利用は、貸与（レンタル）のみである。

Q12 整容は身なりを整える行為で、衣服の着脱や爪切り、整髪や洗面などは、衛生面や精神面および社会的な側面から、生活意欲を引き出すうえで重視されている。

Q13 総義歯の装着方法は、上顎義歯を入れた後に下顎義歯を入れ、外す場合も上顎義歯、下顎義歯の順である。

Q14 利用者が操作する「自走用車いす」は、駆動輪（大車輪）の外側にあるアームサポートを回して操作する。

Q15 車いすで段差を越える際には、キャスターを上げるために、ティッピングレバーを踏み込んで操作する。

Q16 食事の介助では、介護者は、健側から介助することが基本である。

Q17 食事前の空腹時の入浴は、脳貧血を起こしやすく、食事直後の入浴は、消化や吸収が妨げられるため、食前・食後の１時間は、入浴を控える。

Q18 オムツは、トイレへの移動で利用者に身体的な負担がある場合は、直ちに使用したほうがよい。

Q19 排泄は、プライバシーの確保が基本となるが、カーテンなどで見えない状態にするだけでなく、音や臭いにも注意を払う必要がある。

Q20 睡眠の役割として、身体を休めて疲れを取るほかに、免疫力を高めたり、身体の組織の成長・修復を促進する成長ホルモンを分泌することがあげられる。

Q21 高齢者の睡眠は、若いころと比べて眠りは深く、睡眠時間は長くなる。

Q22 終末期のケアは、死の直前まで状態が安定している利用者もおり、専門的なケアは医療職に任せて、介護職は普段どおりの介助を心がける。

A1　×（第2節「2　感情と意欲に関する基礎知識」）
　「意欲」は体力と密接な関係があり、病気や障害によって、これまでできていた日常生活動作が困難になることで身体状況の変化は意欲の喪失の原因となります。

A2　×（第3節「1　健康チェックとバイタルサイン」）
　直腸体温、口腔内体温、腋窩体温の順で高く、直腸体温と腋窩体温の差は1℃前後です。

A3　○（第3節「2　骨・関節・筋肉に関する基礎知識」）
　このような骨組織の活発な働きを「骨のリモデリング」と呼んでいます。

A4　×（第3節「3　中枢神経系と体性神経に関する基礎知識」）
　末梢神経から伝わってきた刺激の情報を受け取って反応し、これらを統合して対処するのは、「中枢神経」です。

A5　○（第3節「4　自律神経と内部器官に関する基礎知識」）
　紫外線は、日焼けや皮膚がんにも関係しています。

A6　○（第4節「1　生活と家事」）
　介護保険による家事援助は、「本人のみの日常生活に必要な範囲」と決められていますが、その人らしい生活の質を保つためには、広く生活支援の視点が大切です。

A7　×（第4節「2　家事援助の基礎知識と生活支援」）
　給付の対象外のサービスであれば、対応できないことを説明して、ボランティア団体等、その他の社会資源を利用することを助言します。

A8　×（第4節「3　家事援助の技法」）
　水分が少なく、喉につまりやすい食品のため、嚥下・咀嚼に関し、注意が必要な食品です。

A9　○（第4節「4　ベッドメイキングの必要な基礎知識と方法」）
　清潔な寝床を整えることで、褥瘡の予防につながります。

A10　○（第5節「2　介護保険による住宅改修」）
　介護保険制度の福祉用具貸与の対象になります。

A11　×（第5節「3　福祉用具に関する基礎知識」）
　貸与または販売があります。

A12　○（第6節「1　整容に関する基礎知識」）
　身だしなみの介助は、清潔の保持に重点が置かれがちですが、生活習慣や利用者の好みに合っていなければ精神的な満足が得られません。「その人らしさ」の視点も重要です。

A13　×（第6節「2　整容の支援技術」）
　総義歯を外す場合は、装着とは逆に下顎義歯、上顎義歯の順です。

A14 ×（第7節「2 移動・移乗のための用具と活用方法」）
駆動輪（大車輪）の外側にあるのは、ハンドリムです。車いすは、障害の特性に合わせて選択しましょう。

A15 ○（第7節「3 負担の少ない移動・移乗と支援方法」）
キャスターとは、駆動輪（大車輪）の前にある小さな車輪で、ティッピングレバーとは、シートの下側に、床に平行して突き出た部分をいいます。

A16 ○（第8節「3 楽しい食事を阻害する要因と支援方法」）
健側から介助することで、口腔内の患側にたまりやすい食物残渣の観察がしやすくなります。

A17 ○（第9節「1 入浴と清潔保持に関する基礎知識」）
このほか、入浴は腸を刺激して排便を促進させますので、入浴前に排泄を済ませておきましょう。

A18 ×（第10節「2 排泄環境の整備と用具の活用方法」）
オムツは、他の手段での排泄がどうしても困難な場合に、最後の手段として検討します。夜間のみ使用したり、長期の使用を避けるなど最小限にする必要があります。

A19 ○（第10節「2 排泄環境の整備と用具の活用方法」）
このほか、介護者のかける言葉や態度がプライバシーを侵害することもあり、声の大きさなどにも注意が必要です。

A20 ○（第11節「1 睡眠に関する基礎知識」）
睡眠中に、身体の組織の成長・修復を促進する成長ホルモンが分泌されます。

A21 ×（第11節「1 睡眠に関する基礎知識」）
高齢者は深い眠りが減少し、浅い眠りが増加します。睡眠時間も短くなり、朝も早く目覚めることが特徴としてあげられます。

A22 ×（第12節「3 苦痛の少ない死への支援と他職種との連携」）
介護職は、その日に起こり得る状態変化と対処方法を事前に確認できるよう、通常のケア以上に看護職と密接な連携をとり、情報を共有して個別のケースごとに指導や助言を受ける必要があります。

# 第10章
# 振り返り

## 第1節　振り返り

# 1　事業所等におけるOJT・Off-JT

介護職員初任者研修（以下、「初任者研修」といいます）の受講者が、多様な介護サービスの場において介護職としての職務を理解していくためには、職場の管理者や先輩などの現任者による研修が重要です。職務を通じた研修（OJT）を中心に、その方法や学びの振り返りについて学びます。
ここでは、
① 介護の理解と現任者研修
② 介護現場で求められるOJT
③ 介護職のキャリアにつながるOJT
④ OJT・Off-JTの実際
について理解してください。

## Ⅰ　介護の理解と現任者研修

　多様な介護現場において、利用者の尊厳の保持や自立支援という介護の理念の実現を目標に介護を展開するには、初任者研修で学んだ基本的な知識・技術をさらに発展させる必要があります。また、利用者へ介護サービスを提供する場合には、あらためて介護職としての態度や倫理観が問われます。さらに、利用者の心身の状況に応じた介護を実践するにあたっては、応用力を高めていくことや、他の職種・多数の介護職と情報を共有するためのコミュニケーション能力や記録する力なども求められます（図表1―2）。

図表1―2　介護の専門性を支える現任者研修（OJT・Off―JT）

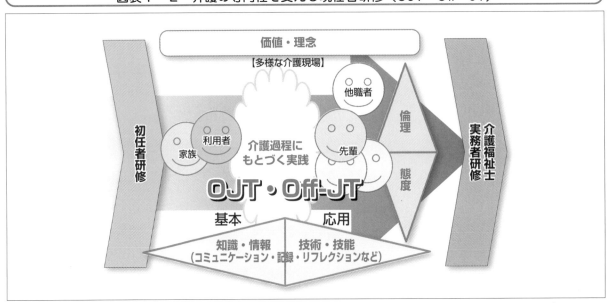

出所：筆者作成の図「IPW（専門職連携実践）の構造と要素」を参考に作成（「介護福祉総論」第一法規，2012）

このような介護の専門性を支える現任者研修には、大きく分けると2つのタイプがあります。

## 1　OJT（オン・ザ・ジョブ・トレーニング：職務を通じての研修）

OJTとは、管理者や先輩の介護職が新任や後輩の介護職に対して、職務を通じて、必要な知識や技術、態度等を指導・育成する研修です。介護職が初任者研修修了後に職務を遂行し、成長していくには不可欠な研修と位置づけられます。

## 2　Off-JT（オフ・ザ・ジョブ・トレーニング：職務を離れての研修）

Off-JTとは、一定期間、日常の職務を離れながらも職務として行う研修であり、職場内の集合研修（採用時の前等）と職場外研修（職能団体等がテーマを設定して開催する等）への派遣があります。介護では、常に学ぶべきテーマがあり、心身のリフレッシュや情報交換等もできるため、職場外研修へ参加し、職場を客観的に見つめることも重要です。

## Ⅱ　介護現場で求められるOJT

### 1　介護職を育成するOJT

初任者研修修了後に、人材育成やOJTが的確に実施されている職場に就業することは、知識・技術はもちろんのこと、意欲を高める等、介護職としてのキャリアを積む第一歩となります。就職活動時には、現任者研修の取組状況やキャリア支援に関する情報収集を積極的に行いましょう。

＜人材育成・OJTの取組状況のポイント＞

・職務向上とともに、人材の育成を目指す等の理念や方針が明確である。
・「日常のOJT」の機会が多いこと、さらに「意図的なOJT」も実施されている。
・職場単位の方針を示し、集団指導と個別指導の両方の機会がある。
・育成やキャリア支援を目的とした面談があり、ニーズや目標のすり合わせを行える。

介護職の「できる（実践的スキル）」を評価した結果に基づく、介護プロフェッショナルキャリア段位制度によるレベルの認定は、現場のOJTを通じて行われます。今後、初任者研修修了者（レベル1）は、さらにレベルを高められるようOJTを活用し、レベルアップを図っていくことが望まれます。

### 2　OJTの機会と方法

初任者研修修了後の職場では、まずはOJTを受ける側になりますが、その後は指導する側になることもあるでしょう。効果的なOJTを通じて介護職としての職務を理解する方法については、必ずしも介護現場で共有されていないため、望ましい機会や方法を理解しておいて

ください（図表1―3）。

| 図表1―3　介護現場におけるOJTの主な内容 ||
|---|---|
| 企業倫理と<br>コンプライアンス | 事業所や施設の理念の理解、介護職としての職業倫理、介護保険法の理解、サービス内容の把握、マナー、人権擁護　等 |
| チームワークと<br>コミュニケーション | 上司への報告・連絡・相談、チームメンバーとの連携や協力体制づくり　等 |
| 外部や関係機関との連携 | 担当者会議への出席、ケースについての事例報告、他事業所との連絡調整　等 |
| 利用者の安全確保、<br>トラブルの未然防止 | 想定されるリスクの理解、過去のトラブル事例の把握、ヒヤリ・ハット報告　等 |
| 適切なサービスの実施 | 利用者のニーズや状況の変化に対応して、適切なサービスの実施を行う緊急事態への対応、利用者の自立支援を目指したケア、利用者家族への介護負担軽減、サービス後の振り返り　等 |
| 介護記録 | 記録の機能や活用方法の理解、記録の書き方　等 |
| 介護技術、技術に伴う知識 | 移動・移乗の介助、食事介助、入浴介助、排泄介助、身体整容、感染予防、認知症の知識　等 |

## Ⅲ　介護職のキャリアにつながるOJT

### 1　初任者研修修了後の場合

　まずは、現場の特徴や職務を理解することを心がけてください。初めての利用者に対する介護の実践では、介護方法や障害の種別の見極め等の経験がない場合、演習時のようには上手くいかず、緊張することも多々あるでしょう。その都度、感じたことや考えたこと、喜びや戸惑い、できたことやできなかったこと等を報告したり、研修ノート等に記録することが重要です（例1、例2）。とくに、否定的な感情を抱いた場合や、できなかったこと等は、先輩に相談する等して、そこにどのような意味があるのかを理解することが、次の介護へとつながります。

**例1）**

> オムツ交換は、演習ではスムーズにできていたが、実際には便の臭いが気になり、時間がかかった。

**例2）**

> 食事介護の際、介護職がせかしているように感じた。もう少しコミュニケーションを図りながら介護できると思っていた。

　また、初任者は、新鮮な感覚や発想を有しているため、利用者や家族の立場になって考えることができやすいと理解されます。職場改善のために、初任者の意見を積極的に取り入れる方針の事業所もあるので、感じたことを率直に話すように努めることが大切です。

## 2　職務能力（できること・できないこと）の評価と振り返り（リフレクション）

　介護の応用力を高めるには、Off-JTにより現場で求められる知見を得たり、経験の違いについての理解を深めるとともに、自らの力量を客観的に評価することが必要です。
　リフレクションとは、日々の介護実践で生じる疑問や変化、困難等の経験を意味ある「知」とするために、個人やチームで振り返り、深く考えることです。このようなリフレクションを適宜または定期的に行うことで、日々の介護の意味づけを図ることができます。

### ＜評価やリフレクションに関する有効な機会や方法＞

> ①　日々の職務を通じた「ホウ・レン・ソウ」（報告・連絡・相談）や確認に留意する。
> ②　事例検討等を通じた多様な利用者に対して、介護過程にもとづく個別介護の方法を広く理解する。
> ③　初任者研修で学んだこと、できること・できないこと、次に試行したいこと、目標や達成度、面談の内容等をチェックリストや研修ノートにまとめる。
> ④　基本的な介護から応用力を身につけるために、介護過程を意識する。
>
> **基本的な介護の確認→応用場面であるという判断・基本的な介護の何の応用なのかを確認→先輩と共に行う→先輩に見守ってもらう→事前確認・報告・記録により一人で行う**

## 3　介護職のキャリアアップにつながる契機：現任者研修で大切にしたいこと

　介護現場でやり甲斐を持ち、専門性を高める契機としては、①利用者との関係性が深まる、②試行錯誤した介護が効果をもたらす、③お手本としたい介護職との出会い、④評価してくれる職場環境や他職種、等があげられます。このような機会を意識的に捉えていくことが望まれます。

## Ⅳ　OJT・Off-JTの実際

### 1　施設介護サービス

　施設では、多くの介護職がさまざまな入居者に対して個別介護を24時間提供しているという特徴があるため、次のような現任者研修が可能となります。

#### ＜施設で実施する現任者研修のメリット＞

① 特定の先輩が新人の介護職を継続して指導できる。
② 段階的な研修（着任前、独り立ち前、機能別、時間帯別など）を組める。
③ 周囲に同僚や先輩がいるため、その都度のOJTが有効である。
④ 日々の申し送りや事例検討などを行いやすく、振り返りの助けになり、応用力を高められる。
⑤ 多様な利用者に一度に対応しなければならないため、できること（基本的な知識・技術）とできないことをチームで共有し、必要に応じたOJTが有効である。
⑥ 取り組むべきテーマを明確にし、Off-JTにより、先進的なケア等に取り込むことができる。

　多様な介護サービスを提供している社会福祉法人等では、新人の介護職をまず施設介護サービスに配置し、介護職に求められる基本的な介護を習得できるようにして、施設での実践を積んだ後に通所系や訪問系のサービスへ異動する方針をとっている所も多いようです。

### 2　通所介護サービス

　通所介護では、利用者が在宅から通い、食事や入浴の他、さまざまなアクティビティやリハビリテーションのプログラム（Off-JTにより拡大）を多職種で協力して実施しているため、多くの利用者に同じ空間で多職種が関わるといった特徴があります。コミュニケーションやマナー、余暇活動を重視する事業所では、新人の介護職を最初に通所介護へ配置する場合もあります。

#### ＜通所介護事業所で実施する現任者研修のメリット＞

① 新人の介護職がOJTを受けながら、業務を進めることができる。
② 利用者との多様なコミュニケーション（食事、入浴時等の場面）やマナーを学べる。
③ 多様なアクティビティを活用し、QOL向上やコミュニケーションの幅が広がる。
④ 送迎や連絡帳を通じ、家族とのコミュニケーションや地域、生活に関する想像力を養える。

### 3　訪問介護サービス

　常勤ではない訪問介護員は、利用者宅へ直接訪問し、次の利用者宅へと向かう等、事業所に戻らずに帰宅する方式が多くなっています。このような場合、OJTを適宜行えないため、サービス提供責任者等が訪問介護員との同行訪問を繰り返します。

　訪問介護は、訪問介護計画書に沿った介護の提供を原則としているため、異常に気づく観察力や報告、記録等の力量とともに、倫理観を高められるよう、日々の報告や事例検討会等のOJTが重要となります。また、制度変更や介護技術等、テーマ別のOff-JTへの参加も必

要となります。

　地域での暮らしや個別介護の生活を重視する事業所では、介護職としての最初の経験は訪問介護でと考えて実践し、個別性豊かな生活支援のあり方を提案しています。

◎現任者研修　　◎職務を通じた研修（OJT）

◎職務を離れての研修（Off－JT）　　◎人材育成

◎振り返り（リフレクション）

※ここでの学習は、他の項目を学ぶたびに、再度確認するとよいでしょう。

（執筆：嶋末憲子）

〔参考文献〕

①　介護労働安定センター「平成24年度　介護労働実態調査結果について」，2013

②　介護労働安定センター「介護労働者のキャリア形成に関する研究会最終報告」，2010

③　至誠ホーム高齢者福祉ブックレット9「新任介護職員指導・育成マニュアル　チューター制度虎の巻」筒井書房，2006

④　ダイヤ高齢社会研究財団「訪問介護における管理者研修モデル事業　カリキュラムの改善と効果測定方法の開発Ⅱ報告書」，2008

⑤　河内正広「ケアワーカーの教育研修体系」学文社，2004

⑥　シルバーセンター振興会「介護プロフェッショナル キャリア段位制度 評価者［アセッサー］講習テキスト 平成26年度版」，2014

⑦　福祉職員キャリアパス対応生涯研修課程テキスト編集委員会編「福祉職員キャリアパス対応生涯研修課程テキスト 初任者編」全国社会福祉協議会，2013

⑧　田中 元「スタッフにやめる！ と言わせない介護現場のマネジメント」自由国民社，2012

⑨　介護サービス人材教育研究会編「介護施設職場活性化事例集」経営書院，2011

# 2　振り返りの課題

　振り返りは、研修全体を振り返り学んだことについて再確認を行うとともに、学習課題を認識して、就業後も継続して学習する機会を積極的に持つようにすることを目的としています。以下の内容に基づいて、振り返ってみましょう。

(1)　「第10章　振り返り　第1節　振り返り　1　事業所等におけるOJT・Off-JT」の内容を復習してみましょう。

(2)　各章末問題（理解度確認テスト）を復習してみましょう。

(3)　「介護職員初任者研修　介護技術チェックシート」（別売り）を活用して、介護の要点を理解するとともに、習得状況を確認しましょう。

(4)　研修を通して学んだことを整理しましょう。
　　以下の各項目内容について、①自分自身の考えをまとめて、記述してみましょう。
　　②次にグループワークを通して、話し合ってみましょう。

ア．この研修を通して、どのようなことを学びましたか？
　　学んだことで自分自身に何か変化がありましたか？

イ．今後、介護の専門性（知識・技術）を深めるために、どのようなことを勉強していきたいですか？

(5)　**仕事内容や働く現場について、理解してみましょう。**
　（「介護職員初任者研修テキスト補助教材ＤＶＤ「職務の理解編」」（別売り）の視聴や、現場で働く先輩職員の体験談、職場見学などを参考にしてください。）
　以下の各項目内容について、①自分自身の考えをまとめて、記述してみましょう。
　②次にグループワークを通して、話し合ってみましょう。

ア．「介護の仕事」に対して、どのようなイメージが湧きましたか？

イ．気づいたことや、感じたことを挙げてみましょう。

ウ．自立支援に即した介助とは、具体的にどのようなことだと思いますか？

エ．他の職種の人と協力してケアにあたること（チームケア）を行うために、どのような視点や取り組みが重要だと思いますか？

オ．どのような介護職になりたいと思いますか？

◎医療職との連携　　◎認知症ケア　　◎自立支援　　◎介護過程
◎介護職の健康管理　　◎チームアプローチ　　◎職業倫理
◎人権と尊厳　　◎コミュニケーション

※介護の専門性を深めていくための、参考となるキーワードです。
　上記のキーワードにも触れながら、振り返ってみましょう。

# 索引

## 執筆者一覧（50音順）

**青柳 佳子**　第9章第10節1・2・3、第11節1・2・3、第13節2
関西福祉科学大学社会福祉学部社会福祉学科准教授

**浅野 いずみ**　第9章第4節4
元目白大学人間学部人間福祉学科専任講師

**井上 典代**　第9章第4節3
相模女子大学短期大学部食物栄養学科准教授

**岡部 雄二**　第9章第5節3
㈱やさしい手　経営企画本部地域連携部　部長

**金沢 善智**　第9章第5節1・2
（株）バリオン代表取締役

**金 美辰**　第9章第9節1・2・3、第13節2
大妻女子大学人間関係学部人間福祉学科准教授

**是枝 祥子**　第9章第1節1
大妻女子大学名誉教授

**佐々木 宰**　第9章第8節1・2・3・4、第13節2
東京YMCA学院東京YMCA医療福祉専門学校　非常勤講師

**佐藤 富士子**　第9章第13節1、第13節2
元大妻女子大学人間関係学部人間福祉学科教授

**嶌末 憲子**　第10章第1節1
埼玉県立大学保健医療福祉学部社会福祉子ども学科准教授

**島田 千穂**　第9章第12節1・2・3
佐久大学人間福祉学部教授

**菅野 衣美**　第9章第6節1・2、第13節2
元大妻女子大学人間関係学部人間福祉学科助教（実習担当）

**鈴木 眞理子**　第9章第4節1・2
社会福祉法人奉優会理事

**髙橋 龍太郎**　第9章第3節2・3・4
元東京都健康長寿医療センター研究所副所長

**内藤 茂順**　第9章第5節3
内藤事務所所長・元㈱やさしい手　副社長

**永嶋 昌樹**　第9章第2節1・2・3・4
日本社会事業大学社会福祉学部准教授

**藤江 慎二**　第9章第7節1・2・3・4、第13節2
帝京科学大学医療科学部医療福祉学科准教授

**山中 健次郎**　第9章第3節1
山中内科・リウマチ科クリニック院長

介護職員初任者研修テキスト　第4分冊
# 技術と実践

発行日　平成30年3月初版発行
　　　　令和元年10月第2刷
　　　　令和4年3月第3刷
　　　　令和5年6月第4刷
　　　　令和6年3月改訂版発行
定　価　2,200円（本体価格2,000円＋税）

発　行　公益財団法人　介護労働安定センター
　　　　〒116-0002　東京都荒川区荒川7-50-9　センターまちや5階
　　　　TEL　03-5901-3090　　　FAX　03-5901-3042
　　　　https://www.kaigo-center.or.jp

ISBN978-4-907035-59-4　C3036　￥2000E

12404